DIRK ELLERSIEK

# Die Beschwerde im Strafprozeß

Strafrechtliche Abhandlungen · Neue Folge

Herausgegeben von Dr. Eberhard Schmidhäuser
ord. Professor der Rechte an der Universität Hamburg

in Zusammenarbeit mit den Strafrechtslehrern der deutschen Universitäten

Band 39

# Die Beschwerde im Strafprozeß

Von

**Dr. Dirk Ellersiek**

DUNCKER & HUMBLOT / BERLIN

Zur Aufnahme in die Reihe empfohlen
von Prof. Dr. Knut Amelung, Trier


Gedruckt 1981 bei Buchdruckerei Bruno Luck, Berlin 65
Printed in Germany
ISBN 3 428 04850 4

## Vorwort

Das Recht der Beschwerde im Strafprozeß ist seit der umfassenden Darstellung in der Dissertation von Ferdinand (1907/1908) und der knappen Erörterung in der Dissertation von Wronker (1922) weder insgesamt noch in spezifischen Einzelfragen mehr Gegenstand monographischer Erörterung gewesen. Dies ist um so bedauerlicher, als die gesetzliche Regelung der Beschwerde nach §§ 304 ff. StPO weniger dicht ist als die der übrigen Rechtsmittel und die Beschwerde daher stärker dem Fluß der Entwicklung von Rechtsprechung, Literatur, aber auch der Gesetzgebung in benachbarten Gebieten ausgesetzt ist. Nicht nur haben sich in der Zwischenzeit etliche Regeln des Rechts der Beschwerde geändert, auch das Umfeld, in dem diese Regeln stehen, ist in vielfältiger Weise Veränderungen unterworfen worden. Dies gilt einmal von der Strafprozeßordnung selbst, sodann aber auch von der Entwicklung der Prozeßrechtslehre und insbesondere auch von der Verfassung.

Es erschien deshalb wünschenswert, die Entwicklungsimpulse aufzuarbeiten und den Versuch einer geschlossenen Darstellung des gegenwärtigen Standes des strafprozessualen Beschwerderechts zu unternehmen.

Für zahlreiche Anregungen und Empfehlungen zu dieser Arbeit, die aus der Dissertation des Verfassers entstanden ist, habe ich Herrn Professor Knut Amelung, Trier, ganz besonders zu danken.

Bochum, im Januar 1981

*Dirk Ellersiek*

# Inhaltsverzeichnis

*Erster Teil*

## Die prozessuale Zulässigkeit der Beschwerde

# Abkürzungsverzeichnis

| | |
|---|---|
| a. A. | anderer Ansicht |
| a. a. O. | am angegebenen Ort |
| abl. | ablehnend |
| Abs. | Absatz |
| Abschn. | Abschnittt |
| AcP | Archiv für civilistische Praxis |
| a. E. | am Ende |
| a. F. | alte Fassung |
| AG | Amtsgericht |
| Anm. | Anmerkung |
| ÄndG | Änderungsgesetz |
| AöR | Archiv für öffentliches Recht |
| Art. | Artikel |
| Aufl. | Auflage |
| BAG | Bundesarbeitsgericht |
| BayObLGSt | Bayerisches Oberstes Landgericht, Entscheidungen in Strafsachen |
| BayVerfGHE | Entscheidungen des Bayerischen Verfassungsgerichtshofes |
| Bd. | Band |
| Begr. | Begründung |
| BGB | Bürgerliches Gesetzbuch |
| BGH | Bundesgerichtshof |
| BGHSt | Entscheidungen des Bundesgerichtshofes in Strafsachen |
| BT-Drucks. | Drucksache des Bundestages |
| BVerfG | Bundesverfassungsgericht |
| BVerfGE | Entscheidungen des Bundesverfassungsgerichts |
| BVerwG | Bundesverwaltungsgericht |
| BVerwGE | Entscheidungen des Bundesverwaltungsgerichts |
| BZRG | Bundeszentralregistergesetz |
| Diss. | Dissertation |
| d. h. | das heißt |
| DÖV | Die öffentliche Verwaltung |
| DRiG | Deutsches Richtegesetz |
| DRiZ | Deutsche Richterzeitung |
| DVBl. | Deutsches Verwaltungsblatt |
| Einl. | Einleitung |
| EGGVG | Einführungsgesetz zum Gerichtsverfassungsgesetz |
| EGStGB | Einführungsgesetz zum Strafgesetzbuch |
| EGStPO | Einführungsgesetz zur Strafprozeßordnung |
| event. | eventuelll |
| Festschr. | Festschrift |
| ff. | folgende |
| FGG | Gesetz über die Angelegenheiten der freiwilligen Gerichtsbarkeit |

| | |
|---|---|
| Fußn. | Fußnote |
| GA | Goltdammers Archiv für Strafrecht |
| Ges. | Gesetz |
| GG | Grundgesetz |
| ggf. | gegebenenfalls |
| grds. | grundsätzlich |
| GStA | Generalstaatsanwalt |
| GVG | Gerichtsverfassungsgesetz |
| Hb. | Halbband |
| HESt | Höchstrichterliche Entscheidungen in Strafsachen |
| h. M. | herrschende Meinung |
| i. d. F. | in der Fassung |
| i. e. S. | im engeren Sinne |
| i. S. d. | im Sinne des (der) |
| i. V. m. | in Verbindung mit |
| i. w. S. | im weiteren Sinne |
| JA (Strafrecht) | Juristische Arbeitsblätter für Ausbildung und Examen, Sachabschnitt Strafrecht |
| JGG | Jugendgerichtsgesetz |
| JR | Juristische Rundschau |
| JuS | Juristische Schulung |
| Justiz | Die Justiz — Amtsblatt des Justizministeriums Baden-Württemberg |
| JZ | Juristenzeitung |
| Kap. | Kapitel |
| KG | Kammergericht |
| krit. | kritisch |
| LG | Landgericht |
| MDR | Monatsschrift für Deutsches Recht |
| m. E. | meines Erachtens |
| MRK | Menschenrechtskonvention |
| m. w. N. | mit weiteren Nachweisen |
| Nachtr. | Nachtrag |
| Nds. Rpfl. | Niedersächsische Rechtspflege |
| n. F. | neue Fassung |
| NJW | Neue Juristische Wochenschrift |
| o. | oben |
| OLG | Oberlandesgericht |
| OLGSt | Entscheidungen der Oberlandesgerichte zum Straf- und Strafverfahrensrecht |
| OVG | Oberverwaltungsgericht |
| OwiG | Gesetz über Ordnungswidrigkeiten |
| Rdz. | Randziffer |
| RG | Reichsgericht |
| RGSt | Entscheidungen des Reichsgerichts in Strafsachen |
| RiStBV | Richtlinien für das Strafverfahren und das Bußgeldverfahren |
| Rpfleger | Der Deutsche Rechtspfleger |
| Rspr. | Rechtsprechung |
| S. | Satz, Seite |
| SchlHA | Schleswig-Holsteinische Anzeigen. Justizministerialblatt für Schleswig-Holstein |
| s. o. | siehe oben |

| | |
|---|---|
| sog. | sogenannt |
| StA | Staatsanwaltschaft, Staatsanwalt |
| StGB | Strafgesetzbuch |
| StPÄG | Gesetz zur Änderung der Strafprozeßordnung und des Gerichtsverfassungsgesetzes vom 19. 12. 1964 |
| StPO | Strafprozeßordnung |
| str. | streitig |
| StRG | Gesetz zur Reform des Strafrechts |
| 1. StVRG | Erstes Gesetz zur Reform des Strafverfahrensrechts vom 9. 12. 1974 |
| 1. StVRGErgG | Gesetz zur Ergänzung des Ersten Gesetzes zur Reform des Strafverfahrensrechts vom 20. 12. 1974 |
| s. u. | siehe unten |
| u. | unten |
| u. a. | unter anderem |
| u. U. | unter Umständen |
| VerwArch. | Verwaltungsarchiv |
| Vfg. | Verfügung |
| VGH | Verwaltungsgerichtshof |
| vgl. | vergleiche |
| VO | Verordnung |
| Vorb. | Vorbemerkung |
| VRS | Verkehrsrechtssammlung |
| WürzAbh. | Würzburger Abhandlungen |
| z. B. | zum Beispiel |
| zit. | zitiert |
| ZPO | Zivilprozeßordnung |
| ZSEG | Gesetz über die Entschädigung von Zeugen und Sachverständigen |
| ZStW | Zeitschrift für die gesamte Strafrechtswissenschaft |
| zust. | zustimmend |
| zw. | zweifelhaft, zweifelnd |
| ZZP | Zeitschrift für Zivilprozeßrecht |

*Erster Teil*

# Die prozessuale Zulässigkeit der Beschwerde

## A. Einleitung: Der Anwendungsbereich der Beschwerde

### I. Rechtsmittel und Rechtsbehelfe

Im Verlauf eines Strafverfahrens kommt im Bereich richterlicher Tätigkeit den Entscheidungen eine herausragende Bedeutung zu. Als Prozeßhandlungen[1] und Willensäußerungen[2] bedeuten sie einen Ausspruch, der in Anwendung des Gesetzes auf den vorliegenden Tatbestand die Rechtsstellung eines Beteiligten unmittelbar berührt[3]. Aus der gegebenen Begriffsbestimmung folgt, daß eine Entscheidung stets das Ergebnis eines Denkprozesses ist[4]. Dabei läßt es sich nicht vermeiden, daß dieser „Denk- und Willensbildungsvorgang"[5] Fehlern ausgesetzt sein kann, die in der Entscheidung ihren Ausdruck finden. Zwar sucht die StPO durch ein justizförmig geordnetes Verfahren die Richtigkeit der Entscheidung zu ermöglichen[6]. Jedoch hat der Gesetzgeber nicht die Möglichkeit, allein dadurch Irrtümer auszuschließen und unrichtige Entscheidungen zu vermeiden[7]. Diese können sich aus der mangelhaften Feststellung des zu beurteilenden Sachverhaltes, aus der fehlerhaften Anwendung des Rechts auf den Sachverhalt oder gar aus beiden Gesichtspunkten ergeben[8]. Ist die so mit Fehlern behaftete Entscheidung ergangen, so fordert das letztlich aus dem Rechtsstaatsprinzip folgende Gebot der Richtigkeit strafgerichtlicher Entscheidungen[9] die Möglichkeit ihrer Anfechtung zwecks Behebung ihrer Mängel[10]. Zur Realisie-

---

[1] Vgl. *Löwe / Rosenberg / Schäfer*, Einleit. Kap. 10.

[2] Vgl. *Eb. Schmidt* I, Rdz. 248; II, 1 vor § 33; *Goldschmidt*, Prozeß, S. 497.

[3] Vgl. *Kleinknecht*, Einl. Rdz. 119.

[4] Vgl. *Eb. Schmidt* I, Rdz. 249 („Denkoperation"); *Goldschmidt*, Prozeß, S. 498 („Denktätigkeit").

[5] *Henkel*, S. 253.

[6] Vgl. *Kleinknecht*, Einleit. 3, *Henkel*, S. 363; *Geerds*, SchlHA 64, 57.

[7] Vgl. dazu *Tröndle*, GA 67, 170.

[8] Um die Offenlegung der „Fehlerquellen im Strafprozeß" hat sich insbesondere Peters bemüht, vgl. sein gleichnahmiges Werk, Bd. I, S. 1 ff.; Bd. II, S. 5 ff.; vgl. auch *Peters*, Festschrift für Mezger, S. 477 ff. und *Peters*, S. 533 ff.

[9] BVerfGE 7, 89 ff.; *Lorenz*, S. 12 ff.

[10] Vgl. *Löwe / Rosenberg / Gollwitzer*, 1 vor § 296; *Henkel*, S. 363.

rung dieser Möglichkeit sieht das Gesetz die sogenannten Rechtsbehelfe vor. Sie alle haben die Zielrichtung, eine als unrichtig empfundene richterliche Entscheidung erneut zur Prüfung durch einen anderen (höheren) Richter zu geben und möglichst ihre Änderung oder Aufhebung zu erreichen[11].

Wegen der Vielfalt der gerichtlichen Entscheidungen hat das Gesetz die Rechtsbehelfe einer differenzierten Ausgestaltung unterworfen. Je nach Art und Urheber der anzufechtenden Entscheidung steht den Beteiligten die Beschwerde, die Berufung, die Revision, die Wiedereinsetzung in den vorigen Stand, die Wiederaufnahme des Verfahrens, der Einspruch, die Gegenvorstellung, die Aufsichts- und Dienstaufsichtsbeschwerde, u. a. zur Verfügung[12]. Im Hinblick auf die Einteilung dieser Rechtsbehelfe in verschiedene Kategorien ist manches unklar[13]. Eindeutig ist allerdings, daß zu den Rechtsmitteln in dem engeren Sinne der StPO allein die einfache, weitere und sofortige Beschwerde, die Berufung und die Revision zählen. Nur diese Rechtsbehelfe regelt das Gesetz in seinem 3. Buch unter der Überschrift „Rechtsmittel", weshalb alle anderen, gegen gerichtliche Entscheidungen möglichen Rechtsbehelfe nicht unter die Rechtsmittel in diesem engeren Sinne fallen.

### 1. Zweck und Begriff der Rechtsmittel. Begriffliches

a) Aus der bereits angedeuteten Zielrichtung der Rechtsmittel als Möglichkeit zur Überprüfung einer gerichtlichen Entscheidung[14] ergibt sich, daß sie vornehmlich dazu dienen, Irrtümer zu beheben[15] oder doch zumindest in engen Grenzen zu halten[16]. Ihre rechtspolitische Aufgabe besteht demnach zuerst in der Gewährleistung materieller Einzelfallgerechtigkeit[17]. Zum einen wird die Richtigkeit der Entscheidung durch die mehrfache Überprüfung des zu beurteilenden Sachverhalts und des darauf anzuwendenden Rechts verstärkt garantiert[18].

Andererseits zwingen die Rechtsmittel kraft ihrer Existenz die Untergerichte zu einer korrekten Erforschung des Tatbestandes und zur

---

[11] Vgl. *Gössel*, § 35 I.

[12] Die Rechtsbehelfe gegen Entschließungen der StA bleiben dabei außer Betracht; vgl. dazu *Amelung*, Rechtsschutz, S. 25 ff., 48 ff.; *Kalsbach*, S. 5 ff.

[13] So unterscheidet etwa *Gössel*, § 35 II „formlose Rechtsmittel" und „förmliche Rechtsbehelfe", während z. B. *Roxin*, § 52 A II die Rechtsbehelfe in „ordentliche" und „außerordentliche" einteilt; ebenso *Henkel*, S. 364.

[14] s. o. bei Anm. 11.

[15] Vgl. *Witt*, ZStW 58, 662.

[16] Vgl. *Löwe / Rosenberg / Gollwitzer*, 1 vor § 296.

[17] Vgl. *Gössel*, § 35 I; *Witt*, a.a.O., S. 666.

[18] Vgl. *Tröndle*, GA 67, S. 170; *Lent / Jauernig*, § 72 III.

sorgfältigen Rechtsanwendung[19]. Sie üben insoweit einen „heilsamen Druck“[20] auf die unteren Instanzen aus[21].

Neben ihrer Aufgabe, Fehlurteile zu vermeiden, erfüllen die Rechtsmittel jedoch noch einen weiteren Zweck: Sie beugen der Gefahr der Rechtszersplitterung vor[22]. Die Vielzahl der Untergerichte produziert notwendig erhebliche Unterschiede in der Auslegung mehrdeutiger rechtlicher Begriffe, d. h. in der Rechtsauffassung. Im Interesse der Gerechtigkeit ist aber eine gleichmäßige Anwendung dieser Begriffe durch die unteren Instanzen erforderlich[23]. Diese notwendige Sicherung einer einheitlichen Rechtsanwendung[24] wird durch die auf Rechtsmittel hin ergehende Rechtsprechung eines obersten Gerichtes oder weniger oberer Gerichte gewährleistet[25]. Die ihren Entscheidungen innewohnende „natürliche Autorität“[26] und die daraus folgende Ausstrahlung auf die Rechtsprechung der unteren Instanzen bewirkt die gewünschte Rechtsanpassung und wahrt die Rechtseinheit[27].

Hinzu kommt, daß erst durch eine die gesellschaftlichen Wandlungen berücksichtigende Rechtsprechung der Obergerichte die notwendige Fortentwicklung der Rechtsordnung ermöglicht wird[28]. Dies gilt in hohem Maße für die Revision[29], trifft aber auch für weite Bereiche der Beschwerde zu. Es wird sich zeigen, daß auf die Obergerichte etwa bei der Frage des Grundrechtsschutzes im Strafverfahren wichtige Aufgaben zukommen. So verstanden dienen die Rechtsmittel sowohl dem Interesse des einzelnen Verfahrensbeteiligten als auch der Rechtspflege insgesamt[30].

b) Aus dem dargestellten Zweck der Rechtsmittel ergibt sich, daß sie die Überprüfung der angefochtenen Entscheidung und einen neuen

---

[19] Vgl. *Löwe / Rosenberg / Gollwitzer*, 1 vor § 296.

[20] *Lent / Jauernig*, § 72 III.

[21] a. A. insoweit *Tröndle*, a.a.O., S. 173 f.; Das Bewußtsein, nur „vorläufig“ zu entscheiden, schwäche das Verantwortungsgefühl des Erstrichters.

[22] Vgl. *Peters*, S. 535.

[23] Vgl. *Witt*, a.a.O., S. 668; *Peters*, S. 535.

[24] Vgl. *Löwe / Rosenberg / Gollwitzer*, 1 vor § 296.

[25] Vgl. *Peters*, S. 535.

[26] *Lent / Jauernig*, § 72 III.

[27] Allerdings ist festzustellen, daß die Vereinheitlichungsfunktion bei der Beschwerde weniger ausgeprägt ist als bei der Revision. Die Beschwerde führt vielfach zu einer Überprüfung rein tatsächlicher Fragen, vgl. § 308 II, die nur für den jeweils zu entscheidenden Einzelfall von Bedeutung sind.

[28] Vgl. *Lent / Jauernig*, § 72 III.

[29] Vgl. *Eb. Schmidt* II, 28 vor § 296.

[30] Auf den Zwiespalt zwischen materieller Einzelfallgerechtigkeit einerseits und Rechtssicherheit — Rechtskraft andererseits braucht an dieser Stelle nicht näher eingegangen zu werden; vgl. dazu *Eb. Schmidt*, JZ 68, 681 ff., m. w. N.

Ausspruch durch höheres Gericht herbeiführen. Zum einen bietet die Einschaltung eines Gerichts höherer Instanz die bestmögliche Gewähr für eine Verbesserung der vorausgegangenen Entscheidung[31]. Darüber hinaus kann aber auch eine einheitliche Rechtsanwendung nur durch die Rechtsprechung eines oder einiger Zentralgerichte gesichert werden. Zum Begriff der Rechtsmittel gehört daher, daß sie die Sache in die Gerichtsgewalt eines höheren Gerichts, des Rechtsmittelgerichts, übertragen[32]. Die StPO trägt dem dadurch Rechnung, daß sie die Rechtsmittel mit dem sogenannten Devolutiveffekt ausstattet[33]: Alle Rechtsmittel bewirken, daß über sie durch ein Gericht höherer Ordnung entschieden wird[34].

Begrifflich erfordert das Rechtsmittel ferner, daß der Rechtsmittelführer die Unrichtigkeit der angegriffenen Entscheidung behauptet[35]. Jedem Rechtsmittel wohnt demnach die Tendenz zur Abänderung oder Beseitigung der Entscheidung inne. Daraus ergibt sich wiederum, daß die Abänderbarkeit notwendiges, aber auch selbstverständliches Wesensmerkmal eines jeden Rechtsmittels ist.

Wie die Möglichkeit der Abänderung ist auch das Erfordernis noch nicht eingetretener formeller Rechtskraft[36] der anzufechtenden Entscheidung[37] selbstverständlicher Wesenszug der Rechtsmittel[38]. Jedoch ist gerade bei den der Beschwerde unterliegenden Entscheidungen zu beachten, daß es solche gibt, die zwar abänderbar, nicht aber der formellen Rechtskraft fähig sind[39].

Im Gegensatz zum Devolutiveffekt hat das Gesetz den sogenannten Suspensiveffekt bei den einzelnen Rechtsmitteln unterschiedlich ausgestaltet. Während die rechtzeitige Einlegung der Berufung und der Revision den Eintritt der Rechtskraft hemmt[40], §§ 316, 343, tritt diese Wirkung bei der Beschwerde grundsätzlich nicht ein, § 307 I. Jedoch gestattet es § 307 II, die Vollziehung der angefochtenen Entscheidung auszusetzen[41].

---

[31] Vgl. *Eb. Schmidt* II, 4 vor § 296.

[32] So ausdrücklich *Kleinknecht,* 2 vor § 296.

[33] Zum Devolutiveffekt, vgl. *Gössel,* § 35 C I; *Roxin,* § 52 B I 1 a; *Peters,* S. 543; *Henkel,* S. 368; *Lent / Jauernig,* S. 221; *Löwe / Rosenberg / Gollwitzer,* 19 vor § 296; *Eb. Schmidt,* 7 vor § 296; *Kleinknecht,* 2 vor § 296; *Baumbach / Lauterbach / Albers,* 1 C vor § 511 ZPO.

[34] Dieser Satz trifft auch für die Beschwerde im vollen Umfang zu; s. dazu u. II 1 b.

[35] Vgl. *Lent / Jauernig,* S. 221.

[36] Vgl. *Kleinknecht,* 1 vor § 296.

[37] Durch Ablauf der Rechtsmittelfrist, Verzicht, usw.

[38] Vgl. *v. Kries,* Rechtsmittel, S. 5.

[39] Dies trifft auf eine prozeßleitende Verfügung zu, die zwar grundsätzlich abänderbar, jedoch keiner Rechtskraft fähig ist; vgl. *Geppert,* GA 72, 172.

[40] Vgl. *Eb. Schmidt,* 8 vor § 296; *Peters,* S. 544.

Unter Zugrundelegung des so verstandenen Begriffs und Zwecks der Rechtsmittel lassen sich diese umschreiben als diejenigen prozessualen Rechtsbehelfe, die die Abänderung oder Aufhebung einer abänderbaren, noch nicht rechtskräftigen gerichtlichen Entscheidung durch ein Gericht höherer Ordnung zu erreichen suchen[42]. Diese Definition macht es möglich, die Rechtsmittel von den sonstigen, gegen staatsanwaltliche und gerichtliche Entscheidungen möglichen Rechtsbehelfen zu unterscheiden[43].

### 2. Rechtsmittel und Art. 19 IV GG

Die so definierten Rechtsmittel bieten dem Betroffenen die Möglichkeit, gerichtliche Entscheidungen einer Überprüfung zuzuführen. Die Anfechtung staatsanwaltlicher Entschließungen[44] wird hingegen von der gegebenen Begriffsbestimmung nicht erfaßt; sie richtet sich, vor allem bei der Frage der verfassungsrechtlich garantierten Zulässigkeit einer Anfechtung, nach z. T. anderen Regeln und ist deshalb im folgenden aus der Thematik der Arbeit auszuscheiden.

Der Rechtsschutz gegen gerichtliche Entscheidungen unterscheidet sich von der Anfechtung staatsanwaltlicher Entschließungen vor allem unter verfassungsrechtlichem Aspekt. Die Rechtsweggarantie des Art. 19 IV GG erfordert nämlich bei beeinträchtigenden behördlichen Akten die Möglichkeit des Betroffenen, zu ihrer Überprüfung ein Gericht anzurufen; hingegen wird eine richterliche Kontrolle gegenüber Akten der Rechtsprechung nicht gewährleistet[45]. Nach einer vielfach verwendeten Formel gewährt Art. 19 IV GG nur Schutz durch den Richter, nicht aber gegen ihn[46]; der Richter entscheidet bereits „von Rechts wegen", so daß der Rechtsweg nicht erst eröffnet zu werden braucht[47]. Art. 19 IV will folglich nur garantieren, daß niemand durch eine sonstige Maßnahme der öffentlichen Gewalt in seinen Rechten verletzt wird, ohne

[41] Dazu und zu den im Bereich der Beschwerde geltenden Ausnahmen, s. u. 2. Teil, A III.

[42] Vgl. *Kleinknecht*, 2 vor § 296; *Lent / Jauernig*, S. 221.

[43] Dazu sofort 2. und 3.

[44] Wie allgemein die Anfechtung verwaltungsbehördlicher Entscheidungen.

[45] So die ganz h. M.; vgl. BVerfGE 11, 265; 15, 280; 22, 110; 25, 365; *Maunz / Dürig / Herzog*, Art. 19 IV, 17; *v. Münch*, Art. 19, 45; *Leibholz / Rinck*, Art. 19, 7; *Schmidt-Bleibtreu / Klein*, Art. 19, 25; *Bettermann / Nipperdey / Scheuner*, III 2, S. 790; *Schenke*, NJW 76, 1816; *Welp*, GA 77, 124; BVerfG NJW 79, 154 f. hat diese Auffassung neuerdings wieder bestätigt.

[46] Vgl. BVerfGE 11, 263 ff.; *Maunz / Dürig / Herzog*, a.a.O.; vgl. auch BVerfGE 15, 275 ff., 280: Art. 19 IV GG will nicht die Rechtsprechung gegen die Rechtsprechung mobilisieren.

[47] Vgl. *Bettermann / Nipperdey / Scheuner*, a.a.O., S. 790; *Schenke*, NJW 76, 1816 (kein „jede Rechtskraft ausschließender Rechtsschutz ad infinitum".); kritisch dazu *Lorenz*, S. 241 ff.; *Bauer*, S. 100 f.

eine Überprüfung durch einen Richter herbeiführen zu können. Ist aber bereits ein Richter bei der Anordnung der Maßnahme eingeschaltet, so ist damit der Rechtsweggarantie des Art. 19 IV GG Genüge getan[48]. Unter Beachtung dieser Gesichtspunkte fallen Anordnungen der Staatsanwaltschaft, die ohne Einschaltung eines Richters ergehen, in vollem Umfang unter die Garantie des Art. 19 IV GG[49]. Gegen sie muß gerichtlicher Rechtsschutz möglich sein, wohingegen Art. 19 IV GG bei richterlichen Entscheidungen keinen Instanzenzug erfordert[50]. M. a. W.: Während Art. 19 IV GG die Kontrolle der Staatsanwaltschaft durch ein Gericht unabdingbar fordert, stellen die Rechtsmittel einen rechtspolitisch zwar wünschenswerten, verfassungsrechtlich jedoch nicht gebotenen Akt „innerjustizieller Selbstkontrolle“ dar[51].

Dieser dem Art. 19 IV GG im Wege teleologischer Reduktion[52] beigelegte Sinn wird auch im folgenden bei der Frage der Zulässigkeit der Rechtsmittel[53] zugrunde gelegt. Die damit vollzogene Herausnahme richterlicher Entscheidungstätigkeit aus der Rechtsweggarantie unterliegt allerdings zwei Voraussetzungen: Zum einen muß das entscheidende Gericht funktionell richterlich tätig geworden sein, d. h. die Entscheidung muß sich formell als Akt rechtsprechender Gewalt darstellen. Zum anderen muß der Richter in persönlicher und sachlicher Unabhängigkeit entschieden haben, damit sein Ausspruch aus dem Anwendungsbereich des Art. 19 IV GG herausfällt. Die Abgrenzung zwischen funktionell richterlicher und nichtrichterlicher Tätigkeit kann im Einzelfall Schwierigkeiten bereiten. Mit der h. M. ist grundsätzlich davon auszugehen, daß der Gesamtbereich richterlicher Tätigkeit, also auch die materiell rechtsetzende oder verwaltende, nicht vom Art. 19 IV GG erfaßt wird[54]. Eine Ausnahme ist allerdings dann zuzulassen, wenn

---

[48] Unter dem Aspekt des Art. 19 IV GG steht diesem präventiven Rechtsschutz die nachträgliche Einschaltung des Richters gleich, vgl. *Welp*, StA, S. 11; *Lorenz*, S. 136 ff.

[49] Vgl. *Amelung*, S. 25; *Welp*, GA 77, 124; *Kalsbach*, S. 9; *Kalsbach*, a.a.O., hat sich zu Recht gegen den Versuch *Kaisers*, NJW 61, 200 f. und NJW 61, 1102 und *Eb. Schmidt's*, NJW 63, 1081 ff. gewandt, die Staatsanwaltschaft als justizförmig arbeitendes Rechtspflegeorgan aus dem Anwendungsbereich des Art. 19 IV GG herauszunehmen, vgl. auch *Amelung*, S. 25.

[50] Vgl. BVerfG NJW 76, 141; NJW 70, 851; BVerwG JZ 75, 523 ff.; *Maunz / Dürig / Herzog*, Art. 19 IV, 45; *Schmidt-Bleibtreu / Klein*, Art. 19, 18; *Bettermann / Nipperdey / Scheuner*, S. 790, 810.

[51] Vgl. *Amelung*, S. 59; *Bauer*, S. 66; *Welp*, GA 77, 125; *Maunz / Dürig / Herzog*, a.a.O., betonen jedoch, daß die Beschränkung auf nur eine Instanz „rechtspolitisch höchst bedenklich“ ist.

[52] Vgl. *Amelung*, S. 23.

[53] Insbesondere bei der verfassungsrechtlichen Beurteilung des gesetzlichen Ausschlusses der Beschwerde.

[54] Vgl. *Maunz / Dürig / Herzog*, Art. 19 IV, 17; *Wernicke*, BK, Art. 19, II 4 e; *Bettermann / Nipperdey / Scheuner*, S. 790 f.; *Tietgen*, NJW 56, 1129 ff., 1133; vgl. auch OLG Hamburg, NJW 76, 1987.

die richterliche Tätigkeit keinen Bezug zu Rechtsprechungsaufgaben mehr aufweist, wenn also der Richter nicht als solcher, sondern als Verwaltungsbeamter tätig wird[55].

Weiterhin hat Art. 19 IV GG immer dann Anwendung zu finden, wenn der Richter seine Entscheidung nicht als unabhängiger, neutraler Dritter getroffen hat[56]. Seine Unabhängigkeit muß gegenüber der Legislative und der Exekutive[57], insbesondere aber auch gegenüber den im Einzelfall am Verfahren Beteiligten[58] gewahrt sein; er hat sich ausschließlich am Recht zu orientieren[59] und darf außerrechtliche Motivationen nicht in die Entscheidung einfließen lassen[60]. Denn dies setzt seine Herausnahme aus dem Anwendungsbereich des Art. 19 IV GG ja gerade voraus: Eben weil durch die Person des Richters bereits eine neutrale Instanz in den Entscheidungsprozeß eingeschaltet ist[61], erscheint eine abermalige Überprüfung durch einen weiteren Neutralen nicht erforderlich. Fehlt es aber an der sachlichen oder persönlichen Unabhängigkeit des Richters, so entfällt der durch einschränkende Auslegung ermittelte Zweck des Art. 19 IV GG[62]. Der Rechtsweg muß eröffnet sein, weil der Betroffene ansonsten nicht die von Art. 19 IV GG gewährleistete Garantie zumindest einmaliger unabhängiger Kontrolle hätte[63, 64].

Können aus der so verstandenen Rechtsweggarantie zumeist keine Bedenken im Hinblick auf den gesetzlichen Ausschluß eines Rechtsmittels gegen gerichtliche Entscheidungen hergeleitet werden[65], so wird

---

[55] Vgl. *Maunz / Dürig / Herzog*, Art. 19 IV, 17; *Bettermann / Nipperdey / Scheuner*, S. 790 f.

[56] Vgl. BVerfGE 21, 139 ff., 145, 146 („nichtbeteiligter Dritter"); 26, 186 ff., 198; 27, 312 ff., 322; *Lorenz*, S. 242; *Kalsbach*, S. 15; *Tietgen*, NJW 56, 1129 ff., 1133.

[57] Vgl. BVerfGE 10, 200 ff., 213; 18, 241 ff., 255; 20, 336.

[58] Vgl. BVerfGE 21, 139 ff., 146; BVerwG NJW 69, 764; *Bettermann / Nipperdey / Scheuner*, S. 526; *Habscheid*, NJW 62, 8.

[59] Vgl. BVerfGE 26, 186 ff., 198; *Bettermann / Nipperdey / Scheuner*, S. 531, *Habscheid*, NJW 62, 8.

[60] Vgl. zum Ganzen auch *Eb. Schmidt* I, Rdz. 476 ff.

[61] Die das erste, zumindest aber das letzte Wort hat, s. o. bei Anm. 47.

[62] Vgl. *Amelung*, S. 23; weitergehend *Lorenz*, S. 241 ff.; der richterliche Akte, „soweit sie in Ausübung von Herrschaftsbefugnissen" ergehen, dem Art. 19 IV GG unterordnen will; noch weiter *Bauer*, S. 100 f. u. *Bachof*, JZ 57, 374, die aus Art. 19 IV GG die Forderung nach einer umfassenden zweiten Instanz herleiten.

[63] Im Ergebnis ebenso, *Amelung*, S. 23; *Kalsbach*, S. 15.

[64] Die Frage der Neutralität des entscheidenden Richters wird vor allem bei sitzungspolizeilichen Maßnahmen, §§ 176, 177, 181 GVG, wesentlich, s. u. G II.

[65] Eben weil Art. 19 IV GG gegen Entscheidungen eines unabhängigen Richters kein Rechtsmittel fordert, s. o. bei Anm. 44.

Art. 19 IV GG doch bei der Ausgestaltung der von der StPO zugelassenen Rechtsmittel wesentlich. Das Wie der dem Rechtsschutzsuchenden kraft Gesetzes zugebilligten gerichtlichen Überprüfung hat sich an seinem fundamentalen Interesse an möglichst effektiver Kontrolle zu orientieren. Dieser Gedanke des effektiven Rechtsschutzes ist für den Kernbereich des Art. 19 IV GG, der gerichtlichen Verwaltungskontrolle, auch weithin anerkannt[66]. Dort gilt, daß der Bürger einen Anspruch auf tatsächlich wirksame Kontrolle der öffentlichen Gewalt durch die Gerichte hat[67]. Was insoweit im Bereich der Verwaltungskontrolle gilt, muß aber auch im innerjustiziellen Rahmen beachtet werden. Zwar fordert Art. 19 IV GG nicht, daß die Prozeßordnungen einen Instanzenzug zur Verfügung stellen[68]; sieht die jeweilige Prozeßordnung jedoch die Möglichkeit zur Rechtsmitteleinlegung vor, so darf diese Rechtsschutzmöglichkeit ihrem Inhalt nach nicht unangemessen beschränkt werden. Denn was nützt dem Betroffenen das formelle Recht, das Rechtsmittelgericht anzurufen, wenn ihm dieser Weg in unzumutbarer, aus Sachgründen nicht mehr zu rechtfertigender Weise erschwert wird? Die ihm zugestandene rechtsmittelgerichtliche Überprüfung liefe Gefahr, zu einer rein theoretischen Möglichkeit degradiert zu werden.

Unter Zugrundelegung dieser Überlegungen hat neuerdings auch das BVerfG die Geltung des so verstandenen Art. 19 IV GG im Bereiche der Justiz bejaht[69]. Es hat den Grundsatz der Effektivität des Rechtsschutzes auf Rechtsmittel gegen eine (finanz-)gerichtliche Entscheidung ausgedehnt. Nicht nur der erste Zugang zum Gericht dürfe dem Rechtsschutzsuchenden nicht erschwert werden, er habe vielmehr „einen substantiellen Anspruch auf eine möglichst wirksame gerichtliche Kontrolle in allen ihm von der Prozeßordnung zur Verfügung gestellten Instanzen“[70]. Dieser Gedanke ist auch in der Literatur bereits aufgegriffen worden. So erklärt etwa Kleinknecht[71] unter Berufung auf das BVerfG den Inhalt des § 300[72] zum „allgemeinen Rechtsgedanken“, der sich aus Art. 19 IV GG ableiten lasse[73].

---

[66] Vgl. BVerfGE 24, 367 ff., 401; NJW 73, 1491 ff., 1493; BVerwGE 19, 159 ff., 162; *Maunz / Dürig / Herzog*, Art. 19 IV, 12; *Leibholz / Rinck*, Art. 19, 7; *Schick*, JZ 69, 373; *Fechner*, JZ 69, 352.

[67] Vgl. nur BVerfG NJW 73, 1491 ff., 1493; z. T. wird dieser Anspruch aus Art. 19 IV GG i. V. m. dem Rechtsstaatsprinzip gefolgert, vgl. *Bauer*, S. 78 f.; *Ule*, S. 12 ff., 17 und wohl auch *Schenke*, Verw. Arch. 61/1970, 260 ff., 270.

[68] s. o. bei Anm. 49.

[69] E 40, 272 ff., 275 = NJW 76, 141; NJW 79, 154 f.

[70] BVerfG, a.a.O.

[71] § 300, 1.

[72] Also einer Vorschrift aus dem strafprozessualen Rechtsmittelrecht.

[73] Ebenso *Löwe / Rosenberg / Gollwitzer*, § 300, 7; *Eb. Schmidt*, § 300, 6; KMR, § 300, 5; *Erbs*, § 300, 1, die allerdings nicht auf Art. 19 IV GG Bezug nehmen.

Es ist daher festzustellen, daß Art. 19 IV GG in seiner Ausprägung als Garantie eines effektiven Rechtsschutzes auch im justiziellen Rechtsmittelrecht Bedeutung erlangt. Er enthält insofern nicht lediglich eine Rechtsweg-, sondern eine tatsächliche Rechtsschutzgarantie[74]. Dies wird sich im Rahmen des Beschwerderechts vor allem bei der Ausgestaltung des Beschwerdeverfahrens auswirken[75]. Der Grundsatz der Effektivität des Rechtsschutzes wird bei der Einlegung der Beschwerde und bei ihrer Behandlung durch das Erst- bzw. Beschwerdegericht zu beachten sein.

### 3. Die Abgrenzung der Rechtsmittel von anderen Rechtsbehelfen

Nachdem die Anfechtungsmöglichkeiten behördlicher, insbesondere staatsanwaltlicher Entschließungen aus der Thematik ausgeschieden wurden, beschränkt sich diese auf die Anfechtung gerichtlicher Entscheidungen. Jedoch stehen den Beteiligten je nach Art der gerichtlichen Entscheidung neben den Rechtsmitteln eine Vielzahl anderer Rechtsbehelfe zur Verfügung. Diese sind im folgenden kurz von den Rechtsmitteln i. S. d. StPO abzugrenzen, weil viele der nachfolgend zu entwickelnden Grundsätze allein bei den Rechtsmitteln im engeren Sinne, nicht aber auch bei den sonstigen Rechtsbehelfen gelten. Es sind dies u. a. die Anträge auf Wiedereinsetzung in den vorigen Stand, auf Wiederaufnahme des Verfahrens, der Einspruch gegen einen Strafbefehl, die Dienstaufsichts-, bzw. Aufsichtsbeschwerde und die Gegenvorstellung. Diese Rechtsbehelfe weisen zwar teilweise eine gewisse Ähnlichkeit mit den Rechtsmitteln auf; sie sind aber dennoch von jenen scharf zu trennen, weil ihnen stets ein oder einige Merkmale der obigen Begriffsbestimmung fehlen.

#### *a) Der Einspruch, die Aufsichtsbeschwerde und der Antrag auf Wiedereinsetzung*

Der Einspruch und die Aufsichtsbeschwerde unterscheiden sich von den Rechtsmitteln im wesentlichen durch den fehlenden Devolutiveffekt[76]. Sie führen nicht die Entscheidung eines Gerichts höherer Ordnung herbei, sondern bringen die Sache vor denselben Spruchkörper[77] oder die Aufsichtsbehörde[78].

So bewirkt der Einspruch, § 411, daß über die Angelegenheit aufgrund einer Hauptverhandlung und nicht im summarischen Verfahren

[74] Vgl. *Amelung*, S. 25.

[75] Für das „ob“ des Rechtsschutzes im Bereich der Justiz ist Art. 19 IV GG weniger bedeutsam, s. o. bei Anm. 44.

[76] Vgl. aber § 46 I für den Wiedereinsetzungsantrag.

[77] Vgl. § 411 I.

[78] Vgl. z. B. § 26 DRiG.

entschieden wird[79]. Es wird also stets die Entscheidung desjenigen Gerichts angestrebt, das den Strafbefehl erlassen hat.

Die Dienstaufsichts- bzw. (Sach-)Aufsichtsbeschwerde[80], die gem. § 26 DRiG auch gegen den Richter möglich ist, kommt nur insoweit in Betracht, als richterliches Verhalten aufsichtlich nachgeprüft werden kann. Sie wendet sich demnach schon gar nicht gegen eine gerichtliche Entscheidung[81] im funktionellen Sinn, sondern gegen dienstliches Verhalten oder die sachliche Behandlung. Hingegen kann der sachliche Gehalt der Rechtsprechung mit ihr nicht gerügt werden.

Auch der Wiedereinsetzungsantrag, §§ 44 ff., richtet sich nicht unmittelbar gegen einen gerichtlichen Rechtsfolgenausspruch. Er stellt vielmehr einen im Falle der Fristversäumung möglichen sogenannten indirekten Rechtsbehelf dar[82], der die Einlegung eines Rechtsmittels oder Rechtsbehelfs erst vorbereitet.

### *b) Der Antrag auf Wiederaufnahme des Verfahrens*

Im Interesse der Einzelfallgerechtigkeit ermöglicht der Wiederaufnahmeantrag die Beseitigung von Justizirrtümern durch Überprüfung rechtskräftiger Urteile[83, 84]. Als ein im direkten Anschluß an das 3. Buch der StPO geregelter Rechtsbehelf ist er den Rechtsmitteln insoweit wesensverwandt[85], als er sich wie diese gegen gerichtliche Entscheidungen wendet und deren Aufhebung erstrebt. Darüber hinaus rechtfertigt sich seine besondere Erwähnung aus der Vorschrift des § 365, der die „allgemeinen Vorschriften über Rechtsmittel"[86] auch auf ihn für anwendbar erklärt.

Trotz dieser Gemeinsamkeiten insbesondere zur Berufung und Revision[87] ist der Wiederaufnahmeantrag kein Rechtsmittel[88]. Diese führen

---

[79] Vgl. *Kleinknecht*, 6 vor § 407.

[80] Zum Unterschied, vgl. *Kleinknecht*, 6 vor § 296.

[81] Aus dem gleichen Grund zählen die vielfältigen Anträge auf gerichtl. Entscheidung, vgl. z. B. §§ 161 a III, 163 a III, 2, 111 1 IV, 172 II, 23 EGGVG, nicht zu den Rechtsmitteln i. S. d. StPO.

[82] Vgl. *Peters*, S. 537.

[83] Vgl. *Eb. Schmidt* II, 1 oor § 359; *Gössel*, § 39; *Peters*, § 76 I; *Henkel*, § 101 I; KMR, 2 vor § 351.

[84] s. auch oben bei Anm. 29.

[85] Vgl. *v. Kries*, Rechtsmittel, S. 10; *Lent / Jauernig*, § 76 I („außerordentliches" Rechtsmittel).

[86] Das sind die §§ 296 - 303.

[87] Wobei allerdings die Motive („Ersatz für die zweite Tatsacheninstanz" in reinen Revisionssachen) zu weit gehen; vgl. *Löwe / Rosenberg / Kohlhaas*, a. A., KMR, 2 vor § 359.

[88] *Eb. Schmidt* II, 1 vor § 359; *Löwe / Rosenberg / Kohlhaas*, 1 vor § 359; *Kleinknecht*, 2 vor § 359.

die Sache in eine höhere Instanz, während jener sich an ein Gericht „mit gleicher sachlicher Zuständigkeit“ wendet, § 140 a I 1 GVG, ja sogar durch ein niedrigeres Gericht beschieden werden kann, § 140 a I 2 GVG. Zum anderen wird durch Einlegung der Rechtsmittel der Eintritt der Rechtskraft verhindert[89], während der Wiederaufnahmeantrag eine rechtskräftige und auf andere Weise nicht mehr beseitbare Entscheidung unabdingbar voraussetzt, §§ 359, 362. Ihm fehlt demnach das jedem Rechtsmittel eigene Erfordernis noch nicht eingetretener formeller Rechtskraft und möglicher Abänderbarkeit der gerügten Entscheidung[90].

### c) *Die Gegenvorstellung gegen gerichtliche Entscheidungen*

Die Gegenvorstellung stellt einen in der StPO nicht ausdrücklich geregelten und daher formlosen Rechtsbehelf dar[91], der in Strafverfahren durchaus nicht selten vorkommt[92] und in der Praxis durchgehend für statthaft erachtet wird[93]. Sie wendet sich an das Gericht, das die gerügte Entscheidung erlassen hat und regt die Aufhebung oder Änderung dieser Entscheidung an[94], ist also begrifflich eine Aufforderung an das Gericht, aus nachträglicher besserer Einsicht heraus neu zu entscheiden. Hieraus folgt für den Anwendungsbereich der Gegenvorstellung, daß sie nur dort zulässig ist, wo die Entscheidung überhaupt durch den judex a quo korrigierbar ist[95]. Das ist bei den der Berufung oder Revision unterliegenden Entscheidungen nicht der Fall.

Jedoch weist die Gegenvorstellung Berührungspunkte zur Beschwerde auf, die sich aus der in § 306 II normierten Abhilfebefugnis des Erstgerichts ergeben.

Grundsätzlich läßt sich sagen, daß die Gegenvorstellung bei den mit Beschwerde anfechtbaren Entscheidungen dann zulässig ist, wenn der judex a quo auch von Amts wegen seinen Ausspruch ändern kann[96], also namentlich in den Fällen der einfachen Beschwerde, § 306 II[97]. Un-

---

[89] Bei der Beschwerde ist dies zumindest grundsätzlich möglich, § 307 II.

[90] Vgl. dazu KMR, 1 vor § 359; *Löwe / Rosenberg / Kohlhaas*, 1 vor § 359; *Kleinknecht*, 3 vor § 359.

[91] Vgl. *Löwe / Rosenberg / Gollwitzer*, 8 ff. vor § 296; *Kleinknecht*, 6 ff. vor § 296.

[92] Vgl. *Woesner*, NJW 60, 2129, 2130.

[93] Zumeist im Anschluß an BVerfGE 9, 89 ff., 107.

[94] Vgl. *Woesner*, NJW 60, 2130 („Appell“); *Löwe / Rosenberg / Gollwitzer*, 8 ff. vor § 296 (kein „in der Verfahrensordnung vorgesehener Antrag“); *Kleinknecht*, 6 ff. vor § 296 („Erscheinungsform des Petitionsrechts“).

[95] Vgl. *Löwe / Rosenberg / Gollwitzer*, 12 vor § 296; *Kleinknecht*, 9 vor § 296; *Henkel*, S. 363.

[96] Vgl. *Löwe / Rosenberg / Gollwitzer*, a.a.O.; *Kleinknecht*, a.a.O.; *Woesner*, NJW 60, 2130.

[97] Im Zivilprozeß wird die Zulässigkeit der Gegenvorstellung z. T. an

terliegt hingegen die Entscheidung der sofortigen Beschwerde, so ist der Richter an seinen Beschluß gebunden, § 311 III 1, so daß dann auch eine Gegenvorstellung unzulässig ist[98, 99].

Dennoch rechtfertigen es diese Berührungspunkte insbesondere zur einfachen Beschwerde nicht, die Gegenvorstellung als einen rechtsmittelähnlichen Rechtsbehelf zu bezeichnen: Ihr fehlt der jedem Rechtsmittel wesentliche Devolutiveffekt[100], da über die in ihr enthaltene Anregung nicht das dem judex a quo nach der Verfahrensordnung übergeordnete Gericht entscheidet[101]. Sie führt vielmehr stets zu einer Überprüfung durch die Stelle, die die Entscheidung erlassen hat.

In der Praxis können sich bei der Abgrenzung von Gegenvorstellung und Beschwerde im Einzelfall Schwierigkeiten ergeben. Diese resultieren aus dem Charakter der Gegenvorstellung, die einen den Verfahrensvorschriften nicht unterworfenen, lediglich formlosen[102] Rechtsbehelf darstellt[103]. Als Abgrenzungskriterien können zum einen der Charakter der in Frage stehenden Entscheidung und zum anderen der ausdrücklich erklärte oder durch Auslegung zu ermittelnde Wille des Betroffenen herangezogen werden.

Richtet sich die Eingabe gegen eine vom erlassenden Gericht nicht abänderbare Entscheidung, so kann sie nicht als statthafte Gegenvorstellung aufgefaßt werden[104]. Sie ist vielmehr in eine zulässige sofortige Beschwerde oder in einen zulässigen anderen Rechtsbehelf umzudeuten. Ist dies nicht möglich, so ist die Eingabe ohne sachliche Prüfung als unzulässig zu verwerfen.

Schwieriger ist die Ausgrenzung, wenn ein vom judex a quo abänderbarer Ausspruch in Rede steht[105]. Es ist dann zunächst auf die erkennbare Absicht der Betroffenen abzustellen. Die §§ 304 ff. haben Anwendung zu finden, wenn der Petent seinen Rechtsbehelf etwa unter Einhaltung der gesetzlichen Formvorschriften ausdrücklich als Beschwerde bezeichnet. Fehlen solche objektiven Kriterien, so ist der mit der Eingabe erstrebte Zweck im Wege der Auslegung zu ermitteln. Dabei

---

weitere Voraussetzungen geknüpft, vgl. dazu *Baumgärtel*, MDR 68, 970 ff., 973; *Baumbach / Lauterbach / Albers*, 1 C vor § 567 ZPO.

[98] Vgl. *Löwe / Rosenberg / Gollwitzer*, a.a.O.; *Kleinknecht*, a.a.O.; *Woesner*, a.a.O.

[99] Eine Ausnahme gilt bei der sofortigen Beschwerde nur im Fall des § 311 III 2.

[100] Vgl. *Löwe / Rosenberg / Gollwitzer*, a.a.O.; *Kleinknecht*, a.a.O.

[101] Ebenso für den Zivilprozeß, *Baumgärtel*, MDR 68, 970 ff.

[102] Vgl. *Kleinknecht*, 7 vor § 296.

[103] Vgl. bereits oben, bei Anmerkung 89.

[104] Vgl. *Woesner*, NJW 60, 2131.

[105] s. bereits oben, bei Anmerkung 95.

ist denkbar, daß sich der Betroffene bewußt mit der Überprüfung durch den judex a quo begnügen will, etwa, um den weiteren Fortgang des Verfahrens nicht durch Einschaltung des Rechtsmittelgerichts aufzuhalten. Umgekehrt kann die Eingabe auf volle Ausschöpfung des verfahrensrechtlichen Rechtsmittelzuges gerichtet sein. Soweit Gegenvorstellung und Beschwerde zur Wahl stehen, sollte das Gericht im Zweifel den Willen des Petenten durch Befragen ermitteln.

## II. Die Abgrenzung der Beschwerde von den beiden anderen Rechtsmitteln

Wurden bisher die Unterschiede zwischen den Rechtsmitteln i. S. d. StPO und den sonstigen Rechtsbehelfen gegen gerichtliche Entscheidungen erörtert, so ist im folgenden die Beschwerde von den beiden anderen Rechtsmitteln, der Berufung und der Revision, abzugrenzen. Aus der Gegenüberstellung ihrer grundsätzlichen[106] Merkmale lassen sich Rechtsnatur und Wesensgehalt der Beschwerde ableiten.

### 1. Die grundsätzlichen Unterschiede

#### *a) Unterschiede bezüglich der Art der anzufechtenden Entscheidung*

Berufung und Revision wenden sich gegen Urteile[107], die Beschwerde hingegen ist das Rechtsmittel gegen gerichtliche und richterliche Beschlüsse und Verfügungen[109]. Dabei richtet sich die Art des zu ergreifenden Rechtsmittels allein nach dem Inhalt und der Grundlage der anzufechtenden Entscheidung, nicht aber nach ihrer Bezeichnung. Maßgeblich ist nicht die äußere Form der tatsächlich ergangenen Entscheidung, sondern die Gestalt, in der die Entscheidung nach der StPO richtigerweise hätte ergehen müssen. Diese Auffassung entspricht der heute ganz h. M.[109] und Rechtsprechung[110]. Hat sich also das Gericht in der Wahl der Entscheidung vergriffen und etwa die Anstaltsunterbringung gem. § 81 durch Urteil anstelle des gebotenen Beschlusses angeordnet, so ist das dagegen zu ergreifende Rechtsmittel die (sofortige) Be-

---

[106] Deshalb braucht auf die Einzelheiten der Beschwerderegelung an dieser Stelle noch nicht näher eingegangen zu werden.

[107] Vgl. §§ 312, 333.

[108] Vgl. § 304.

[109] Vgl. *Löwe / Rosenberg / Gollwitzer*, 56 vor § 296; *Eb. Schmidt*, 11 vor § 296; KMR, 12 vor § 296; *Kleinknecht*, § 296, 2; *Erbs*, § 296, V; *Gössel*, § 35 B II a 2; *Roxin*, § 52 B I 3; *Henkel*, S. 367; *Meyer-Goßner*, NJW 76, 177. Hingegen wurde im älteren Schrifttum zumeist die gegenteilige Auffassung vertreten, vgl. nur *Rosenfeld*, S. 216; *Beling*, S. 347; *Ferdinand*, S. 6.

[110] Vgl. zuletzt BGHSt 25, 242 = NJW 74, 154 f. a. A. die ältere Rechtsprechung, vgl. RGSt 23, 156; 32, 92, 50, 22 ff.

schwerde; umgekehrt ist die Berufung oder Revision zu wählen, wenn das Gericht das Einstellungsurteil gem. § 260 III versehentlich in Beschlußform erlassen hat. Bei der fast zwangsläufigen Folge, daß aus der unrichtigen Bezeichnung der Entscheidung durch das Gericht die falsche Wahl des Rechtsmittels durch den Anfechtungsberechtigten resultiert, hilft diesem § 300: Es gilt das zulässige Rechtsmittel als eingelegt, sofern in der Erklärung nur der Anfechtungswille zum Ausdruck kommt[111, 112].

Wie die einfache Beschwerde richten sich auch die sofortige und die weitere Beschwerde gegen Beschlüsse und Verfügungen. Jedoch findet die sofortige Beschwerde nur in den vom Gesetz ausdrücklich vorgesehenen Fällen Anwendung, während die weitere Beschwerde an die besonderen Voraussetzungen des § 310 gebunden ist[113].

### *b) Unterschiede bezüglich der Wirkung der Rechtsmitteleinlegung*

Im Hinblick auf den Devolutiveffekt weist die Beschwerde gegenüber der Berufung und Revision keinerlei Abweichungen auf. Vielmehr hat sie wie die beiden anderen Rechtsmittel die Wirkung, die Entscheidung eines Gerichts höherer Ordnung herbeizuführen. Wenn z. T. unter Hinweis auf die Abhilfemöglichkeit des Erstgerichts gem. §§ 306 II, 311 III 2 die Auffassung vertreten wird, der Devolutiveffekt sei bei der Beschwerde eingeschränkt[114], so kann dem nicht gefolgt werden; denn § 306 II normiert insoweit für die einfache Beschwerde ebensowenig eine Ausnahme wie § 311 III 2 für die sofortige Beschwerde. Der Grund hierfür liegt in der Natur der Abhilfeentscheidung, die gerade keine Entscheidung auf die Beschwerde hin ist. Sie stellt vielmehr eine Entscheidung gleicher Art und Instanz wie die angefochtene Entscheidung dar; sie ergänzt, ändert oder ersetzt diese und bildet mit ihr im Fall nicht vollständiger Abhilfe rechtlich eine Einheit[115]. Die Abhilfeentscheidung wird zwar durch Einlegung der Beschwerde veranlaßt; jedoch tritt sie an die Stelle der Erstentscheidung und ist wie diese grundsätzlich erneut anfechtbar[116]. Die vollständige Abhilfe führt zur Gegenstandslosigkeit der Beschwerde[117], was zeigt, daß diese Entschei-

---

[111] BGHSt 8, 383 ff., 390; *Kleinknecht*, JZ 60, 672 ff., 674.

[112] Bei einer aus dem gleichen Grunde versäumten Rechtsmittelfrist kommt dem Betroffenen § 44 zu Hilfe.

[113] Dazu unten, 1. Teil, C., D.

[114] Vgl. *Roxin*, § 52 B I 2 a; *Gössel*, § 35 C I; *Henkel*, S. 368 (lediglich „bedingte" Devolutivwirkung).

[115] Vgl. *Löwe / Rosenberg / Gollwitzer*, § 306, 24; *Gollwitzer*, JR 74, 205 ff., 206.

[116] Vgl. *Gollwitzer*, JR 74, 205 ff., 206.

[117] Und nicht etwa zur Begründetheit.

dung gerade keine Entscheidung über die Beschwerde ist. Diese kann vielmehr in jedem Fall nur von dem Beschwerdegericht getroffen werden. Der Devolutiveffekt, der ja gerade die Entscheidung eines höheren Gerichts über das Rechtsmittel meint[118], wird also durch die Abänderungsbefugnis des Erstgerichts nicht verkürzt[119].

Hingegen bestehen Unterschiede bezüglich des Suspensiveffektes, der durch die Einlegung der Beschwerde im Gegensatz zur Berufung und Revision grundsätzlich nicht automatisch ausgelöst wird. Der Grund für diese gesetzliche Regelung liegt im Wesen der der Beschwerde unterliegenden Entscheidungen. Bei ihnen würde ein Abwarten der Beschwerdeentscheidung zu nicht gerechtfertigten erheblichen Verzögerungen, aber auch zu einer Gefährdung des Untersuchungszwecks[120], ja zu einer „Lahmlegung der Justiz"[121] führen. Lediglich in den im Gesetz ausdrücklich normierten Fällen wirkt auch die Einlegung der Beschwerde suspensiv[122], weil bei ihnen das tangierte Schutzgut ein Abwarten erforderlich macht[123].

#### *c) Unterschiede bezüglich der zur Rechtsmitteleinlegung befugten Personen*

Während Berufung und Revision grundsätzlich nur von den in §§ 296 bis 298 genannten Personen eingelegt werden können, erweitern §§ 304 II, 305, 2 die Beschwerdebefugnis auf jeden Drittbetroffenen[124].

#### *d) Unterschiede bezüglich der Form und Frist der Rechtsmitteleinlegung*

Berufung und Revision sind regelmäßig bei dem Gericht einzulegen, das das anzufechtende Urteil erlassen hat, §§ 314, 317, 341 I, 345 I. Abweichungen bestehen bei der Beschwerde. Während die einfache Beschwerde grundsätzlich beim judex a quo und nur in dringenden Fällen auch beim judex ad quem anzubringen ist, § 306 I, kann die sofortige Beschwerde stets bei beiden Gerichten eingelegt werden, § 311 II.

---

[118] Vgl. *Löwe / Rosenberg / Gollwitzer*, 19 vor § 296; *Eb. Schmidt*, 7 vor § 296; *Peters*, S. 543; *Henkel*, S. 368.

[119] Im Ergebnis wie hier, *Löwe / Rosenberg / Gollwitzer*, 20 vor § 296; *Eb. Schmidt*, a.a.O.; *Kleinknecht*, 2 vor § 296; *Peters*, a.a.O.

[120] Wenn etwa die Beschwerde gegen den Haftbefehl, die Hausdurchsuchung oder die Beschlagnahme aufschiebende Wirkung hätte.

[121] *Peters*, S. 544.

[122] z. B. § 81 IV 2 (sofortige Beschwerde gegen den die Anstaltsunterbringung zur Untersuchung des Geisteszustandes anordnenden Beschluß); § 231 a III 3 (sofortige Beschwerde gegen den Beschluß, die Hauptverhandlung in Abwesenheit des Angeklagten durchzuführen oder fortzusetzen).

[123] Dazu u., 2. Teil, A III.

[124] Näheres u., 1. Teil, F.

Zur Wahrung der Form ist bei allen Rechtsmitteln die schriftliche Einlegung oder die Erklärung zu Protokoll der Geschäftsstelle erforderlich, §§ 306 I, 314 I, 341 I[125].

Bei Einlegung der Berufung und der Revision ist die Frist von einer Woche zu beachten, §§ 314, 341. Dasselbe gilt bei der sofortigen Beschwerde, § 311 II 1, während die Anbringung der einfachen Beschwerde grundsätzlich unbefristet möglich ist[126].

### 2. Insbesondere: Beschwerde und Berufung

Die Beschwerde ist wie die Berufung ein unbeschränktes, aber beschränkbares Rechtsmittel. Die Rechtsmittelberechtigten können mit ihr Fehler jeglicher Art rügen, die der Entscheidung des Erstgerichts anhaften[127]. Sie können sich gegen die Feststellung oder Nichtfeststellung von Tatsachen wenden, aber auch Verstöße bei der Anwendung materieller oder prozessualer Rechtsnormen bemängeln.

Bedenken erweckt allerdings die vielfach vertretene Auffassung[128], die Beschwerde könne auch die Zweckmäßigkeit und Angemessenheit der Entscheidung in Frage stellen, das Beschwerdegericht dürfe also auch Ermessensentscheidungen des Vorderrichters in vollem Umfang nachprüfen. Solch weitgehende Befugnisse sind jedoch mit dem Primat unabhängiger richterlicher Rechtsfindung nicht zu vereinbaren. Es stellt vielmehr einen schwerwiegenden Eingriff in die richterliche Unabhängigkeit und die richterliche Persönlichkeit dar, wenn das Beschwerdegericht seinen Willen an die Stelle der freien Verantwortung des entscheidenden Gerichts setzt und das verantwortliche Gericht in seiner Rechtsfindung beschränkt[129]. Das Beschwerdegericht engt den Aufgabenbereich und damit die Souveränität des Erstrichters ein, wenn es diesen zu einer Entscheidung zwingt, die er für unzweckmäßig hält. Der Erstrichter ist nicht mehr Herr seiner Entscheidung, ein Vorgang, der seine Autorität mindert und zugleich eine Behinderung seiner Aufgabenerfüllung darstellt[130]. Das Beschwerdegericht hat daher Zweckmäßigkeitserwägungen des judex a quo grundsätzlich zu respektieren; es darf sein Ermessen nicht an die Stelle des Ermessens des Tatrichters setzen[131].

---

[125] Mit Abweichungen auf der Angeklagtenseite bei den Revisionsanträgen und der Revisionsbegründung, vgl. § 345 II.

[126] Zum Ganzen, s. u., 2. Teil, A I.

[127] Vgl. nur *Löwe / Rosenberg / Gollwitzer*, 7 vor § 304.

[128] Vgl. OLG Hamburg MDR 72, 1048; OLG Köln MDR 51, 373; OLG Hamm MDR 50, 373; KMR, § 304, 3.

[129] Ebenso *Peters*, JZ 54, 182 ff., 184.

[130] Vgl. *Peters*, a.a.O.

[131] Vgl. OLG Hamm NJW 53, 1237; *Peters*, a.a.O.; zur Revisibilität des strafrichterl. Ermessens, vgl. *Warda*, S. 174 ff.

Es kann also etwa dem Erstrichter nicht den Umfang einer Beweisaufnahme oder die Auswahl eines bestimmten Sachverständigen vorschreiben oder gar dessen Terminanberaumung, § 213, unter Zweckmäßigkeitsgesichtspunkten aufheben[132]. Das Beschwerdegericht ist insoweit auf die Überprüfung rechtlicher Aspekte beschränkt. Diese Auffassung entspricht im übrigen bei der Kontrolle der Verhandlungsleitung, § 238, in der Revision der einhelligen Meinung[133]. Auch dort kann nicht geltend gemacht werden, daß die beanstandete Maßnahme unzweckmäßig oder unangebracht sei. Das Revisionsgericht darf insoweit nicht in die Ausübung des tatrichterlichen Ermessens eingreifen[134].

Diese Grundsätze bedürfen allerdings einer Einschränkung. Wenn das Beschwerdegericht auch nicht die Zweckmäßigkeitserwägungen des Vorderrichters durch seine eigene Auffassung ersetzen kann, so darf es doch dessen Ermessensausübung auf rechtliche Fehler hin kontrollieren. Das Ermessen des Erstgerichts ist nämlich stets ein rechtlich gebundenes, pflichtgemäßes Ermessen[135], eine Formel, die die Grenzen richterlicher Entscheidungsfreiheit absteckt. Diese Grenzen sind überschritten, wenn der Erstrichter die Pflicht zur Ermessensausübung überhaupt nicht wahrgenommen hat, sich insbesondere für gesetzlich gebunden gehalten hat, obwohl er nach seinem Ermessen entscheiden konnte. Auch eine Überschreitung des Ermessensspielraums oder seine mißbräuchliche Ausübung verletzten den Grundsatz pflichtgemäßer Ermessensbetätigung. Dies ist etwa der Fall, wenn der Richter seiner Entscheidung justizfremde Erwägungen zugrundelegt oder sonst willkürlich entscheidet[136]. Hier kann das Beschwerdegericht in die Entscheidungsbefugnisse des Erstrichters eingreifen. Nur handelt es sich dabei stets um eine Überprüfung der richterlichen Bindungen, der Pflichtgemäßheit der Ermessensausübung. Beachtet der Erstrichter hingegen die aufgezeigten rechtlichen Grenzen, so kommt ein Ermessenfehler nicht in Betracht. Das Beschwerdegericht darf dann auch nicht eingreifen und insbesondere nicht die Entscheidung über die Zweckmäßigkeit an sich ziehen[137].

---

[132] Vgl. OLG Frankfurt NJW 74, 1715 mit zustimmender Anmerkung von *Walchshöfer*, NJW 74, 2291; OLG Hamm MDR 75, 245 (für den Zivilprozeß).

[133] Vgl. nur BGH NJW 62, 260 f.; *Löwe / Rosenberg / Gollwitzer*, § 238, 7, 8; *Kleinknecht*, § 238, 8; *Seibert*, JR 52, 471.

[134] Allerdings ist dieser Aspekt wegen § 305, S. 1 für die Beschwerde nicht direkt einschlägig.

[135] Grundlegend dazu BGH JR 56, 426.

[136] Zu den gesetzlichen Grenzen des Ermessens sowie zur Ermessensüberschreitung und zum Ermessensfehlgebrauch, vgl. *Peters*, S. 570 f.

[137] Ähnliche Gesichtspunkte gelten bei der Überprüfung des behördlichen Ermessens durch die Verwaltungsgerichte, § 114 VwGO. Auch dort ist die Ermessensausübung ledigl. auf ihre Fehlerhaftigkeit hin nachprüfbar. Hin-

Die Beschwerde kann gleich der Berufung auf bestimmte Teile der erstgerichtlichen Entscheidung beschränkt werden[138]. Dies ist allerdings nur möglich, soweit der angefochtene Entscheidungsteil vom übrigen Inhalt der Entscheidung lösbar und selbständig zu beurteilen und zu entscheiden ist[139]. Beide Teile müssen also unter tatsächlichem und rechtlichem Blickwinkel logisch abtrennbar sein[140]. Dies ist etwa bei der Kostenentscheidung der Fall, auf die deshalb die Anfechtung beschränkt werden kann. Nur muß der Beschwerdeführer die von ihm gewollte Teilanfechtung in seiner Erklärung eindeutig zum Ausdruck bringen[141]. Tut er dies nicht, erklärt er z. B. nur, er lege Beschwerde ein, so bleibt es bei dem obigen Grundsatz: Die zur Nachprüfung gestellte Entscheidung wird vom Beschwerdegericht in vollem Umfang und auf alle nur denkbaren Fehlerquellen hin durchgesehen.

Aus dem Gesagten ergibt sich bereits eine weitere Gemeinsamkeit von Beschwerde und Berufung. Beide Rechtsmittel können begründet werden[142], sie müssen es aber nicht[143]. Entschließt sich der Rechtsmittelführer jedoch zu einer Begründung, so kann er diese sowohl auf neue Tatsachen, als auch auf neue Beweismittel stützen[144] und das Beschwerdegericht damit zu eigenen Ermittlungen anregen, vgl. § 308 II.

Wegen der aufgezeigten Übereinstimmungen mit der Berufung ist die Beschwerde von manchen Autoren als „Berufung gegen Zwischenentscheidungen" bezeichnet worden[145]. Daran ist sicherlich richtig, daß die der Beschwerde unterliegenden Entscheidungen zumeist nur in einem bestimmten Verfahrensabschnitt relevant werden, weil sie sich in der Regelung einer Vorfrage[146] oder einer den Prozeßgegenstand nur mittelbar berührenden Streitfrage[147] erschöpfen. Jedoch darf nicht über-

---

gegen darf das Gericht den behördlichen Ausspruch nicht durch eine eigene, für zweckmäßiger erachtete Entscheidung ersetzen. Vgl. dazu *Eyermann / Fröhler*, § 114 VwGO, 4 ff.; *Ule*, § 2 II. Diese Gesichtspunkte sind hier allerdings nicht direkt einschlägig, weil es bei dem Ermessen des Strafrichters nicht um ein Gewaltenteilungsproblem geht.

138 Vgl. *Löwe / Rosenberg / Gollwitzer*, 22 vor § 296, 14 vor § 304; KMR, 5 vor § 304.

139 Vgl. *Kleinknecht*, § 318, 1; *Roxin*, § 52, B III 1; *Gössel*, § 35 B II c 2; BGHSt 10, 100.

140 So KMR, § 318, 3; *Peters*, S. 428.

141 Vgl. *Löwe / Rosenberg / Gollwitzer*, 14 vor § 304; *Eb. Schmidt*, § 318, 4.

142 Für die Berufung, vgl. § 317.

143 Vgl. *Löwe / Rosenberg / Gollwitzer*, 13 vor § 304; *Eb. Schmidt*, § 317, 1; *Kleinknecht*, § 317, 1 u. § 306, 4.

144 Vgl. *Löwe / Rosenberg / Gollwitzer*, 8 vor § 304; *Peters*, S. 549.

145 So *Löwe / Rosenberg / Gollwitzer*, 7 vor § 304, im Anschluß an *Binding*, S. 265; ähnlich *Henkel*, S. 369; *Woesner*, NJW 60, 2129 ff.

146 Etwa der Zuständigkeit.

147 z. B. das Zeugnisverweigerungsrecht.

sehen werden, daß die Beschwerde durchaus auch solche Beschlüsse erfaßt, die sich materiell als Endentscheidungen darstellen. So trifft z. B. der die Einstellung des Verfahrens wegen Geringfügigkeit gem. § 153 II 3 anordnende[148] oder der die Eröffnung des Hauptverfahrens gem. § 204 ablehnende[149] Beschluß eine endgültige Sachentscheidung. Die Beschwerde ist demnach nicht ausschließlich das gegebene Rechtsmittel gegen Zwischenentscheidungen.

Noch weniger kann allerdings die Beschwerde als das Rechtsmittel zur Erledigung „nebensächlicher Streitpunkte" angesehen werden[150]. Das zeigt schon ein Blick auf die strafprozessualen Grundrechtseingriffe, die im Falle richterlicher Anordnung grundsätzlich der Beschwerde unterliegen. Der Erlaß eines Haftbefehls oder die Anordnung der Anstaltsunterbringung gem. § 81 stellen sicherlich keine nur „nebensächliche" Beeinträchtigung dar, sondern tangieren grundrechtlich geschützte Güter des Betroffenen ganz erheblich.

Wie der Unterschied nach der Art der anzufechtenden Entscheidung[151] sind auch die sonstigen Abgrenzungskriterien solche, die die Beschwerde nicht nur zur Berufung, sondern auch zur Revision in Gegensatz bringen: Die Abhilfemöglichkeit des § 306 II fehlt bei den anderen Rechtsmitteln; umgekehrt entbehrt die Beschwerde als einziges Rechtsmittel der Suspensivwirkung[152].

### 3. Insbesondere: Beschwerde und Revision

Die grundsätzlichen Unterschiede von Beschwerde und Revision, insbesondere diejenigen, die das Verhältnis der Beschwerde sowohl zur Berufung als auch zur Revision betreffen, sind bereits dargestellt worden[153]. Jedoch weist die Beschwerde gerade in Beziehung zur Revision eine Besonderheit auf, die sich aus dem der Revision vom Gesetz zugedachten beschränkten Aufgabenbereich, d. h. aus der nur begrenzt zulässigen Zielrichtung der Revisionsrüge ergibt[154] und deshalb im folgenden kurz zu erörtern ist.

---

[148] Vgl. *Kleinknecht*, § 153, 24.

[149] Vgl. *Kleinknecht*, § 211, 1.

[150] So aber *v. Kries*, S. 360; ähnlich für die zivilprozessuale Beschwerde, *Baumbach / Lauterbach / Albers*, 1 vor § 567 (Rechtsmittel zur Anfechtung „weniger wichtiger Entscheidungen").

[151] Hier Urteile, dort Beschlüsse und Verfügungen.

[152] Dasselbe gilt im Hinblick auf rein verfahrensmäßige Unterschiede, z. B. ergeht die Entscheidung des Beschwerdegerichts regelmäßig ohne mündliche Verhandlung, § 309 I vgl. hingegen §§ 324, 350.

[153] s. o. II 1.

[154] Vgl. dazu *Peters*, S. 561 f.

Durch § 336 werden auch die Entscheidungen für mit der Revision anfechtbar erklärt, „die dem Urteil vorausgegangen sind". Es sind dies zunächst die gem. § 305 einer selbständigen Anfechtung durch Beschwerde entzogenen urteilsvorbereitenden Entscheidungen des erkennenden Gerichts[155], aber auch die vor der Hauptverhandlung, ja sogar vor Eröffnung des Hauptverfahrens[156] ergehenden Beschlüsse und Verfügungen, sofern das Urteil auf ihnen beruht[157].

Von diesem Grundsatz des § 336 werden allerdings zwei bedeutsame Ausnahmen gemacht. Zum einen können diejenigen Entscheidungen, die das Gesetz ausdrücklich jeder Anfechtung entzieht[158], auch nicht mit der Revision gerügt werden[159]. Zum anderen darf die Revision aber auch nicht auf die Beschlüsse gestützt werden, die der Anfechtung durch die sofortige Beschwerde unterliegen[160]. Die Rechtsprechung sah den Grund hierfür zunächst in dem Grundsatz der Alternativität der Rechtsmittel[161]. Eine Überprüfung der Entscheidung durch zwei Rechtsmittelgerichte habe das Gesetz nicht gestattet[162]. Neuerdings wird hingegen zumeist[163] auf die formelle Rechtskraft abgestellt, der die mit sofortiger Beschwerde anfechtbaren Entscheidungen fähig sind[164]. Der Erlaß einer der sofortigen Beschwerde unterliegenden und deshalb rechtskräftigen Entscheidung bewirke eine endgültige Verfahrenslage, da die Entscheidung von dem erlassenden Gericht nicht mehr zurücknehmbar oder abänderbar sei[165]. Allen Prozeßbeteiligten und damit auch den Betroffenen sei in diesem Verfahren eine weitere Einwirkung

---

[155] Vgl. *Eb. Schmidt*, § 335, 1; *Erbs*, § 336, I.

[156] Vgl. *Eb. Schmidt*, § 336, 2; KMR, § 336, 1 a.

[157] Was bei den vor Erlaß des Eröffnungsbeschlusses ergehenden Entscheidungen allerdings zumeist nicht der Fall ist; vgl. *Löwe / Rosenberg / Meyer*, § 336, 3; *Eb. Schmidt*, § 336, 5; KMR, § 336, 16.

[158] z. B. §§ 28 I, 46 II, 201 II 3, 202, 2.

[159] Vgl. *Löwe / Rosenberg / Meyer*, § 336, 4; *Kleinknecht*, § 336, 3; *W. Schmid* S. 164; zuletzt *Dünnebier*, S. 677.

[160] Vgl. *Löwe / Rosenberg / Meyer*, a.a.O.; 81, 47; *Eb. Schmidt*, § 336, 8; KMR, § 336, 5; *Erbs*, § 336 I; *Kleinknecht*, a.a.O.; *Riess*, JZ 75, 270; *Henkel*, S. 379; *W. Schmid*, a.a.O.; *Dünnebier*, a.a.O.; ders. NJW 76, 1 ff., 4; BGHSt 20, 46 ff., 48; 29, 62; 44, 380 ff., 383.

[161] BGH NJW 52, 234; RGSt 20, 48.

[162] So auch *W. Schmid*, S. 164 f., der in dem genannten Grundsatz jedoch nicht den alleinigen Grund für den Ausschluß der Revisionsrüge sieht; dazu weiter im Text.

[163] Vielfach wird allerdings gar keine Begründung für die Unzulässigkeit der Revision angegeben, vgl. nur *Löwe / Rosenberg / Meyer*, § 336, 4; *Kleinknecht*, § 336, 3.

[164] Vgl. BGH NJW 62, 261; ebenso *Dünnebier*, S. 673 u. *W. Schmid*, S. 164, der allerdings beide genannten Begründungen für maßgeblich erachtet, s. o. Anm. 115.

[165] Dazu ausführlich u., 1. Teil, C I 2.

auf die Entscheidung versagt[166]. Sie müsse deshalb auch von dem Revisionsgericht respektiert werden[167, 168].

Sieht man in der Rechtskraftfähigkeit der hier in Betracht kommenden Beschlüsse[169] den ausschlaggebenden Grund für die Unzulässigkeit der Revisionsrüge, so ergibt sich, daß die genannte Regel für die der einfachen Beschwerde unterliegenden Entscheidungen nicht gelten kann. Diese sind nicht der formellen Rechtskraft fähig[170] und können durch das Erstgericht jederzeit geändert oder beseitigt werden. Bei ihnen bleibt also die Anwendbarkeit des § 336 unberührt, die ihnen anhaftenden Fehler können auch mit der Revision gerügt werden[171].

Nach dem Gesagten kann die Revision also z. B. nicht darauf gestützt werden, daß der die Wiederaufnahme des Verfahrens und die Erneuerung der Hauptverhandlung anordnende Beschluß gem. § 370 II unter Verletzung der §§ 359 ff. ergangen sei. Das einzige hiergegen gewährte Rechtsmittel ist die sofortige Beschwerde, § 372, die die Anfechtungsmöglichkeit über § 336 ausschließt[172]. Als weiteres Beispiel kann der Beschluß genannt werden, der den von dem Angeschuldigten gem. § 16 erhobenen Einwand der Unzuständigkeit verwirft. Auch hier unterbindet die nach § 201 II 2 zulässige sofortige Beschwerde den Weg über § 336[173]. Schließlich gilt dasselbe bezüglich der beiden zuletzt in die StPO aufgenommenen Vorschriften, die das Recht auf sofortige Beschwerde normieren. Es sind dies die §§ 138 d[174], 231 a[175]. § 231 a III 3 gibt dem Betroffenen die sofortige Beschwerde gegen den Beschluß, durch den das erkennende Gericht die Durchführung der Hauptver-

---

166 Vgl. *Gantzer*, S. 92.

167 Vgl. W. Schmid, S. 164.

168 Dabei spielt es keine Rolle, ob die Rechtskraft durch Verwerfung der eingelegten sofortigen Beschwerde, durch Ablauf der Rechtsmittelfrist oder sonstwie eingetreten ist, vgl. *Löwe / Rosenberg / Meyer*, § 336, 4. Eine Ausnahme gilt allerdings bei Übergehung oder irriger Verwerfung der sofortigen Beschwerde durch den judex a quo, da dann die Entscheidung mangels Beurteilung durch den zuständigen judex ad quem noch gar nicht rechtskräftig geworden ist, vgl. dazu *W. Schmid*, S. 169 ff.; *Löwe / Rosenberg / Meyer*, § 336, 29.

169 Und nicht im Grundsatz der Alternativität der Rechtsmittel.

170 Vgl. *Löwe / Rosenberg / Gollwitzer*, 28 vor § 304; *Kleinknecht*, Einl. 163; *Eb. Schmidt*, § 306, 12 ff.; *Herzog*, S. 104; a. A. *Gantzer*, S. 78 ff.

171 Vgl. RGSt 59, 104; BayObLGSt 28, 272 f.; *Löwe / Rosenberg / Meyer*, 28 vor § 304; *Dünnebier*, S. 673; *W. Schmid*, S. 172 f.

172 Vgl. RGSt 20, 46 ff., 48; *Löwe / Rosenberg / Meyer*, § 336, 29; KMR, § 372, 6; *Eb. Schmidt*, § 372, 7; *Kleinknecht*, § 372, 3; *Erbs*, § 372, II; *W. Schmid*, S. 165.

173 Vgl. RGSt 26, 340 ff., 342; 34, 215; *Löwe / Rosenberg / Meyer*, § 336, 8 f.; KMR, § 16, 66; *Kleinknecht*, § 16, 2; *Erbs*, § 16, IV; *W. Schmid*, S. 166.

174 Durch Art. 1, Nr. 6 des 1. StVRErgG vom 20. 12. 1974.

175 Durch Art. 1, Nr. 9 des genannten Gesetzes.

handlung in seiner Abwesenheit anordnet, § 231 III 1 i. V. m. I[176]. Die nach Erledigung der sofortigen Beschwerde eingetretene formelle Rechtskraft dieses Beschlusses schließt die Revisionsrüge, das Gericht habe die Voraussetzungen des § 231 a I zu Unrecht angenommen, ebenso aus[177] wie die sofortige Beschwerde gem. § 138 d VI 1 die Möglichkeit versagt, die Revision auf die Fehlerhaftigkeit der Verteidigerausschließung, §§ 138 a, b zu stützen[178]. Jedoch ist im Rahmen des § 138 d VI zu beachten, daß die sofortige Beschwerde nur dann zulässig ist, wenn der Ausschluß vom OLG angeordnet wird. Die diesbezügliche Entscheidung des BGH, § 138 c I, 2 und 3, ist entgegen dem Wortlaut der §§ 138 d VI 1, 304 IV 3 mangels übergeordneter Instanz und mangels gesetzlicher Bestimmung des zuständigen Rechtsmittelgerichts unanfechtbar[179, 180].

Zusammenfassend bleibt festzuhalten, daß die der sofortigen Beschwerde unterliegenden und daher rechtskraftfähigen Entscheidungen des Erstgerichts entgegen § 336 nicht mit der Revision gerügt werden können. Sie sind vom Revisionsgericht dem weiteren Verfahren und der Entscheidung ohne weiteres zugrunde zu legen[181]. Durch die bewußte Herausnahme dieser Beschlüsse aus dem Revisionsverfahren[182] wird eine Entlastung der Obergerichte erreicht, die ihrerseits eine Beschleunigung des Verfahrens nach sich zieht. Nur begrenzen Rechtsprechung und h. M. diese Wirkung zu Recht auf den Bereich der sofortigen Beschwerde. Fehler der einfacher Beschwerde unterliegenden Beschlüsse und Verfügungen können grundsätzlich[183] auch noch mit der Revision geltend gemacht werden.

---

176 Was die Regel des § 305, S. 1 ausdrücklich ausschließt.

177 Vgl. *Löwe / Rosenberg / Gollwitzer*, § 231 a, 42; *Kleinknecht*, § 231 a, 12; *Dünnebier*, S. 669 f. *Riess*, JZ 75, 270. So auch ausdrücklich der Bericht des Rechtsausschusses, zitiert bei *Dünnebier*, S. 670; a. A. *Gössel*, § 19, A II 4.

178 Vgl. *Löwe / Rosenberg / Meyer*, § 336, 16; *Löwe / Rosenberg / Dünnebier*, § 674; *ders.*, NJW 76, 4; a. A. *Holtz*, JR 73, 367, der sofortige Beschwerde und Revision zulassen will.

179 Ebenso *Kleinknecht*, § 138 d, 14; *Gössel*, § 19, A III 5 g; *Dünnebier*, a.a.O., S. 675 und *Dünnebier*, NJW 76, 1 ff., 4.

180 Deshalb sollte die Revisionsrüge nur ausgeschlossen sein, wenn der Verteidigerausschluß gem. § 138 c I 1 vom OLG beschlossen wird. Trifft die Entscheidung hingegen der BGH, § 138 c I 2 und 3, so sollte die auf die Fehlerhaftigkeit dieser Entscheidung gestützte Revision zulässig sein, weil der Beschluß (Grundrechtseingriff!) ansonsten gar keiner gerichtlichen Nachprüfung unterläge; a. A. insoweit *Dünnebier*, a.a.O., S. 678 f., der sowohl die sofortige Beschwerde als auch die Revision für unzulässig hält. Zu § 138 d, s. u. C II 2.

181 So ausdrücklich, *W. Schmid*, S. 164.

182 Vgl. den bei *Dünnebier*, S. 670, zitierten Bericht des Rechtsausschusses.

183 Allerdings wird sich zeigen, daß dieses Recht in der Praxis weitgehend eingeschränkt ist. Unter dem Stichwort der „prozessualen Überholung“, verbunden mit einer sehr weitgehenden Auslegung des § 305, S. 1, wird dem Betroffenen das Recht zur Beschwerde gegen eine Vielzahl solcher Entschei-

## III. Der Geltungsbereich der Beschwerde

### 1. Die Beschwerde als Rechtsmittel gegen gerichtliche Entscheidungen

Es wurde bereits angesprochen, daß sich die Thematik der Untersuchung auf den Bereich der prozessualen Beschwerde beschränkt. Dies ergibt sich daraus, daß die §§ 304 bis 311 a nur diejenigen Beschlüsse und Verfügungen betreffen, die von Gerichten oder Einzelrichtern in Ausübung richterlicher Tätigkeit erlassen worden sind[184]. Daher werden von der prozessualen Beschwerde alle die Rechtsbehelfe nicht erfaßt, die sich nicht gegen richterliche oder gerichtliche Entscheidungen im funktionellen Sinn wenden. Es sind dies etwa die Anträge bei Entschließungen der Staatsanwaltschaft[185], die Rechtsbehelfe in Angelegenheiten der Justizverwaltung[186], aber auch die vielfältigen Anträge auf gerichtliche Entscheidung[187]. Diese Rechtsbehelfe haben mit der prozessualen Beschwerde i. S. d. §§ 304 ff. nichts zu tun.

Aber auch in dem so abgesteckten Rahmen enthalten die §§ 304 ff. keine ins Einzelne gehende Regelung des Anwendungsbereichs der Beschwerde und des Beschwerdeverfahrens. Die Vorschriften stellen wegen der Vielfalt der in Betracht kommenden Beschlüsse und Verfügungen lediglich allgemeine Richtlinien auf, die zurücktreten müssen, wenn die StPO[188] eine ihnen vorgehende Sonderregelung normiert[189].

### 2. Der Geltungsbereich der Beschwerde im Besonderen

Außerhalb des Hauptverfahrens entfaltet sich richterliche Entscheidungstätigkeit sowohl in der Phase vor Erlaß des Eröffnungsbeschlusses, als auch in der Zeit nach Fällung des Urteils. Während Entschei-

---

dungen genommen, die, weil das Urteil nicht auf ihnen beruht, mit der Revision gar nicht mehr überprüft, deren Wirkungen aber zumindest dann nicht mehr beseitigt werden können. Dies führt insbesondere bei Beschlüssen, die in Grundrechte des Betroffenen eingreifen, zu dem Ergebnis, daß der Eingriff überhaupt keiner gerichtlichen Nachprüfung unterliegt. Auf diese nicht zu billigende Konsequenz der h. M. und Rechtsprechung wird unten, 1. Teil, G II bis IV, noch ausführlich einzugehen sein. Im Ergebnis wird der weitgehende Ausschluß der Revisionsrüge Ansporn und Grund dafür sein, den Anwendungsbereich der Beschwerde weiter zu fassen, als Rechtsprechung und h. M. es tun.

[184] Vgl. BayObLGSt 32, 176; *Löwe / Rosenberg / Gollwitzer*, 1 vor § 304; *Eb. Schmidt*, 1 vor § 304.

[185] s. o. I 2.

[186] Die Aufsichtsbeschwerde ist gegen den Richter nur insoweit zulässig, als mit ihr ein nicht die richterliche Rechtsfindungstätigkeit beinhaltendes Verhalten gerügt wird; vgl. *Kleinknecht*, 1 vor § 304.

[187] Vgl. z. B. die §§ 161 a III, 163 a III 2, 111 1 VI.

[188] Aber auch andere Gesetze, z. B. das GVG.

[189] Vgl. *Löwe / Rosenberg / Gollwitzer*, 3 vor § 304; *Eb. Schmidt*, 6 vor § 304.

dungen zur Vorbereitung der Hauptverhandlung und in der Hauptverhandlung grundsätzlich der Regelung der §§ 304 ff. unterliegen[190], stellt sich die Frage, ob dies auch für Beschlüsse und Verfügungen im Vorverfahren und im Strafvollstreckungsverfahren gilt.

*a) Die Geltung der §§ 304 ff. im Vorverfahren*

Die Regeln über die Beschwerde gelten auch für die Entscheidungen, die während des gesamten, dem Eröffnungsbeschluß vorausgehenden Verfahrens erlassen werden. Dies ergibt sich ohne weiteres aus §§ 304 I, 306 III, die den Richter im Vorverfahren ausdrücklich nennen.

*b) Die Geltung der §§ 304 ff. im Strafvollstreckungsverfahren*

Soweit die Strafvollstreckung im Zuständigkeitsbereich der Staatsanwaltschaft liegt, § 451, kommt die Beschwerde zur Anfechtung der diesbezüglichen Entscheidungen nicht in Betracht. Jedoch bleibt auch im Rahmen der Strafvollstreckung die Entscheidung bedeutsamerer Fragen den Strafvollstreckungskammern[191] oder dem Gericht des ersten Rechtszuges[192] vorbehalten. In diesen Fällen findet kraft ausdrücklicher Anordnung durch das Gesetz die (sofortige) Beschwerde statt[193]. Diese unterliegt dann den Regeln der § 304 ff.[194], so daß insoweit das Beschwerderecht auch im Rahmen der Strafvollstreckung Anwendung findet.

**3. Die Beschwerde im GVG**

Das GVG erwähnt die Beschwerde in den §§ 56 II, 159 I, 174 III, 181. Auch auf diese Fälle finden die Regeln der §§ 304 ff., z. T. modifiziert, Anwendung, sei es kraft ausdrücklicher Verweisung[195], sei es, um dem Willen des Gesetzgebers zu genügen[196, 197].

Jedoch soll nicht unerwähnt bleiben, daß sich an der funktionell richterlichen Qualität insbesondere der sitzungspolizeilichen Anordnun-

---

190 Das zeigt insbesondere § 305, der die Entscheidungen im Hauptverfahren meint; dazu unten, 1. Teil, G II.

191 Vgl. § 462 a I.

192 Vgl. § 462 a II.

193 Vgl. §§ 453, 454, 462.

194 Vgl. *Kleinknecht*, § 453, 8; § 454, 15; § 462, 3; *Löwe / Rosenberg / Gollwitzer*, § 304, 27; *Roxin*, § 57, B IV; *Peters*, S. 600 f.; KMR, § 462, 5 a.

195 Vgl. § 56 II GVG („Beschwerde ... nach den Vorschriften der Strafprozeßordnung").

196 So unterblieb etwa bei § 181 GVG der Verweis auf § 311 lediglich aus redaktionellen Gründen.

197 Vgl. *Löwe / Rosenberg / Schäfer*, § 56, 10; § 159, 3; § 174, 12; § 181, 2; *Kleinknecht*, § 56, 9; § 159, 2; § 174, 19; § 181, 1. Für § 181 GVG vgl. noch OLG Hamm, NJW 63, 1791; NJW 67, 1281; OLG München, NJW 68, 308.

gen, §§ 176 ff., 181, durchaus zweifeln läßt[198]. Dennoch unterstellt das Gesetz die Anfechtung auch dieser Entscheidungen den Beschwerderegeln und behandelt sie insoweit gleich den Beschlüssen und Verfügungen, die eindeutig in Ausübung funktionell richterlicher Tätigkeit erlassen werden.

## IV. Zusammenfassung

Im Anschluß an die obige[199] Begriffsbestimmung der Rechtsmittel und unter Berücksichtigung ihrer wesentlichen Unterscheidungsmerkmale zur Berufung und Revision[200] sowie ihres weitergehenden Geltungsbereichs[201] läßt sich die Beschwerde definieren als dasjenige vom Grundsatz her nicht suspensive, wohl aber devolutive Rechtsmittel, durch welches abänderbare funktionell richterliche Beschlüsse und Verfügungen und die diesen gleichgestellten Entscheidungen von den Verfahrensbeteiligten oder sonstigen Drittbetroffenen zum Zwecke ihrer Abänderung oder Aufhebung angefochten werden.

---

[198] Geschäfte der Justizverwaltung? Auf diese Frage soll unten, 1. Teil, G III, beim Problem des Ausschlusses der Beschwerde, §§ 181, 176/177, eingegangen werden; siehe auch bereits oben, II. 2.

[199] s. o. I.

[200] s. o. II.

[201] s. o. III.

## B. Die Zulässigkeitsvoraussetzungen der Beschwerde

Ist die Beschwerde das zu ergreifende Rechtsmittel gegen gerichtliche Beschlüsse und Verfügungen, so bedarf es im folgenden einer kurzen Darstellung des Wesens und des Anwendungsbereichs dieser Entscheidungsform. Dies lohnt um so mehr, als die dabei festzustellende Doppelfunktionalität mancher Beschlüsse im Verlauf der Untersuchung noch verschiedentlich sehr bedeutsam werden wird, (dazu I.). Im Anschluß daran sollen die allgemeinen Zulässigkeitsvoraussetzungen der Beschwerde erörtert werden (dazu II.), bevor dann die Behandlung der diesem Rechtsmittel nach § 304 im einzelnen unterliegenden Entscheidungen erfolgt, (dazu III.).

### I. Beschlüsse und Verfügungen als Angriffsgegenstand

Die gerichtlichen Entscheidungen lassen sich ihrer Form nach in Urteile, Beschlüsse und Verfügungen einteilen. Dabei ist das Urteil die formgebundene Entscheidung des erkennenden Gerichts, die aufgrund einer Hauptverhandlung durch öffentliche Verkündung ergeht[1]. Beschlüsse hingegen können sowohl vom erkennenden, als auch vom beschließenden Gericht erlassen werden, während Verfügungen von einem in Sonderfunktion[2] tätigen einzelnen Richter getroffen werden[3]. Allen Entscheidungen gemeinsam ist ein Ausspruch, der auf das Verfahren und auf die Rechtsstellung eines Beteiligten unmittelbar gestaltend Einfluß nimmt[4, 5]. Neben diesen formalen Unterschieden kann man die Entscheidungen nach ihrer Funktion, nach ihrem Inhalt abgrenzen[6]. Urteile haben in der Regel instanzerledigenden Charakter[7], sie beenden das Verfahren für diese Instanz, bei Unanfechtbarkeit erledigen sie das Verfahren insgesamt[8]. Beschlüsse und Verfügungen

---

[1] Vgl. KMR, 2 a vor § 33; *Kleinknecht*, Einl. 118; *Henkel*, S. 253; *Peters*, S. 401.

[2] Etwa als Vorsitzender, ersuchter oder beauftragter Richter.

[3] Vgl. *Roxin*, § 23, A 3; *Herzog*, S. 72 ff.; *Geppert*, GA 72, 165 ff. 172.

[4] Vgl. *Kleinknecht*, Einl. 119; *Henkel*, S. 252.

[5] Deshalb werden die bloßen Hinweise, Mitteilungen, Belehrungen, usw. von dem Begriff der Entscheidung nicht erfaßt, vgl. *Goldschmidt*, S. 512 f.

[6] Vgl. *Eb. Schmidt*, 4 vor § 33; KMR, 1 vor § 33; *Henkel*, S. 252; *Roxin*, § 23, A III.

[7] Vgl. *Eb. Schmidt*, 4 vor § 33; *Roxin*, § 23 A III. *Peters*, S. 401.

[8] Vgl. *Eb. Schmidt*, 4 vor § 33; *Geppert*, GA 72, 165 ff., 172.

haben hingegen diese Wirkungen grundsätzlich nicht. Sie erfüllen i. d. R. vielmehr die Aufgabe, die instanzerledigende Entscheidung vorzubereiten und zu sichern, sie sind sogenannte „laufende" Entscheidungen[9]. Jedoch gibt es sowohl bei den instanzerledigenden als auch bei den laufenden Entscheidungen wesentliche Ausnahmen von der dargestellten Regel. So ergehen die Entscheidungen der Rechtsmittelinstanzen, durch welche die Sache zur erneuten Verhandlung und Entscheidung zurückverwiesen wird (§§ 328 III, 354 II), in Urteilsform, obwohl sie der Sache nach eine laufende Entscheidung beinhalten[10]. Umgekehrt wird z. B. die prozeßerledigende Einstellung des Verfahrens wegen Geringfügigkeit gem. §§ 153 II 3, 153 a II 3 durch Beschluß bewirkt[11]. Dasselbe gilt für die Entscheidungen gem. §§ 174 I, 204 I, 206 a I, 319, 322 I, 346 I, 349 I, II, 371 I, die allesamt prozeßabschließender Natur sind und dennoch in Beschlußform ergehen[12]. Jedoch sind dies nur Ausnahmen von der Regel: Grundsätzlich werden instanz- oder prozeßabschließende Entscheidungen in Urteilsform erlassen, während Beschlüsse und Verfügungen sich als laufende Entscheidungen darstellen[13].

### 1. Der Begriff der Beschlüsse und Verfügungen

#### *a) Beschlüsse und Verfügungen als in der Regel verfahrensrechtliche Zwischenentscheidungen*

Lassen sich die Beschlüsse und Verfügungen nach dem Gesagten als in der Regel laufende Entscheidungen charakterisieren[14], so besteht die ihnen gemeinsame Aufgabe darin, die Entscheidung über den staatlichen Strafanspruch vorzubereiten, seine Feststellung zu sichern und

---

[9] Vgl. *Löwe / Rosenberg / Gollwitzer,* § 304, 5; *Eb. Schmidt,* 7 vor § 33; *Roxin,* § 23, A III 2; *Gössel,* § 31, A II b.

[10] Vgl. *Eb. Schmidt,* 7 vor § 33; KMR, § 328, 4 c; *Roxin,* § 23, A III 2; *Gössel,* § 31, A II b.

[11] Vgl. *Eb. Schmidt,* 6 vor § 33; KMR, 2 a vor § 33; *Roxin,* § 23, A III 1 a; *Gössel,* § 31, A II a.

[12] Dies trifft allerdings für die Verfügung nicht zu; diese kann niemals prozeßabschließend wirken.

[13] Im Ganzen entspricht dies der einhelligen Auffassung in der Lit., vgl. *Löwe / Rosenberg / Gollwitzer,* § 304, 4 ff.; *Eb. Schmidt,* 3 ff. vor § 33; KMR, 1 ff. vor § 33; *Peters,* S. 401 f.; *Henkel,* S. 252 f.; *Roxin,* § 23, A; *Gössel,* 31, A; *Geppert,* GA 72, 165 ff., 172. Nach *Henkel,* a.a.O., tritt eine Beendigung des Rechtszuges durch Beschluß sogar nur „ganz ausnahmsweise" ein. Andere unterscheiden sich nur hinsichtlich der Terminologie. Während z. B. *Peters,* a.a.O. und *Roxin,* a.a.O., von prozeßerledigenden Entscheidungen sprechen, benutzen *Löwe / Rosenberg / Gollwitzer,* a.a.O., und *Henkel,* a.a.O., den Ausdruck „Verfahrensbeendigung" oder „-erledigung"; eine ausführliche Erörterung dieser Fragen findet sich bei *Herzog,* S. 2 ff., 52 ff., 59 ff., 65 ff., 70 ff. und *Gantzer,* S. 4 ff., 5, 7.

[14] s. o. bei Anm. 9, 13.

seiner Durchsetzung zu dienen[15]. Sie werden „im Laufe" des Verfahrens erlassen und gestalten dessen Fortgang derart, daß sie den Prozeß auf die Gewinnung der Endentscheidung zubewegen[16]. Sie sind demnach, von den o. a. Ausnahmen der prozeßabschließenden Beschlüsse abgesehen[17], verfahrensrechtliche Zwischenentscheidungen, die Bedeutung vielfach nur in bestimmten Verfahrensabschnitten entfalten[18] und die dort bestehenden prozessualen Rechte der Beteiligten berühren. Erwähnt seien z. B. der das Hauptverfahren eröffnende Beschluß, die Wiedereinsetzung in den vorigen Stand, die Entscheidung über ein Ablehnungsgesuch gem. § 27 sowie der einzelne Prozeßvoraussetzungen und -handlungen betreffende Beschluß[19]. Alle diese Entscheidungen dienen dem Zweck, den Prozeß seinem Ziel, dem Urteil[20], zuzuführen[21] und greifen auf diese Weise in verfahrensrechtliche Positionen der Beteiligten ein[22].

### *b) Die Doppelfunktionalität verschiedener Beschlüsse*

Die soeben erörterten Aufgaben und Wirkungen sind grundsätzlich allen Beschlüssen und Verfügungen eigen: Sie alle erfüllen im Verfahren eine Sicherungs- und Förderungsfunktion und berühren den durch sie Betroffenen in seiner prozessualen Stellung. Jedoch ist im Bereich dieser Entscheidungen eine bedeutsame Differenzierung vorzunehmen: Eine Vielzahl der Beschlüsse und Verfügungen entfalten ausschließlich die dargestellten Wirkungen; sie erfüllen eine allein prozeßfördernde, also verfahrensrechtliche Funktion, ohne darüber hinaus materiellrechtliche Positionen des Betroffenen zu berühren. Als reine Prozeßhandlungen beeinflussen sie lediglich die verfahrensrechtliche Stellung des Betroffenen, schmälern also ausnahmslos seine prozessualen Rechte. Manche Entscheidungen hingegen gehen weiter. Sie erschöpfen sich nicht in der Gestaltung, d. h. Förderung und Sicherung des Verfahrens, sondern entfalten ihre Wirkungen im außerprozessualen, materiellen Raum. Damit tangieren sie nicht nur rein prozessuale Rechte, sondern

[15] So *Amelung*, S. 14, hinsichtlich der durch Beschluß angeordneten strafprozessualen Grundrechtseingriffe.

[16] Vgl. *Eb. Schmidt*, 7 vor § 33 („Durchgangsstationen"); KMR, 1 vor § 33; *Peters*, S. 402 („prozeßweiterführende oder prozeßbegleitende" Entscheidungen); *Henkel*, S. 252; *Roxin*, § 23, A I 2 („Weiterbetreiben des Prozesses"); *Gössel*, § 31, A II b; *Geppert*, GA 72, 165 ff., 172.

[17] s. o. bei Anm. 11.

[18] Vgl. *Löwe / Rosenberg / Gollwitzer*, § 304, 4.

[19] Weitere Beispiele bei *Peters*, S. 402 und *Gantzer*, S. 5.

[20] Oder dem (Einstellungs-)Beschluß, wenn dieser die Endentscheidung darstellt.

[21] Verfügungen verfolgen, da sie nie prozeßerledigend wirken, stets diesen Zweck, s. o. Anm. 12.

[22] Vgl. *Amelung*, S. 55 f.

wirken sich auf den Bestand materieller, meist sogar verfassungsrechtlich abgesicherter Individualrechtsgüter des Betroffenen aus. Aufgrund ihrer Bedeutung auf materiell-rechtlichem und verfahrensrechtlichem Gebiet sind sie doppelfunktionelle Prozeßhandlungen im Sinne Nieses und Eb. Schmidts[23].

Im Rahmen der so skizzierten doppelfunktionellen Prozeßhandlungen[24] haben die zumeist als strafprozessuale Zwangsmaßnahmen[25] bezeichneten Akte ein besonderes Gewicht. Im prozessualen Bereich dienen sie der Weiterführung des Verfahrens und der Erreichung des Prozeßzieles, indem sie den Erlaß der Entscheidung sichern[26]. Materiell schränken sie verfassungsrechtlich garantierte Grundrechte ein, zeitigen also materiell verfassungsrechtliche Auswirkungen[27]. Dabei läßt sich der Nachweis tatsächlicher regelmäßiger Grundrechtsbeeinträchtigung durch die sogenannten strafprozessualen Zwangsmaßnahmen ohne weiteres führen. Während Maßnahmen, die in die körperliche Unversehrtheit, das Post- und Fernmeldegeheimnis, die Berufsausübung und die Wohnung eingreifen oder eine Beschlagnahme oder Freiheitsentziehung darstellen schon den durch spezielle Grundrechte[28] geschützten Lebensbereich berühren, wird durch die übrigen Eingriffe zumindest auf die allgemeine Handlungsfreiheit (Art. 2 I GG)[29] oder auf das allgemeine Persönlichkeitsrecht (Art. 2 I i. V. m. Art. 1 I GG)[30] beschränkender Einfluß genommen[31].

Alle genannten Maßnahmen, soviel soll an dieser Stelle ausdrücklich festgestellt werden, fördern demnach als doppelfunktionelle Prozeßhandlungen nicht nur den Fortgang des Verfahrens, sondern greifen über diese Funktion hinaus unmittelbar in grundrechtlich geschützte

---

[23] Vgl. *Niese*, S. 48 ff.; *Eb. Schmidt* I, 35 f.; II, 5 vor § 94; vgl. weiter *Amelung*, S. 14; *Peters*, S. 216 f.; *Henkel*, S. 238, 274; *Roxin*, § 22, A III; *Gössel*, § 19, B II b; *Gantzer*, S. 23.

[24] *Peters*, S. 216, nennt sie „doppelwirksame Prozeßhandlungen“, ohne damit jedoch einen sachlichen Unterschied statuieren zu wollen.

[25] Vgl. nur *Eb. Schmidt*, 5 vor § 94; *Henkel*, S. 238.

[26] Vgl. nur *Henkel*, S. 274.

[27] Wobei *Peters*, S. 216, darin Recht zu geben ist, daß die materiell-rechtlichen Beeinträchtigungen nicht „Aufgabe“, also Funktion, sondern lediglich „Begleiterscheinung“, also Folge der Zwangsmaßnahmen sind. Unter dieser Einschränkung soll jedoch an dem geläufigen Begriff der doppelfunktionellen Prozeßhandlung festgehalten werden.

[28] Es sind dies die Grundrechte aus Art. 2 II, 10, 12, 14, 104 GG.

[29] Die allgemeine Handlungsfreiheit wird seit BVerfGE 6, 32 ff., 36, 37 dem Schutzbereich des Art. 2 I GG zugerechnet.

[30] Art. 2 I und Art. 1 I GG werden zur Begründung und zum Schutz des Persönlichkeitsrechts gemeinsam herangezogen, vgl. nur BVerfGE 32, 373 ff., 378, 379; 35, 202 ff., 219, 220.

[31] Grundlegend *Niese*, S. 50 f.; vgl. auch *Henkel*, S. 274 f. und neuerdings *Amelung*, S. 16 f.; *Roxin*, § 29 B.

Positionen des von ihnen Betroffenen ein. Sie werden im folgenden zur Abgrenzung von den reinen Prozeßhandlungen[32] als strafprozessuale Grundrechtseingriffe bezeichnet[33], wobei, was nach den bisherigen Ausführungen selbstverständlich ist, nur die vom Richter angeordneten Eingriffe in Betracht kommen. Diese vorgenommene Differenzierung zwischen den reinen Prozeßhandlungen und den strafprozessualen Grundrechtseingriffen wird im Laufe der Untersuchung bei der Bestimmung des Beschwerbegriffes[34] und bei der Frage der Zulässigkeit der Beschwerde[35] wesentlich werden. Dabei wird sich zeigen, daß der Rechtsschutz bei richterlich angeordneten Grundrechtseingriffen einer differenzierteren Beurteilung zu unterliegen hat als bei reinen Prozeßhandlungen, was von Lit. und Rechtsprechung übersehen wird[36].

### 2. Der Unterschied von Beschlüssen und Verfügungen

Die StPO hat eine begrifflich scharfe Unterscheidung zwischen Beschluß und Verfügung nicht festgelegt[37]. Ihr ist lediglich zu entnehmen, daß kollegialgerichtliche Entscheidungen niemals als Verfügung, sondern stets in Beschlußform[38] ergehen. Im übrigen sollte die Unterscheidung weitgehend der Lit. vorbehalten bleiben[39]. Diese grenzt die beiden

[32] Die ausschließlich die zuerst genannte Funktion erfüllen, s. o. nach Anm. 22.

[33] Der Text folgt dabei *Amelung*, S. 15 f., der den Begriff des strafprozessualen Grundrechtseingriffs geprägt hat. Amelung hat nachgewiesen, daß die herkömmliche Bezeichnung der genannten Akte als Zwangsmaßnahmen „irreführend" ist; denn zum einen zählen zu diesem Bereich auch Maßnahmen, „bei denen Zwang im Sinne einer physisch wirkenden Beeinträchtigung der Handlungsfreiheit gar nicht ausgeübt wird", wie etwa der „Aushang eines Steckbriefes oder das heimliche Abhören eines Telefongesprächs". Entscheidend sei also nicht eine „Zwangswirkung, sondern das einheitliche Merkmal der Grundrechtsbeeinträchtigung", so daß rechtsstaatliche Grundsätze wie etwa das Erfordernis einer speziellen gesetzlichen Eingriffsgrundlage bei Grundrechtseingriffen ohne Zwangswirkung ebenso zu gelten hätten wie bei durch Zwang bewirkten Beeinträchtigungen. Zum anderen zeige aber auch der Sprachgebrauch des neugefaßten § 305, S. 2, daß das Gesetz den Begriff des „Zwangsmittels" nicht als „Oberbegriff für alle Grundrechtseingriffe zur Förderung oder Sicherung des Strafverfahrens verwendet".
Auch *Roxin*, § 29, B, D spricht in diesem Zusammenhang neuerdings von „strafprozessualen Grundrechtseingriffen". Kritisch insoweit *Herrmann*, ZStW 77, 183 ff., 186 und *Welp*, Zwangsbefugnisse, S. 10 f.

[34] Beschwer und prozessuale Überholung, s. u. 1. Teil, B II 2 b.

[35] § 305; Beschwerde bei erledigten Eingriffen? s. u. 1. Teil, G II, IV.

[36] Entgegen KMR, Einl. 10, a läßt sich die Kategorie der doppelfunktionellen Prozeßhandlungen unter dem Aspekt des Rechtsschutzes durchaus fruchtbar machen.

[37] Zum Anwendungsbereich dieser Entscheidungsform, siehe bereits oben, nach Anmerkung 1.

[38] Wenn nicht ein Urteil zu erlassen ist.

[39] Der im Entwurf I vorgesehene Absatz, der eine Begriffsbestimmung enthielt, ist nicht in das Gesetz aufgenommen worden, vgl. *Hahn*, S. 93.

Entscheidungsarten zumeist nach ihrem Urheber ab[40]. Danach werden Entscheidungen des gesamten Spruchkörpers[41] durch Beschluß erlassen, während der einzelne Richter eine Verfügung erläßt, wenn er in besonderer Funktion tätig wird[42]. Repräsentiert der einzelne Richter hingegen (als Strafrichter) den Spruchkörper, so hat er bei den Entscheidungen, die Kollegialgerichte durch Beschluß erlassen würden, ebenfalls die Beschlußform zu wählen.

Die so vorgenommene Abgrenzung entspricht der einhelligen Auffassung in der Literatur[43]. Jedoch kann der Unterscheidung in praxi keinerlei sachliche Bedeutung zugemessen werden, weil beide Entscheidungsformen im Hinblick auf ihrer Anfechtbarkeit gleich behandelt werden: In dem von §§ 304, 305, 310, 311 gesetzten Rahmen unterliegen grundsätzlich alle Beschlüsse und Verfügungen ohne Rücksicht auf ihre Bezeichnung der Beschwerde[44]. Daher ist die Unterscheidung im wesentlichen nur terminologischer Art[45].

## II. Die allgemeinen Voraussetzungen der Beschwerde

Die für jedes Rechtsmittel, also auch für die Beschwerde, geltenden Zulässigkeitsvoraussetzungen sollen an dieser Stelle nur kurz genannt werden, da sie entweder bereits oben erwähnt worden sind oder aber im Zusammenhang mit der Frage der Beschwerdeeinlegung und den dazu berechtigten Personen[46] behandelt werden sollen. Einer ausführlichen Erörterung bedarf jedoch das Zulässigkeitserfordernis der Beschwer, da dieses im Laufe der Untersuchung mehrfach wesentlich werden wird.

### 1. Die Zulässigkeitsvoraussetzungen der Beschwerde

Die Zulässigkeit der Beschwerde ist wie die eines jeden Rechtsmittels allein an formelle Voraussetzungen gebunden. Auf die sachliche Richtigkeit oder Unrichtigkeit der angefochtenen Entscheidung kommt es

---

[40] Vgl. *Löwe / Rosenberg / Gollwitzer*, § 304, 5 f.; *Eb. Schmidt*, 12 vor § 33; KMR, 2 c vor § 33; *Peters*, S. 402; *Gantzer*, S. 15.

[41] Der Schöffengerichte, Strafkammern und Strafsenate.

[42] Als Vorsitzender, als Ermittlungsrichter, als ersuchter oder beauftragter Richter; vgl. *Roxin*, § 23, A I 3.

[43] Auch im älteren Schrifttum findet sich diese Unterscheidung; vgl. *Ferdinand*, S. 39 ff; *Rosenfeld*, S. 143 f.; *Birkmeyer*, S. 469 f.; *v. Kries*, S. 426; *Bennecke / Beling*, S. 419; *Bennecke*, S. 418; *Geyer*, S. 605; *Gerland*, S. 278; *Ullmann*, S. 275.

[44] Vgl. *Löwe / Rosenberg / Gollwitzer*, § 304, 5 f.; *Eb. Schmidt*, 12 vor § 33; *KMR*, 2 c vor § 33.

[45] Ebenso *Ferdinand*, S. 43.

[46] Siehe unten, 2. Teil, A und 1. Teil, F.

dabei nicht an. Diese ist erst bei der Prüfung der Begründetheit des Rechtsmittels zu untersuchen, da ansonsten nur das sachlich begründete Rechtsmittel zulässig wäre[47].

Zu den allgemein geltenden formellen Zulässigkeitsvoraussetzungen gehört zunächst eine gerade mit dem Rechtsmittel der Beschwerde anfechtbare Entscheidung[48]. Weiterhin ist die Einlegungsbefugnis des Beschwerdeführers zu prüfen[49], das Rechtsmittel an den richtigen Adressaten zu wenden[50], sowie gesetzliche Form- und Fristerfordernisse zu wahren[51]. Schließlich bestehen für die sofortige und weitere Beschwerde besondere Zulässigkeitsvoraussetzungen, die im Zusammenhang mit der einzelnen Beschwerdeart behandelt werden sollen[52].

### 2. Insbesondere: Die Beschwer als Zulässigkeitsvoraussetzung

Die Zulässigkeit eines jeden Rechtsmittels, also auch der Beschwerde, setzt eine Beschwer des Rechtsmittelführers voraus[53]. Dabei ist im Hinblick auf den Beschwerbegriff manches unklar[54], was sich vor allem bei den strafprozessualen Grundrechtseingriffen zeigt. Weiterhin ist umstritten, ob die Zulässigkeit des Rechtsmittels das Bestehen einer Beschwer oder lediglich ihre Behauptung erfordert.

#### *a) Der Beschwerbegriff*

aa) Die Beschwer setzt voraus, daß die angefochtene Entscheidung den Rechtsmittelführer in seinen materiellen oder verfahrensrechtlichen Positionen oder schutzwürdigen Interessen unmittelbar beeinträchtigt[55]. Die Entscheidung muß den Rechtsmittelführer belasten[56], er muß durch sie in seinen Belangen nachteilig betroffen sein[57]. Eine nur

---

[47] Vgl. nur *Löwe / Rosenberg / Gollwitzer*, 4 vor § 296; *Gössel*, § 35, B I.

[48] § 304 I; s. o. B I und u. B III.

[49] §§ 296 bis 298, 304 II; s. u. 1. Teil, F.

[50] §§ 306 I, 311 II 2; s. u. 2. Teil, A I 2.

[51] §§ 306, 311 II 1; s. u. 2. Teil, A I 1 u. 3.

[52] §§ 311, 310; s. u. 1. Teil, C. u. D.

[53] Vgl. nur *Löwe / Rosenberg / Gollwitzer*, § 296, 12; *Peters*, S. 539; *Gössel*, § 35, B II d.

[54] Ebenso *Eb. Schmidt*, Kolleg. Rdz. 350; *v. Löbbecke*, S. 1 („verwirrendes Bild").

[55] Vgl. BGHSt 7, 153; *Eb. Schmidt*, 14 vor § 296; KMR, 3 a vor § 296; *Henkel*, S. 365; *Dahs / Dahs*, Rdz. 27.

[56] *Peters*, S. 539.

[57] *Roxin*, § 52, B II 2 a; dabei sind die Formulierungen im einzelnen unterschiedlich, vgl. nur *Löwe / Rosenberg / Gollwitzer*, § 296, 12 („rechtlich anzuerkennendes Anliegen an ihrer Aufhebung"); *Roxin*, a.a.O. („rechtlich geschütztes Interesse"), ebenso *Gössel*, § 35, B II d; ungenau wohl *Kleinknecht*, 12 vor § 296 und *Dahs / Dahs*, Rdz. 27. die eine Beeinträchtigung von „Rechten" verlangen.

mittelbare Beeinträchtigung, also eine Belastung, die sich lediglich aus der gegen einen anderen gerichteten Entscheidung ergibt[58], vermag eine Rechtsmittelberechtigung nicht zu begründen[59].

Der so umschriebenen Beschwer liegt der für den Strafprozeß einhellig vertretene sogenannte materielle Beschwerbegriff zugrunde[60], der allein auf die ungünstigen Wirkungen der ergangenen Entscheidung abstellt. Hingegen wird im Zivilprozeßrecht die Beschwer zumeist formell bestimmt[61], indem die von dem Rechtsmittelführer gestellten Anträge mit der angefochtenen Entscheidung verglichen werden[62]. Für den Strafprozeß taugt dieser formelle Beschwerbegriff hingegen grundsätzlich nicht, da etwa der Angeklagte nicht verpflichtet ist, bestimmte Anträge zu stellen[63].

Demgegenüber unterliegt die Feststellung einer Beschwer der Staatsanwaltschaft z. T. anderen Kriterien als bei den sonstigen Verfahrensbeteiligten. Dies folgt aus ihrer Funktion als unparteiisches, zur Wahrnehmung des Rechts verpflichtetes öffentliches Rechtspflegeorgan[64]. Als „Wächterin des Gesetzes"[65] hat sie darauf zu achten, daß die Entscheidungen in Übereinstimmung mit dem materiellen oder prozessualen Recht ergehen. Ihre rechtlich anzuerkennenden Interessen sind demnach berührt, wenn sie die erlassene Entscheidung für rechtswidrig

---

[58] Vgl. OLG Stuttgart, Justiz 76, 485: Untersagt der Vorsitzende die Aushändigung eines Plakats an den Untersuchungsgefangenen und läßt er es zu dessen Habe nehmen, so steht dem Hersteller und Übersender des Plakats gegen diese Verfügung keine Beschwerderecht zu (Leitsatz). In den Gründen führt das OLG aus, daß dem Hersteller gerade nicht untersagt werde, daß Plakat an den Angeklagten zu verkaufen oder zu verschenken. Vielmehr werde lediglich dem Angeklagten untersagt, das von ihm rechtmäßig erworbene Plakat auf die Zelle zu nehmen. Diese Maßnahme greife nur in den Rechtskreis des Angeklagten, nicht aber in denjenigen des Herstellers ein. Denn dieser habe unter keinem rechtl. Gesichtspunkt das Recht, zu bestimmen, was der Empfänger / Käufer des Plakats mit diesem mache. Vgl. in diesem Zusammenhang auch OLG Bremen MDR 76, 686; OLG Hamm MDR 69, 161.

[59] Ebenso *Löwe / Rosenberg / Gollwitzer*, § 304, 54; *v. Löbbecke*, S. 40.

[60] Vgl. *Eb. Schmidt*, 14 vor § 296; *v. Löbbecke*, S. 15, mit weiteren Nachweisen.

[61] Vgl. BGHZ 24, 369 f.; 26, 296; *Baumbach / Lauterbach*, § 511, 2; *Rosenberg / Schwab*, § 137 II 3; *Lent / Jauernig*, § 72, V; *Lent*, JZ 55, 425; *Baur*, JZ 65, 186.

[62] Kritisch neuerdings *Bettermann*, ZZP 82, 24 ff., 44 und *Brox*, ZZP 81, 379 ff., 412, die die Beschwer formell oder materiell bestimmen wollen.

[63] Umgekehrt kann eine Beschwer auch dann vorliegen, wenn die angefochtene Entscheidung mit einem gestellten Antrag übereinstimmt, vgl. KG JR 69, 349; *Löwe / Rosenberg / Gollwitzer*, § 296, 13. Zum Ganzen vgl. *v. Löbbecke*, S. 13 ff., der überzeugend dargelegt hat, daß der formelle Beschwerbegriff für den Strafprozeß keinen geeigneten Maßstab abgibt.

[64] Vgl. dazu BGSt 60, 189 ff., 191; *Löwe / Rosenberg / Gollwitzer*, § 296, 13 und ausführlich *Eb. Schmidt* I, Rdz. 92 ff.

[65] BGH NJW 56, 1028 f.; *Gössel*, § 35 B II d 1.

hält[66]. Wenn vielfach gesagt wird, die Staatsanwaltschaft sei durch jede unrichtige Entscheidung beschwert[67], so vermengt dieser Satz die Frage der Zulässigkeit des Rechtsmittels mit der seiner Begründetheit[68]. Wesentlich ist demnach nicht die tatsächliche Unrichtigkeit der Entscheidung, sondern die dahingehende Auffassung der Staatsanwaltschaft[69]. Andernfalls würde bereits im Rahmen der Zulässigkeitsprüfung über die Begründetheit mitentschieden. Eine Beschwer der Staatsanwaltschaft ist deshalb schon dann zu bejahen, wenn der richterliche Ausspruch nach ihrer Ansicht nicht dem Gesetz entspricht[70].

bb) Die beschwerbegründende Interessenverletzung muß sich nach h. M. stets aus dem Entscheidungssatz selbst ergeben; nur in dem Tenor der angefochtenen Entscheidung, nicht aber in ihren Gründen, dürfe die so definierte Beschwer gesucht werden[71]. Der Grund hierfür liege in der Aufgabe des Strafverfahrens, das vor allem die Entscheidung über den staatlichen Strafanspruch herbeizuführen habe[72]. Die „innere Schlagkraft"[73] der Strafrechtspflege werde geschwächt, wenn die Gerichte trotz längst feststehendem Freispruchs zu weiteren Ermittlungen, uferlosen Beweisaufnahmen und u. U. mehrfachen Vertagungen gezwungen würden[74]. Darüber hinaus belaste die Anerkennung von „Freisprüchen verschiedener Klassen"[75] denjenigen Angeklagten, dessen Unschuld nicht ohne weiteres feststellbar sei[76].

---

[66] OLG Saarbrücken NJW 73, 1010 f.; *Gössel*, a.a.O.

[67] So KMR, 5 vor § 296; *Roxin*, § 52 B II 2 b.

[68] Vgl. *v. Löbbecke*, S. 34.

[69] Wobei nicht der Antrag des Sitzungsvertreters entscheidet, sondern die Auffassung der staatsanwaltlichen Behörde, vgl. RGSt 60, 190; KG JR 69, 349; *Eb. Schmidt*, 26 vor § 296.

[70] So auch OLG Saarbrücken, a.a.O.; *Gössel*, a.a.O.

[71] Vgl. BGHSt 7, 153; 16, 374; *Löwe / Rosenberg / Gollwitzer*, § 296, 15; *Erbs*, § 296, X; *Kleinknecht*, 14 vor § 296; *Henkel*, S. 366; *Peters*, S. 540; *Gössel*, § 35, B II d 2; *Hanack*, JZ 73, 659 ff.; neuerdings hat sich insbesondere *v. Löbbecke*, S. 118 ff., darum bemüht, den Grundsatz der Tenorbeschwer dogmatisch zu begründen. Gegen diesen Grundsatz vor allem KMR, 46 vor § 296 und jetzt auch *Eb. Schmidt*, Nachtrag I, 8, 15 vor § 296, die unter Hinweis auf die Unschuldsvermutung in Art. 6 II MRK eine Beschwer auch bei belastenden Feststellungen in den Entscheidungsgründen annehmen.

[72] Vgl. hierzu vor allem *Peters*, S. 540; *Hanack*, JZ 72, 114; zur umstrittenen Lehre vom Strafanspruch des Staates vgl. BVerfGE 6, 7 ff., 12; BGHSt 16, 374 ff., 378; einen Überblick gibt *v. Löbbecke*, S. 119 ff.

[73] *Peters*, S. 540.

[74] *Peters*, S. 540; vgl. auch KMR, § 244, 4 a („überschießende Aufklärung").

[75] *Peters*, S. 541.

[76] *Peters*, S. 541; jedoch ist mit *Peters*, S. 542, eine Beschwer zumindest im Fall des Freispruchs wegen Schuldunfähigkeit zu bejahen. Dieser wird in das Bundeszentralregister eingetragen, § 12 I Nr. 1 BZRG, und beeinträchtigt die Stellung des Betroffenen in anderen Verfahren, siehe nur §§ 63 ff. StGB, §§ 413 ff.; ebenso *Henkel*, S. 366; *v. Hippel*, S. 564; *Zysk*, S. 186; *Henrichs*, MDR 56, 196; *Schwenk*, NJW 64, 1455; a. A. *v. Löbbecke*, mit weiteren Nach-

Jedoch wird neuerdings im Anschluß an das Bundesverfassungsgericht[77] vom Grundsatz der Tenorbeschwer zu Recht dann ein Ausnahme zugelassen, wenn die Art der Entscheidungsbegründung Grundrechte des Betroffenen verletzt[78]. Als beeinträchtigtes Grundrecht kommt dabei insbesondere das durch Art. 1 I i. V. m. Art. 2 I GG geschützte allgemeine Persönlichkeitsrecht in Betracht. Enthalten also die Gründe einer Entscheidung Äußerungen herabsetzender oder beleidigender Form, so kann sich der Betroffene auch dann beschweren, wenn er allein durch den Entscheidungssatz keine Belastung hat hinnehmen müssen, also etwa freigesprochen worden ist[79]. Ein Freispruch unter diskriminierenden Ausführungen in den Gründen stellt durchaus eine unmittelbare Beeinträchtigung rechtlich geschützter Interessen, also eine Beschwer, dar[80], weil solche Äußerungen in der Regel keinen konkreten Bezug zu dem zu entscheidenden Fall aufweisen[81]. Auf die in diesen Fällen zu Recht erfolgende privilegierte Behandlung von Grundrechtseingriffen soll an dieser Stelle ausdrücklich hingewiesen werden[82].

Der Grundsatz der Tenorbeschwer wird in Literatur und Rechtsprechung zumeist im Zusammenhang mit den Rechtsmitteln gegen Urteile erörtert: Berufung und Revision sind, wie gezeigt, in der Regel nur dann zulässig, wenn der Rechtsmittelführer durch den Urteilsspruch beschwert ist oder dies zumindest behauptet[83]. Jedoch läßt sich dieser Grundsatz nicht ohne weiteres auf die Beschwerde übertragen, weil sich die ihr unterliegenden Entscheidungen wesentlich von den Urteilen

---

weisen, der im Ergebnis nicht nur beim Freispruch wegen Schuldunfähigkeit, sondern auch beim Freispruch „mangels Beweises" und bei verfahrenseinstellenden Entscheidungen allein den Tenor für maßgeblich hält. Eine ausführliche Kritik des Grundsatzes der Tenorbeschwer findet sich bei KMR, 46 vor § 296.

[77] Grundlegend BVerfGE 6, 7 = NJW 56, 1833.

[78] Vgl. dazu *Löwe / Rosenberg / Gollwitzer*, § 296, 20; *Roxin*, § 52, B II 2 c; *Henrichs*, MDR 56, 196.

[79] BVerfGE 28, 151 ff., 159 ff.; eingehend *Jakobs*, JZ 71, 279 ff., 283.

[80] BVerfGE 6, 7; 28, 159 ff.; *Löwe / Rosenberg / Gollwitzer*, § 296, 20; *Jacobs*, a.a.O., S. 283; *Henrichs*, a.a.O., S. 196.

[81] Jedoch bedarf es zur Bejahung einer Beschwer eines schwerwiegenden und evidenten Verstoßes. Nicht jede kritische oder „unbequeme" Äußerung in den Gründen stellt bereits eine Formalbeleidigung und damit eine Grundrechtsbeeinträchtigung dar. Es muß dem Richter gestattet sein, im Rahmen des konkreten Verfahrenszwecks Eigenschaften und Werdegang des Betroffenen in allerdings angemessener Form zu bewerten; vgl. *Löwe / Rosenberg / Gollwitzer*, § 196, 20.

[82] Im Rahmen des Rechtsschutzes gegen durch Beschluß angeordnete Grundrechtseingriffe wird sich zeigen, daß diese dort keineswegs die hier aufgezeigte besondere Beachtung erfahren; vgl. dazu unten, 1. Teil, G II bis IV.

[83] Zur Streitfrage, ob Zulässigkeitsvoraussetzung das Bestehen oder das Behaupten einer Beschwer ist, siehe unten 2 d.

unterscheiden. So sind durchaus Beschlüsse denkbar, die den Betroffenen allein durch ihren Ausspruch nicht beschweren, die aber unter Verletzung seiner prozessualen Rechte zustande gekommen sind. Genannt sei etwa die gerichtliche Verfahrenseinstellung gem. § 153 II, die ohne die erforderliche Zustimmung des Angeschuldigten beschlossen wird. Die Einstellung als solche beschwert den Angeschuldigten nicht, sie verletzt jedoch sein verfahrensrechtliches Mitspracherecht und begründet deshalb sein Beschwerderecht gegen den Einstellungsbeschluß[84].

Dasselbe muß im Fall des § 391 I 2 gelten, wenn die Privatklage ohne Zustimmung des Angeklagten zurückgenommen wird. Auch hier ist der Angeklagte nicht durch den Ausspruch des Einstellungsbeschlusses, wohl aber durch die Beeinträchtigung seiner Mitwirkungsmöglichkeit beschwert[85]. Gerade das ihm vom Gesetz zugebilligte Zustimmungsrecht zeigt, daß seine Übergehung eine Beschwer beinhaltet[86]. Darüber hinaus läßt sich bei den Einstellungsbeschlüssen eine Beschwer vielfach nur aus ihrer Begründung herleiten. Nach h. M. beschwert der Einstellungsbeschluß den Beschuldigten nämlich dann, wenn er das Verfahren nicht endgültig erledigt oder bestimmte Schuldfeststellungen enthält[87]. Ob dies der Fall ist, ist aber ausschließlich aus den Gründen zu ersehen[88]. Schließlich sind die beschwerdefähigen Unterlassungen[89] zu erwähnen, bei denen der Grundsatz der Tenorbeschwer schon kraft ihrer Natur keine Geltung beanspruchen kann.

Es bleibt festzustellen, daß allein der gerichtliche Ausspruch bei Beschlüssen und Verfügungen nicht immer der geeignete Maßstab zur Feststellung der Beschwer ist[90]. Zum einen läßt sich diese vielfach nur in den Entscheidungsgründen suchen, zum anderen folgt sie oft erst aus der Verletzung einer Norm, die ein prozessuales Recht des Betroffenen statuiert. Der Grundsatz der Tenorbeschwer versagt schließlich vollends, wenn es um die Beseitigung fortdauernder Einwirkungen erledigter Entscheidungen geht. Hat sich nämlich der durch den Tenor eines Beschlusses angeordnete Eingriff erledigt, so soll nach h. M. durch die Erledigung auch die Beschwer entfallen. Es wird sich jedoch zeigen, daß viele Beschlüsse fortdauernde Beeinträchtigungen zeitigen, die über die im Tenor angeordnete unmittelbare Belastung hinausgehen;

---

[84] Ebenso Kleinknecht, § 153, 34.

[85] Im Ergebnis übereinstimmend *Löwe / Rosenberg / Kunert*, § 391, 12.

[86] Vgl. *Löwe / Rosenberg / Kunert*, § 391, 12; auch KMR, 3 a vor § 296, betonen, daß bei Verletzung bestimmter prozessualer Bestimmungen eine Beschwer begründet sein kann.

[87] Vgl. RGSt 20, 49; 42, 400; *Löwe / Rosenberg / Gollwitzer*, § 296, 24 f.; *Eb. Schmidt*, 25 vor § 296; *Kleinknecht*, 15 vor § 296.

[88] Ebenso *Peters*, S. 541; a. A. wohl *Kleinknecht*, 15 vor § 296.

[89] s. unten III 4.

[90] So aber KMR, 4 a (5) vor § 296.

für die Feststellung einer so gearteten weitergehenden Beschwer kann aber allein der Tenor des Beschlusses nicht maßgeblich sein[91]. Darauf wird sogleich näher einzugehen sein[92].

cc) Bisweilen wird unter Einschränkung der gegebenen Definition die Beschwer lediglich als Beeinträchtigung der prozessualen Stellung des Betroffenen verstanden. Dieser sei durch einen Beschluß oder eine Verfügung dann beschwert, wenn durch die Entscheidung „seine Prozeßlage verschlechtert" werde oder wenn er mit einem „für seine Prozeßstellung günstigen Antrag" nicht durchdringe[93]. Ein so umschriebener Beschwerbegriff kann im Beschwerderecht jedoch allenfalls für die ausschließlich prozeßfördernden Entscheidungen herangezogen werden. Diese reinen Prozeßhandlungen[94] beeinträchtigen allein die Verfahrensstellung des Beschwerdeführers und sind in ihren Auswirkungen daher auf lediglich prozessuale Rechte beschränkt. Hingegen übersieht der nur die Verfahrensstellung des Betroffenen berücksichtigende Beschwerbegriff den Unterschied zwischen reinen Prozeßhandlungen und strafprozessualen Grundrechtseingriffen[95]; denn die Letzteren entfalten ihre Wirkungen unmittelbar und unabhängig vom Prozeß, so daß es auf die Beeinträchtigung der Verfahrensstellung gar nicht ankommt[96]. Diese Auffassung wird im übrigen auch durch die §§ 304 IV Nr. 1, 305, S. 2 gestützt, die die Schmälerung rein materieller Interessen der Beschwerde unterwerfen, also für beschwerend erachtet[97]. Auch wäre ansonsten bei Grundrechtseingriffen gegen am Verfahren unbeteiligte Dritte[98] eine Beschwer mangels beeinträchtigter Verfahrensstellung nie gegeben[99]. Es ist daher festzustellen, daß eine Beschwer in der Beeinträchtigung sowohl materieller als auch prozessualer Rechtspositionen

[91] So weist etwa der eine Haussuchung anordnende Beschluß lediglich die in dem Hausrechtseingriff liegende unmittelbare Beschwer aus; weitergehende Auswirkungen auf die „Sozialstellung" des Betroffenen ergeben sich hingegen nicht aus dem Tenor, sondern erst aus der Beobachtung zusätzlicher Kriterien (Wiederholungsgefahr, Stigmatisierungseffekt, usw.).

[92] s. u. b („Beschwer und prozessuale Überholung").

[93] So KMR, 4 a (5) vor § 296; ähnlich *Budach*, S. 200; anders hingegen KMR, 3 vor § 296 (Beeinträchtigung „materieller Interessen"); *Löwe / Rosenberg / Wendisch*, § 33 a, 15 ff., begreifen den „Nachteil" im Sinne des § 33 a als „prozessualen Nachteil", als „prozessuales Unrecht", s. dazu sofort dd).

[94] s. o. B. I 1 b.

[95] Ebenso *Amelung*, S. 18 f.

[96] s. o. B I 1 b.

[97] Vgl. *Amelung*, S. 18. Darüber hinaus macht § 310 I die Bedeutung materieller Interessen im Beschwerderecht deutlich. Zu nennen ist auch der neue § 304 V (StVAG 1979, BGBl. 1978, I. S. 1645 ff.), der den von einer dort aufgezählten Maßnahme materiell Betroffenen besonders privilegiert.

[98] Zu denken ist an Beschlagnahmen oder Durchsuchungen; vgl. insoweit § 304 II, der anderen Personen die Beschwerde gegen Entscheidungen gibt, „durch die sie betroffen werden".

[99] Worauf *Amelung*, S. 18, zu Recht hinweist.

liegen kann[100]. Insbesondere bei einem Grundrechtseingriff ist sie stets gegeben[101].

dd) Der Beschwerbegriff im Sinne des Rechtsmittelrechts ist identisch mit dem Begriff des „Nachteils“ im Sinne der §§ 33 a, 311 a[102], so daß alle bisher aufgezeigten Merkmale der Beschwer beim „Nachteil“ gleichermaßen zutreffen. So umfaßt er wie die Beschwer nicht nur reine Verfahrensnachteile, sondern auch die Beeinträchtigung materiellrechtlicher Rechtspositionen. Eine Beschränkung auf die Verletzung prozessualer Rechte[103] würde im Rahmen der §§ 33 a, 311 a zu einer „prozessualistischen Verdünnung“ des Anspruchs auf rechtliches Gehör führen[104], der durch diese Normen garantiert wird. Gerade ein Blick auf den bedeutsamsten Anwendungsbereich des § 33 a, die unterbliebene Anhörung nach § 33 IV, zeigt, daß der Grundsatz des rechtlichen Gehörs die Beteiligten nicht nur vor Verfahrensnachteilen bewahren, sondern ihnen Schutz vor materiellem Unrecht gewähren soll[105], sind doch die in § 33 IV genannten Maßnahmen nichts anderes als eine Beschränkung materiell-rechtlicher Interessen. Folglich stellt auch eine Grundrechtsbeeinträchtigung einen „Nachteil“ im Sinne der erwähnten Vorschriften dar[106].

### *b) Beschwer und prozessuale Überholung*

Zur Begründung des nachträglichen Wegfalls einer nach den aufgezeigten Grundsätzen zunächst entstandenen Beschwer wird in Literatur[107] und Rechtsprechung[108] vielfach auf den Gesichtspunkt der prozes-

[100] Vgl. BayObLSGSt 52, 232 f.; KMR, 3 a vor § 296; *Kleinknecht*, § 304, 5; zu eng *v. Löbbecke*, S. 15 f., der allein auf die Verletzung „materieller Rechte“ abstellt.

[101] So ausdrücklich *Amelung*, S. 18.

[102] Vgl. *Löwe / Rosenberg / Wendisch*, § 33 a, 15; *Kleinknecht*, § 33 a, 7; *Gössel*, §31 B II.

[103] Nach *Löwe / Rosenberg / Wendisch*, §33 a, 16 soll das Nachverfahren gem. § 33 a der „Beseitigung des prozessualen Nachteils“ dienen, und das, obwohl *Wendisch*, § 33 a, 15 den „Nachteil“ der Beschwer gleichstellt.

[104] *Amelung*, S. 55.

[105] Nach *Baur*, AcP 153, 393 ff., 402 beinhaltet der Grundsatz eine „Unrechtsabwehrtendenz“; ebenso *Maunz / Dürig / Herzog*, Art. 103 GG, 5; vgl. auch *Eb. Schmidt* I, Rdz. 334 ff.; *Dahs*, Gehör, S. 2 ff.

[106] Vgl. *Amelung*, S. 54 f., der sich gegen „die Blickverengungen einer rein prozessualen Perspektive“ wendet.

[107] Vgl. *Löwe / Rosenberg / Gollwitzer*, § 304, 36; KMR, § 304, 1 d; *Kleinknecht*, 17 vor § 296.

[108] Vgl. BVerfGE 9, 161; BGH NJW 73, 2035, KG NJW 72, 169 und insbesondere OLG Celle NJW 73, 863 f. = JR 73, 339 ff.; der BGH hat neuerdings in NJW 78, 1815 und NJW 78, 1013 diese Auffassung inhaltlich bestätigt, ohne dabei allerdings den Gesichtspunkt der prozessualen Überholung beim Namen zu nennen; hinzuweisen ist weiter auf den wichtigen Beschluß des BVerfG's in NJW 79, 154 f.: Das BVerfG bemüht die prozessuale Überholung,

sualen Überholung abgestellt. Dieses Institut soll bewirken, daß die die Beschwer und damit auch den „Nachteil" im Sinne der §§ 33 a, 311 a[109] ausmachende Belastung von einem bestimmten Verfahrenszeitpunkt an nicht mehr besteht. Da das Fortbestehen der Beschwer jedoch unabdingbare Voraussetzung für die Zulässigkeit der Beschwerde ist[110], führt die prozessuale Überholung nach dieser Auffassung zu einer erheblichen Einschränkung des Anwendungsbereichs der Beschwerde[111]. Auf das Verhältnis von Beschwer und prozessualer Überholung ist daher im Folgenden näher einzugehen.

aa) Der Begriff der prozessualen Überholung wird zumeist v. Kries zugeschrieben[112]. Er besagt, daß bestimmte Prozeßhandlungen nur innerhalb bestimmter Verfahrensabschnitte sinnvoll vorgenommen werden können und deshalb nach Erreichung eines neuen Verfahrensstadiums nicht mehr vorgenommen werden dürfen[113]. Die fortschreitende Entwicklung des Verfahrens bewirkt eine Endgültigkeit oder „Unverrückbarkeit" der jeweiligen Prozeßlage[114]; der Eintritt in eine neue Lage äußert „präklusivische Wirkungen"[115], so daß nicht nur die Prozeßhandlungen, sondern auch die auf ihre Vornahme zielenden Rechtsmittel nicht mehr nachgeholt, bzw. eingelegt werden dürfen[116]. Zur Begründung der prozessualen Überholung wird neben der Fortentwicklung des Prozesses z. T. der Gesichtspunkt der Prozeßökonomie herangezogen[117], der die Verpflichtung beinhalte, das Verfahren in dem jeweiligen Prozeßabschnitt zu konzentrieren[118].

---

um das „Interesse" des Betroffenen an einer „Sachentscheidung" zu verneinen, die die Rechtswidrigkeit einer durchgeführten Durchsuchung feststellt; eingehend dazu u. 1. Teil, G IV 2.

[109] Vgl. *Löwe / Rosenberg / Wendisch*, § 33 a, 17; *Kleinknecht*, §33 a, 7.

[110] Dasselbe gilt für die Zulässigkeit des Nachverfahrens i. S. d. §§ 33 a, 311 a.

[111] Insbesondere bei der Beschwerde gegen erledigte Eingriffe, dazu unten, 1. Teil, G IV.

[112] Vgl. nur *v. Löbbecke*, S. 54; *Eb. Schmidt*, JZ 68, 354 ff., 362; *Stephan*, NJW 66, 2394 f., alle unter Hinweis auf *v. Kries*, Lehrbuch, S. 459, 698 f. Neuerdings hat jedoch *Budach*, S. 26 ff., 29 nachgewiesen, daß der Begriff schon vor v. Kries verwendet wurde.

[113] Zum Begriff vgl. *Peters*, JR 73, 342; *Stephan*, Rechtsschutzbedürfnis, S. 69 u. NJW 66, 2395; *v. Löbbecke*, S. 54 f.; *Goldschmidt*, S. 520; *Niese*, S. 67; *Schönke*, S. 37; *Baumgärtel*, MDR 68, 970 ff., 972 u. ZZP 69, 121. Eine eingehende Darstellung der prozessualen Überholung findet sich bei *Budach*, S. 25 ff., 33.

[114] Vgl. *Stephan*, NJ3 66, 2395.

[115] *Goldschmidt*, S. 520.

[116] *Goldschmidt*, S. 520, spricht anschaulich von der „Verpassung von Möglichkeiten".

[117] So *Walther*, S. 87.

[118] Vgl. *Walther*, S. 87, kritisch dazu *Budach*, S. 220.

bb) Im Bereich des Rechtsmittelrechts wird das so umschriebene Institut der prozessualen Überholung nun vielfach dazu bemüht, das Bestehen einer Beschwer zu verneinen und damit die Möglichkeit der Anfechtung auszuschließen[119]. Die Beschwer fehle, weil die zunächst belastende Entscheidung wegen des Verfahrensgangs keine fortdauernde Wirkung mehr zeitige[120]. Zumindest könne aber die ihr innewohnende Beeinträchtigung aus tatsächlichen oder rechtlichen Gründen nicht mehr beseitigt werden[121], so daß ein darauf zielendes Rechtsmittel keinen Einfluß auf den Gang des Verfahrens mehr auszuüben vermöchte[122]. So könne etwa eine vollständig durchgeführte Durchsuchung durch eine gegen sie gerichtete Beschwerde doch nicht mehr aufgehalten werden[123], weshalb die Durchsuchungsanordnung dann auch nicht mehr beschwerend wirke[124].

Dieser von der h. M. hergestellte Zusammenhang zwischen prozessualer Überholung und Wegfall der Beschwer erweckt jedoch Bedenken. Der behauptete Automatismus, wonach der Verfahrensfortgang stets die Wirkungen der Anordnung beseitigt, trifft nicht bei allen hier in Betracht kommenden Entscheidungen zu. Er ist in seinem Anwendungsbereich vielmehr auf die durch reine Prozeßhandlungen berührten Rechte zu beschränken. Nur sie entfalten ausschließlich Wirkungen in einem isolierten Verfahrensabschnitt und gehen mit Abschluß dieses Verfahrensabschnitts unter. Nur sie können dann auch nicht mehr beeinträchtigt sein, weil sie keine über dieses Prozeßstadium hinausgehenden Wirkungen haben. Die unverrückbar gewordene neue Verfahrenslage hat zur Folge, daß diese rein prozessualen Rechte überholt sind und damit ihren Inhaber nicht mehr belasten[125]. Auch die von v. Kries zur Stützung seiner Lehre angeführten Beispiele[126] beziehen sich auf rein prozessuale Rechte, die Bedeutung nur in einem bestimmten Prozeßstadium haben, die ihre Bedeutung mit dem Durchschreiten dieses

---

[119] So BVerfGE 9, 161; 11, 336 ff., 338; BGH NJW 73, 2035; KG NJW 72, 169; OLG Celle NJW 73, 863 f.; *Löwe / Rosenberg / Gollwitzer*, § 304, 36; *Löwe / Rosenberg / Wendisch*, § 33 a, 17; *Kleinknecht*, 17 vor § 296, § 33, 7; KMR, § 304, 1 d; Stephan, NJW 66, 2394 f.; auch BVerfG NJW 79, 154 f. hat diese Auffassung neuerdings wieder bestätigt.

[120] *Löwe / Rosenberg / Gollwitzer*, § 304, 36.

[121] *Kleinknecht*, 17 vor § 296.

[122] KMR, § 304, 1 d.

[123] Dieser Sachverhalt lag der Entscheidung des OLG Celle, NJW 73, 863 f., zugrunde; vgl. auch *Kleinknecht*, 17 vor § 296.

[124] So ausdrücklich OLG Celle, NJW 73, 863; ebenso *Kleinknecht*, a.a.O., und insbesondere BVerfG NJW 79, 154 f.

[125] So eingehend *Amelung*, S. 55 f.

[126] Lehrbuch, S. 459: Nach Eröffnung des Hauptverfahrens ist der Antrag auf Voruntersuchung unzulässig; nach Erlaß des revisionsgerichtlichen Urteils ist eine Gegenerklärung des Revisionsgegners nicht mehr statthaft.

Abschnitts jedoch einbüßen und ihren Inhaber im ferneren Verfahren dann nicht mehr beschweren[127]. Bei den reinen Prozeßhandlungen hat daher der Betroffene tatsächlich die Möglichkeit verpaßt[128], seine allein tangierten prozessualen Interessen rechtzeitig geltend zu machen[129]. Bei ihnen hat die prozessuale Überholung die zunächst vorhandene Beschwer beseitigt[130].

Hingegen greifen diese für die reinen Prozeßhandlungen bedeutsamen Gesichtspunkte bei den strafprozessualen Grundrechtseingriffen nicht ein. Als doppelfunktionelle Prozeßhandlungen berühren Grundrechtseingriffe den Betroffenen nicht nur in rein prozessualen Rechten, sondern beeinträchtigen ihn in verfassungsrechtlich abgesicherten, materiellen Positionen[131]. Grundrechte haben aber prinzipiell mit der jeweiligen Verfahrenslage nichts zu tun; sie bestehen unabhängig von ihr, weil sie ihre Wirkungen außerhalb des Prozesses entfalten[132]. Dann aber kann die durch ihre Beeinträchtigung eingetretene Beschwer auch nicht durch den Fortgang des Prozesses, d. h. durch die vollständige Durchführung des belastenden Eingriffs, überholt werden und damit fortfallen[133]. Die Ausdehnung der prozessualen Überholung auf die Grundrechtseingriffe verkennt die Doppelfunktionalität dieser Maßnahmen, sie erfaßt diese Maßnahme „allein unter dem Blickwinkel der Förderung des Strafverfahrens und blendet ihre materiellrechtliche Bedeutung aus"[134]. Auch Eb. Schmidt[135] sieht dies, wenn er fragt, ob die durch eine Durchsuchungsanordnung bewirkte Beschwer nach Vollzug der Durchsuchung nicht „erst recht" bestehe[136]. Im Gegensatz zu den reinen Prozeßhandlungen hat die durch den Abschluß der Maßnahme herbeigeführte Fortentwicklung des Verfahrens daher bei Grundrechtseingriffen nicht automatisch zur Folge, daß die durch sie ausgelöste Beschwer entfällt[137].

[127] *Amelung*, S. 55 f.

[128] *Goldschmidt*, S. 520.

[129] Materiellrechtliche Positionen werden, wie gezeigt, durch die reinen Prozeßhandlungen nie beeinträchtigt, s. o. B I 1 b.

[130] Auch die von *Budach*, S. 55 ff., als Beispiele für eine prozessuale Überholung genannten Fälle betreffen ausschließlich rein prozessuale Positionen.

[131] s. o. B I 1 b.

[132] Vgl. *Niese*, S. 129.

[133] *Amelung*, S. 56.

[134] *Amelung*, S. 56.

[135] JZ 68, 354 ff., 363.

[136] Inkonsequent allerdings ist, wenn *Eb. Schmidt*, a.a.O., die von ihm zu Recht angenommene Beschwer für „leider ... nicht mehr behebbar" hält; dazu unten, 1. Teil, G IV.

[137] Grundlegend *Amelung*, S. 56; *Peters*, JR 72, 300, 301; JR 73, 341 ff., 342; skeptisch hinsichtlich der prozessualen Überholung bei Grundrechtseingriffen auch *Haffke*, NJW 74, 1983 ff., 1985 („höchst problematisch") und *Enzian*, JR 75, 277 ff., 280.

Es bleibt demnach festzuhalten, daß allein rein prozessuale Rechte durch den Verfahrensfortgang dergestalt überholt werden können, daß die durch ihre Beeinträchtigung entstandene Beschwer entfällt. Im Bereich der doppelwirkenden Entscheidungen ist der Gesichtspunkt der prozessualen Überholung indessen scharf von dem Beschwererfordernis zu trennen[138]. Er vermag hier einen Wegfall der einmal entstandenen Beschwer nicht zu begründen.

cc) Zeitigen nach der hier vertretenen Auffassung die strafprozessualen Grundrechtseingriffe Beeinträchtigungen, die über den vollständigen Vollzug des Eingriffs hinaus fortbestehen[139], so bleibt noch festzustellen, worin diese anhaltende Beschwer im einzelnen besteht. Dabei ist davon auszugehen, daß alle hier in Betracht kommenden Maßnahmen grundrechtlich geschützte Güter des Betroffenen berühren[140]; sie schmälern sein Eigentumsrecht, tangieren den Haus- und Wohnungsfrieden oder beeinträchtigen zumindest den allgemeinen Persönlichkeitsbereich. Jedoch hat es mit diesen unmittelbaren Grundrechtsbeschränkungen keineswegs sein Bewenden. Die Eingriffe wirken nämlich darüber hinaus auf die Sozialstellung des Betroffenen ein[141]. Sie zeitigen Nachwirkungen für seinen gesellschaftlichen Ruf, sein Ansehen und seine Selbstwertung[142]. Es ist der Verdienst Amelungs[143], auf den diskriminierenden Effekt dieser Maßnahmen hingewiesen zu haben. Sie erschüttern oder gefährden die „Selbstachtung" des Betroffenen, indem sie eine „Kränkung" verursachen und berühren seinen „guten Ruf"[144] innerhalb der Gesellschaft[145]. Auf die aus dieser Diskriminierung fließende Gefahr der Stigmatisierung ist in neuerer Zeit zu Recht aufmerksam gemacht worden[146]. Gerade dieser Effekt ist es, der die Beschwer des Betroffenen ausmacht, weil er nach Abschluß des Eingriffs fortbesteht. Gerade gegen ihn wendet sich das berechtigte Rehabilitationsinteresse des Betroffenen.

---

[138] Im Ergebnis bestreitet auch *v. Löbbecke*, S. 56, einen Zusammenhang zwischen Beschwer und prozessualer Überholung. Er unterscheidet dabei allerdings nicht zwischen der Verletzung rein prozessualer Rechte und der Beeinträchtigung von Grundrechten.

[139] s. o. nach Anm. 121.

[140] s. o. bei Anm. 28 bis 31.

[141] Vgl. *Peters*, JR 72, 301; *Eb. Schmidt*, I, 36 f.; II 5 vor § 94 (die Maßnahmen „wirken in den Raum der materiellen sozialen Lebensinteressen hinein").

[142] Vgl. *Peters*, JR 72, 301 und JR 73, 341.

[143] S. 42 ff.

[144] *Amelung*, S. 56.

[145] Sie stellen i. S. d. Begriffsbildung des materiellen Strafrechts einen Angriff auf die „innere und äußere Ehre" dar; vgl. dazu *Schönke / Schröder*, 1 vor §§ 185 ff. StGB; *Dreher*, § 185 StGB, 1 ff.

[146] Vgl. *Amelung*, S. 44, mit weiteren Nachweisen.

Weiterhin muß eine Beschwer des Betroffenen auch dann anerkannt werden, wenn er eine Wiederholung des stattgefundenen Eingriffs zu befürchten hat. Ist etwa seine Wohnung bereits mehrfach durchsucht worden und begründen hinzukommende Umstände die Gefahr zukünftiger gleichartiger Eingriffe[147], so ist der Betroffene fortdauernd in seiner allgemeinen Handlungsfreiheit beschränkt. Da eine Wiederholung die Annahme impliziert, der Betroffene werde sich erneut eingriffswürdig verhalten, weist eine Wiederholungsgefahr auch stets Züge der dargestellten Rufgefährdung auf[148]. Insofern steht bei der Ermittlung einer Beschwer das Rehabilitationsinteresse, das ja mit jedem diskriminierenden Eingriff verbunden ist, sicherlich im Vordergrund[149].

Die hier zur Begründung einer Beschwer herangezogenen Gesichtspunkte sind übrigens in anderen Verfahrensarten durchaus anerkannt. So werden sie im Rahmen der §§ 113 I 4 VwGO, 28 I 4 EGGVG bemüht, um ein „berechtigtes Interesse" des Antragstellers zu bejahen[150]. Aus der Sicht des Betroffenen macht es jedoch keinen Unterschied, ob der Eingriff vom Richter oder der Staatsanwaltschaft, bzw. sonstigen Verwaltungsbehörden angeordnet worden ist[151]. Die ihn treffende Belastung wirkt sich in jedem Fall gleichartig aus. Er ist demnach auch durch die richterliche Anordnung dann anhaltend beschwert, wenn die diskriminierenden Wirkungen des Eingriffs trotz seiner vollständigen Durchführung fortbestehen.

### *c) Beschwer und Rechtsschutzbedürfnis*

Ist für die Zulässigkeit der Beschwerde unabdingbar das Vorhandensein einer Beschwer erforderlich, so fragt sich, ob der Rechtsmittelführer darüber hinaus noch ein besonderes Rechtsschutzbedürfnis nachweisen muß. Dazu wird z. T., meist ohne nähere Begründung, die Auffassung vertreten, daß Beschwer und Rechtsschutzbedürfnis im wesentlichen identisch seien[152]. Demgegenüber leugnet die h. M.[153] unter Hinweis auf den strukturellen Unterschied zwischen Zivil- und Strafverfahren das Erfordernis eines besonderen Rechtsschutzbedürfnisses für

[147] Vgl. KG, JR 72, 297 ff., 299, in Bezug auf staatsanwaltlich angeordnete Durchsuchungen.

[148] *Amelung*, S. 44.

[149] Eine Wiederholungsgefahr läßt sich zudem meist schwer beweisen, vgl. *Amelung*, S. 42, mit weiteren Nachweisen.

[150] Vgl. *Amelung*, S. 42 f., mit weiteren Nachweisen; zur Wiederholungsgefahr vgl. auch *Löwe / Rosenberg / Schäfer*, § 28 EGGVG, 3; *Kleinknecht*, § 28 EGGVG, 4.

[151] Vgl. *Amelung*, S. 42; *Peters*, JR 72, 301.

[152] Vgl. *Schönke*, S. 52; *Zysk*, S. 42.

[153] Vgl. nur *Löwe / Rosenberg / Gollwitzer*, 5 vor § 296.

die Rechtsmitteleinlegung im Strafprozeß. Nach dieser Auffassung stellt der Strafprozeß im Gegensatz zum Zivilprozeß kein Rechtsschutzverfahren dar, so daß den Prozeßhandlungen der Verfahrensbeteiligten der Charakter von Rechtsschutzhandlungen fehle[154]. Gegenstand des Strafverfahrens sei ausschließlich der staatliche Strafanspruch, weshalb ein Rechtsschutzbedürfnis für keine denkbare strafprozessuale Verfahreishandlung erforderlich sei. Auch und gerade im Rechtsmittelbereich müsse es daher mit dem Vorliegen einer Beschwer sein Bewenden haben[155]. Daran ist sicherlich richtig, daß die Erforderlichkeit einer Beschwer im allgemeinen die zweckwidrige oder mißbräuchliche Rechtsmitteleinlegung verhindert. Jedoch stellt im Strafprozeß gerade die Rechtsmitteleinlegung eine besondere Form des Rechtsschutzbegehrens dar[156]; denn was ist etwa die Beschwerde gegen die Anordnung einer körperlichen Untersuchung anderes, als das Verlangen nach Rechtsschutz?

Deshalb ist auch hier in den seltenen Ausnahmefällen, in denen die Beschwer allein die zweckwidrige Anrufung der Rechtsmittelgerichte nicht verhindern kann, ein besonderes Rechtsschutzbedürfnis zu fordern[157]. Dies wird wohl nur in den Fällen in Betracht kommen, in denen der Rechtsmitteleinlegung die Tendenz der positiven Abänderung der Entscheidung fehlt. Legt also der Betroffene gegen eine Beschlagnahmeanordnung Beschwerde ein, weil er noch weitere Gegenstände beschlagnahmt sehen möchte, so wäre dieses Rechtsmittel nicht mangels Beschwer, wohl aber wegen des fehlenden Rechtsschutzbedürfnisses unzulässig.

### *d) Das Bestehen der Beschwer als Zulässigkeitsvoraussetzung*

In der Literatur ist umstritten, ob für die Zulässigkeit eines strafprozessualen Rechtsmittels das tatsächliche Bestehen einer Beschwer oder lediglich ihrer Behauptung erforderlich ist. Die eine Auffassung hält allein die Behauptung einer Beschwer für erforderlich und ausreichend, um die Zulässigkeit des Rechtsmittels zu bejahen[158]. Danach bleibt die Frage, ob diese Behauptung zutrifft, der Prüfung der Begründetheit überlassen; das Bestehen der Beschwer ist demnach Voraussetzung für die Begründetheit des Rechtsmittels. Eb. Schmidt stützt

---

[154] Vgl. *Stephan*, NJW 66, 2394. Zur Erforderlichkeit des Rechtsschutzbedürfnisses im Zivilprozeß vgl. *Baumbach / Lauterbach / Hartmann*, 5 A vor § 253; *Lent / Jauernig*, § 35 I; *Bettermann*, ZZP 82, 29; *Brox*, ZZP 81, 409.

[155] Vgl. *Stephan*, NJW 66, 2394.

[156] Ähnlich *v. Löbbecke*, S. 50; *Amelung*, S. 52, Anm. 179.

[157] Im Ergebnis ebenso *v. Löbbecke*, S. 51 ff.

[158] Vgl. *Eb. Schmidt*, 14 vor § 296; KMR, 3 a vor § 296; *Henkel*, S. 365, Anm. 1 und neuerdings *Meyer*, MDR 76, 629 ff., 631.

seine Ansicht im wesentlichen auf die §§ 319 I, 322, 346 I, 349 I, die eine Verwerfung als unzulässig mangels Beschwer nicht vorsähen; auch habe „die Frage nach der tatsächlichen Existenz der Beschwer mit den typischen Zulässigkeitsbedingungen" der Rechtsmittel nichts zu tun[159]. Dem ist entgegenzuhalten, daß die Beschwer so zu einer „reinen Formel, die nichts kostet"[160] degradiert wird, ja sogar ohne weiteres in jede Rechtsmitteleinlegung hineininterpretiert werden kann. Auch verliert die Beschwer nach dieser Ansicht ihre Filterwirkung, die ihr aus prozeßökonomischen Gründen zugedacht ist. Es ist deshalb der h. M.[161] zu folgen, nach der das Bestehen der Beschwer Zulässigkeitsvoraussetzung eines jeden Rechtsmittels ist. Auch die Rechtsprechung[162] hat sich überwiegend dieser Auffassung angeschlossen, um unter Vermeidung der genannten Nachteile dem Stellenwert und der Funktion der Beschwer gerecht zu werden. Nicht zuletzt aus Gründen der Prozeßökonomie wird das Bestehen der Beschwer auch in anderen Verfahrensrechten als Zulässigkeitserfordernis für die Rechtsmitteleinlegung angesehen[163].

## III. Die besonderen Zulässigkeitsvoraussetzungen der Beschwerde

Sind bisher die grundsätzlich für alle Rechtsmittel erforderlichen Voraussetzungen aufgeführt worden, so sollen nun die gerade der Beschwerde unterliegenden Beschlüsse und Verfügungen im einzelnen behandelt werden. Dabei ist von § 304 I auszugehen, der Beschlüsse des ersten Rechtszuges und des Berufungsverfahrens sowie richterliche Verfügungen aufzählt.

### 1. Die gerichtlichen Beschlüsse im ersten Rechtszug

a) Ein Beschluß ist dann „im ersten Rechtszug" ergangen, wenn ihn das Gericht nach Erhebung der Anklage in der dadurch anhängig gewordenen Sache erlassen hat. Vor Anklageerhebung ist ein mit der Sache befaßtes Gericht noch gar nicht vorhanden, vielmehr liegt das Ermittlungsverfahren in der Hand der Staatsanwaltschaft[164]. Zwar

[159] *Eb. Schmidt*, 14 vor § 296.

[160] *Sarstedt*, S. 27.

[161] Vgl. *Löwe / Rosenberg / Gollwitzer*, § 296, 14; *Kleinknecht*, 12 vor § 296; *Peters*, S. 539; *Roxin*, § 52 B II 2 a; *Gössel*, § 35 II d 2; *Amelung*, S. 18, Anm. 14; *v. Löbbecke*, S. 18 f.; *Bettermann*, S. 23 f.; *Oohndorf*, S. 41; *Sarstedt*, S. 27.

[162] BGHSt 16, 376, 1220: Hat der Angeklagte ein rechtlich anerkanntes Interesse daran, daß der Ausspruch über die Aussetzung der Strafvollstrekkung beseitigt wird, so ist er beschwert. Sein Rechtsmittel ist dann zulässig. Vgl. auch BGHSt 16, 376; OLG Saarbrücken, NJW 73, 1011.

[163] Für den Verfassungsprozeß vgl. BVerfGE 6, 7; für den Zivilprozeß vgl. BGHZ 22, 43; für den Verwaltungsprozeß vgl. BVerwG ZZP 70, 279.

wirkt auch an der Gestaltung des Ermittlungsverfahrens vielfach ein Richter mit. Da jedoch die Verfügungen des Richters im Vorverfahren in § 304 I ausdrücklich genannt sind, zählen zu den „im ersten Rechtszug" erlassenen Beschlüssen nur diejenigen, die nach Anklageerhebung erlassen sind.

Weiterhin sind diese im ersten Rechtszug erlassenen Beschlüsse von den „auf die Beschwerde hin" ergehenden Beschlüssen des § 310 I abzugrenzen. Gegen diese ist nämlich, von den Ausnahmen des § 310 I abgesehen, eine Beschwerde nicht zulässig. Vielmehr dürfen die hier in Frage stehenden Entscheidungen nur zweimal Gegenstand richterlicher Prüfung sein[165]. Ein gerichtlicher Beschluß ergeht dann im ersten Rechtszug, wenn er zum ersten Male Verfahrensgegenstand ist[166]. Maßgebend dafür ist der Gesamtsachverhalt[167], so daß z. B. auch ein in der Beschwerdeinstanz ergehender Beschluß, der einen hier zum ersten Mal gestellten Wiedereinsetzungsantrag betrifft, im ersten Rechtszug ergeht[168]. Hingegen sind alle Beschlüsse, die in der Beschwerdeinstanz denselben Beschwerdegegenstand betreffen, als „auf die Beschwerde hin" ergangen anzusehen und damit grundsätzlich keine Beschlüsse im Sinne des § 304 I.

b) Im einzelnen fallen unter § 304 I die Beschlüsse des Strafrichters, wenn er in dieser Form zu entscheiden hat[169], des Schöffengerichts und der Strafkammern. Die Beschwerde ist danach z. B. zulässig, wenn sich das Gericht für unzuständig erklärt[170], gegen die Zurücknahme eines rechtskräftig gewordenen Wiederaufnahmebeschlusses[171], gegen die Ablehnung eines Antrages auf Berichtigung des Protokolls[172] oder gegen die Nichtzulassung einer Nebenklage[173].

### 2. Die gerichtlichen Beschlüsse im Berufungsverfahren

Der hierfür maßgebliche Zeitpunkt ist die Einlegung der Berufung gem. § 314[174]; Berufungsgericht ist immer die (kleine oder große) Strafkammer.

---

[164] Vgl. *Kleinknecht*, Einl. 58; *Roxin*, § 38 (Der Staatsanwalt ist „Herr des Verfahrens").

[165] Vgl. *Löwe / Rosenberg / Gollwitzer*, § 304, 10; *Eb. Schmidt*, § 304, 2.

[166] Vgl. KMR, § 310, 1.

[167] Vgl. *Löwe / Rosenberg / Gollwitzer*, § 304, 10; *Eb. Schmidt*, § 304, 2; KMR, § 310, 1.

[168] So BayObLGSt 1952, 8.

[169] s. o. bei Anm. 42.

[170] Vgl. OLG München NJW 69, 148.

[171] Vgl. LG Frankfurt NJW 70, 70.

[172] Vgl. OLG Hamburg NJW 71, 1326 f.

[173] Vgl. OLG Hamm NJW 72, 883.

[174] Vgl. *Eb. Schmidt*, § 304, 3.

### 3. Die richterlichen Verfügungen

Es kommen in Betracht:

a) Die Verfügungen des Vorsitzenden; insbesondere diejenigen, die sich auf die Prozeßleitung in der Hauptverhandlung beziehen oder die Hauptverhandlung vorbereiten[175].

b) Die Verfügungen des Strafrichters, die inhaltlich meist den Verfügungen des Vorsitzenden gleichstehen[176].

c) Die Verfügungen des Richters im Vorverfahren.

d) Die Verfügungen des ersuchten und des beauftragten Richters, wobei die sich dagegen wendende Beschwerde eine zweifache Zielrichtung haben kann: Sie kann sich gegen den Inhalt des Ersuchens oder des Auftrages richten; sie kann aber auch das Verfahren dieses Richters als solches rügen[177].

### 4. Unterlassungen als Gegenstand der Beschwerde

Die Beschwerde wendet sich zumeist gegen eine förmliche gerichtliche Entscheidung. Jedoch sind auch Fälle denkbar, in denen die Unterlassung eines gebotenen Ausspruchs für den Betroffenen die gleichen Wirkungen zeitigt wie eine ihm ungünstige förmliche Entschließung. Es ist deshalb anerkannt, daß die Beschwerde auch gegen Unterlassungen gerichtet werden kann[178]. Dies gilt vor allem, wenn in der Unterlassung die stillschweigende Ablehnung eines gestellten Antrags zum Ausdruck kommt[179]. Unterläßt also etwa der Richter trotz eines hierauf gerichteten Antrages die Aufhebung einer Beschlagnahme oder eines Haftbefehls,so kommt dies praktisch der Ablehnung des gestellten Antrags gleich. Der Betroffene hat die Möglichkeit, die gerichtliche Versäumung mittels Beschwerde zu rügen.

---

[175] Wobei allerdings § 305 zu beachten ist, siehe dazu u. 1. Teil, G II. Darüber hinaus ist in diesem Zusammenhang § 238 zu beachten, s. dazu o. A II 2, bei Anmerkung 122 e, f.

[176] Etwa als Vorsitzender des Schöffengerichts.

[177] Wobei fraglich sein kann, wer über die Beschwerde zu entscheiden hat, siehe dazu u. 2. Teil, B II 2.

[178] Vgl. OLG Karlsruhe NJW 76, 1548; BayOGLG NJW 58, 1693; *Löwe / Rosenberg / Gollwitzer*, § 304, 8; KMR, § 304, 2; *Kleinknecht*, § 304, 2 u. § 311, 1.

[179] Vgl. OLG Nürnberg HESt 2, 152.

### 5. Einzelfälle

Angesichts der Vielzahl[180], des weitgehenden Anwendungsbereichs[181] und der daraus folgenden unterschiedlichsten Bedeutung[182] der denkbaren Beschwerdefälle müßte der Versuch einer Systematisierung zwangsläufig bruchstückhaft bleiben. Es sollen daher aus dem Bereich der einfachen Beschwerde[183] lediglich zwei Einzelfälle herausgegriffen werden, die gegenüber den grundsätzlich geltenden Regeln einige Besonderheiten aufweisen. Zum einen ist dies die Beschwerde gegen den Strafaussetzungsbeschluß nach § 268 a, die in § 305 a ausdrückliche Erwähnung findet; zum anderen hat die Beschwerde gegen die Entscheidung gem. § 33 a vor allem in der Rechtsprechung zu Streit geführt.

#### *a) Die Beschwerde gem. § 305 a*

Wird in einem Urteil die Strafe zur Bewährung ausgesetzt, der Angeklagte mit Strafvorbehalt verwarnt oder neben der Strafe Führungsaufsicht angeordnet, so hat das Gericht alle anderen damit zusammenhängenden Entscheidungen durch Beschluß gem. § 268 a I und II zu treffen[184]. § 268 a erfaßt also nicht die Strafaussetzung zur Bewährung selbst[185], sondern die mit ihr verbundenen abänderbaren Nebenentscheidungen[186]. Es sind dies die Anordnungen gem. § 56 a bis 56 d, 59 a, 68 a bis 68 c StGB[187]. Gegen diesen Pflichtenbeschluß ist gem. § 305 a I 1 die einfache Beschwerde zulässig[188].

---

[180] Allein in NJW 1969 - 1977 sind weit über zweihundert Entscheidungen aus dem Beschwerderecht veröffentlicht, wobei zumeist nur Entscheidungen der Strafsenate berücksichtigt wurden.

[181] Wie gezeigt, reicht der Anwendungsbereich der Beschwerde vom Vorverfahren bis zum Strafvollstreckungsverfahren, s. o. A III.

[182] Vgl. etwa die Beschwerde gegen eine Terminsverlegung und die Beschwerde gegen den Unterbringungsbeschluß gem. § 81.

[183] Einzelfälle der sofortigen Beschwerde werden unter C II behandelt.

[184] Diese Regelung ist sinnvoll, weil etwa die Dauer der Bewährungszeit nachträglich geändert werden kann, § 56 a II StGB; auch wird so eine Entlastung des Urteilsspruches erreicht, vgl. *Löwe / Rosenberg / Gollwitzer,* § 268 a, 1.

[185] Diese wird im Urteil ausgesprochen.

[186] Vgl. *Löwe / Rosenberg / Gollwitzer,* § 305 a, 1; KMR, § 305 a, 1; *Eb. Schmidt,* § 305 a, 1.

[187] Diese Anordnungen müssen oder können durch das Gericht getroffen werden, vgl. nur §§ 56 a, 56 b.

[188] § 305 a wurde durch Art. 4 Nr. 33 des Dritten Strafrechtsänderungsgesetzes vom 4. 8. 1953 eingefügt; § 305 a I 1, 2 H, der auch einen einschneidenden, unzumutbaren Eingriff in die Lebensführung für beschwerdefähig erklärte, wurde durch das Erste Gesetz zur Reform des Strafrechts vom 25. 6. 1969 gestrichen, weil eine solche Anordnung fortan zugleich gesetzwidrig war, vgl. § 56 c I 2 StGB.

Die Besonderheit der Beschwerde gegen den Auflagenbeschluß ergibt sich aus der in § 305 a I 2 ausgesprochenen Beschränkung der Nachprüfbarkeit: „Sie kann nur darauf gestützt werden, daß eine getroffene Anordnung gesetzwidrig ist." Dadurch wird keine besondere Zulässigkeitsvoraussetzung geschaffen[189], sondern allein die Frage der Begründetheit des Rechtsmittels geregelt. Auch bei Nichtgeltendmachung der Gesetzwidrigkeit ist die Beschwerde zulässig; sie ist aber nur dann begründet, wenn die im Beschluß festgesetzte Bewährungszeit, die getroffenen Auflagen oder Weisungen gegen das Gesetz verstoßen[190].

Die Begründetheit der Beschwerde kann sich vor allem aus einem Verstoß gegen das materielle Recht ergeben. Die Anordnung kann rechtsstaatliche Grundsätze, wie den Grundsatz der Zumutbarkeit oder der Verhältnismäßigkeit[191], verletzen, sie kann aber auch gegen zivilrechtliche Vorschriften verstoßen[192]. In der Praxis wird die Frage der Gesetzwidrigkeit zumeist unter dem Aspekt der Grundgesetzverletzung aktuell[193]. Die damit zusammenhängende Problematik wird von den Strafrechtskommentatoren bei §§ 56 a bis 56 d, 59 a, 68 a bis 68 c StGB erläutert[194].

### *b) Die Beschwerde gegen die Entscheidung gem. § 33 a*

Der in Art. 103 I GG niedergelegte Verfassungsgrundsatz des rechtlichen Gehörs garantiert den an einem Gerichtsverfahren Beteiligten das Recht auf Gelegenheit zur Äußerung[195]. Dem entspricht § 33 III, wonach bei einer Entscheidung ein Beteiligter zu hören ist, bevor zu

---

[189] Insbesondere führt § 305 a I 2 keinen Begründungszwang ein, vgl. *Löwe / Rosenberg / Gollwitzer*, § 305 a, 6.

[190] Vgl. *Löwe / Rosenberg / Gollwitzer*, § 305 a, 6; KMR, § 305 a, 2 a; *Eb. Schmidt*, § 305 a, 2.

[191] Vgl. OLG Celle NJW 71, 718 f.; OLG Hamm MDR 75, 1041.

[192] Vgl. *Schall*, NJW 77, 1045 ff. zur Problematik der Auflage, „den Schaden wiedergutzumachen"; grundlegend dazu *Baur*, GA 57, 344 ff.

[193] Vgl. OLG Celle NJW 71, 718 f.; OLG Hamburg NJW 69, 1780; OLG Hamm NJW 69, 890 und MDR 75, 1041. Konkret entzündete sich der Streit zumeist an der Frage, ob bestimmte Bewährungsauflagen mit Art. 12 GG vereinbar sind. Das OLG Celle, a.a.O., bejaht dies bei der Auflage an einen wegen Verletzung der Unterhaltspflicht verurteilten Malermeister, seine nur unzureichenden Gewinn abwerfende selbständige Tätigkeit (Einmannbetrieb) aufzugeben und in ein abhängiges Arbeitsverhältnis in dem gleichen Handwerk überzutreten. Hingegen verstößt nach OLG Hamburg, a.a.O. die Bewährungsauflage, unentgeltlich als Krankenpfleger Dienst zu tun, jedenfalls im Erwachsenenstrafrecht gegen das Grundrecht der Freiheit von Arbeitszwang, Art. 12 II GG.

[194] Vgl. auch *Peters*, Anm. zu BGH JZ 57, 63 ff. und grundlegend *Bruns*, GA 1959, 193 ff.; *ders.*, NJW 59, 1393 ff.; *Prelinger*, JR 61, 496; *Pentz*, JR 62, 99.

[195] Einen Überblick über Inhalt und Grenzen des Anspruchs auf Gehör gibt *Dahs*, Gehör, S. 12 ff. mit weiteren Nachweisen.

seinem Nachteil Tatsachen oder Beweisergebnisse verwertet werden[196]. Von diesem Grundsatz der vorherigen Anhörung gestattet allerdings § 33 IV eine Ausnahme: Die vorherige Anhörung kann unterbleiben, wenn ansonsten der Zweck der Anordnung gefährdet würde. Um Art. 103 I GG auch in diesem Fall Genüge zu tun, schreibt § 33 a dann jedoch die nachträgliche Anhörung des Betroffenen vor[197]. Diese in § 33 a vorgesehene Nachholung des rechtlichen Gehörs findet allerdings nur statt, wenn die ohne Anhörung ergangene Entscheidung nicht durch ein Rechtsmittel, insbesondere nicht durch Beschwerde angefochten werden kann[198]. Das Gericht hat dann aufgrund der jetzigen Einlassung des Betroffenen erneut zu entscheiden, wobei es die erlassene Entscheidung bestätigen, ändern oder aufheben kann. Diese Überprüfungsentscheidung ergeht durch Beschluß, gegen den nach überwiegender Ansicht[199] die einfache Beschwerde zulässig ist. Heftig umstritten ist allerdings, in welchem Umfang der Nachtragsbeschluß der Überprüfung im Beschwerderechtszug unterliegt. Konkret wird diskutiert, ob die Beschwerde ausschließlich zur Nachprüfung des Verfahrens nach § 33 a zulässig ist oder ob mit ihr auch die Überprüfungsentscheidung selbst angefochten werden kann.

Soweit ersichtlich, ist diese Frage in der Praxis bisher ausschließlich beim Widerruf der Strafaussetzung zur Bewährung relevant geworden[200]. Dabei stand stets der folgende Sachverhalt zur Beurteilung: Das Gericht hat den Angeklagten zu einer Freiheitsstrafe verurteilt und die Vollstreckung der Strafe bzw. des Strafrestes zur Bewährung ausgesetzt; es hat eine Bewährungszeit bestimmt und dem Verurteilten aufgegeben, jeden Wohnsitz- und Aufenthaltswechsel umgehend anzuzeigen. Da er dieser Auflage trotz mehrfacher Mahnungen nicht nachkam,

---

[196] Die Vorschrift wurde zusammen mit § 33 a, 308 I 2, 311 III 2, 311 a durch Art. 8 des Gesetzes zur Änderung der StPO und des GVG (StPÄG) 1964 eingefügt. Der Gesetzgeber wollte damit der Rechtsprechung des BVerfG's zu Art. 103 I GG entsprechen, nach der einer Entscheidung nur solche Tatsachen oder Beweisergebnisse zugrunde gelegt werden dürfen, zu denen die Beteiligten Stellung nehmen konnten; vgl. BVerfG4 7, 275 ff., 278; 9, 303 ff., 304, 305; 17, 194 ff., 196; 20, 280 ff., 282.

[197] Es ist anerkannt, daß durch die nachträgliche Anhörung der Grundsatz des Art. 103 I GG gewahrt wird, vgl. BVerfG4 9, 89 ff., 99; BGHSt 26, 127 = NJW 75, 2211 f.; *Löwe / Rosenberg / Wendisch*, § 33 a, 8 unter Berufung auf die Gesetzesbegründung, BT Druck III 2037, S. 18.

[198] Zur Anwendbarkeit des § 33 a bei erledigten Grundrechtseingriffen, s. u., 1. Teil, G IV 3 c.

[199] Vgl. OLG Braunschweig NJW 71, 1711; OLG Hamburg NJW 72, 219; OLG Celle NJW 73, 2306; OLG Hamm NJW 77, 61; *Löwe / Rosenberg / Wendisch*, §§ 33 a, 25 ff.; *Eb. Schmidt*, Nachtrag I, § 33 a, 4; *Kleinknecht*, § 33 a, 9; *Hanack* JR 74, 113 ff., 114; *Kallmann*, NJW 72, 1478.

[200] Alle in Fußnote 199 zitierten Entscheidungen betreffen diese Problematik.

hat das Gericht die Strafaussetzung zur Bewährung gem. § 56 f. StGB[201] in Verbindung mit § 453 I 1 widerrufen. Dabei war es nicht möglich, den Verurteilten vor Erlaß des Widerrufsbeschlusses anzuhören, weil sein Aufenthalt trotz mehrfacher Versuche nicht zu ermitteln war[202]. Aus diesem Grunde wurde auch die Rechtskraft des Widerrufsbeschlusses durch öffentliche Zustellung herbeigeführt. Nach Inhaftierung des Verurteilten wurde ihm der Widerrufsbeschluß nochmals zugestellt und gleichzeitig das Nachverfahren gem. § 33 a eingeleitet[203]. Die daraufhin ergehende neue Entscheidung lautete auf Aufrechterhaltung des Widerrufsbeschlusses. Dagegen richtet sich die Beschwerde des Verurteilten, die Anlaß zu der Frage ist, ob nur das Nachholverfahren gem. § 33 a oder auch die Überprüfungsentscheidung selbst der beschwerdegerichtlichen Nachprüfung unterliegt.

Während der BGH hierzu, soweit ersichtlich, noch nicht Stellung bezogen hat[204], vertritt das OLG Braunschweig[205] die Auffassung, das Beschwerdegericht könne sich nicht auf die Überprüfung des Verfahrens als solches beschränken. Vielmehr müsse dem Betroffenen der Beschwerdeweg uneingeschränkt offenstehen, weil nur so die zunächst gerechtfertigte Beschneidung des rechtlichen Gehörs in angemessener Weise auszugleichen sei. Ein auf die Nachprüfung des Verfahrens beschränkter Rechtsmittelweg könne insoweit nur einen unvollständigen Ausgleich bieten[206]; dem Betroffenen ginge nämlich ansonsten die bedeutsame Rechtsmittelinstanz weitgehend verloren[207].

---

[201] = § 25 StGB a. F.

[202] Nach h. M. ist der Widerruf einer Strafaussetzung trotz des Wortlauts der §§ 33 III, 453 I 2 ohne vorherige Anhörung des Verurteilten zulässig, wenn sich sein Aufenthalt nicht feststellen läßt. Dabei wird § 33 IV analog angewendet. Zwar kann auch der Beschluß gem. § 453 I zu den notwendig überraschenden Maßnahmen des § 33 IV zählen; eine Zweckgefährdung im Sinne des § 33 IV war aber in diesen Fällen gar nicht gegeben. Es bedarf daher der analogen Heranziehung des § 33 IV, weil ansonsten die Anordnung aus tatsächlichen Gründen gar nicht hätte ergehen können, vgl. *Kleinknecht*, § 33, 14, 16; § 453, 3; OLG Köln, NJW 63, 875.

[203] In diesen Fällen beruht die Nachholung des rechtlichen Gehörs auf einer analogen Anwendung des §§ 33 a. § 33 a geht nämlich davon aus, daß der ohne Anhörung erlassene Beschluß kraft gesetzlicher Vorschrift unanfechtfar ist. Der Widerruf der bedingten Entlassung ist aber gem. § 453 II 3 mit der sofortigen Beschwerde anfechtbar. Zur nachträglichen Anhörung und nochmaligen Überprüfung des Widerrufsbeschlusses bedarf es daher der analogen Anwendung des § 33 a, um die schweren Konsequenzen einer u. U., geringen Nachlässigkeit beheben und vor allem Art. 103 I GG gerecht werden zu können; vgl. BGH NJW 75, 2211 f.; OLG Hamm NJW 77, 61; OLG Celle JR 74, 112 f.; *Kleinknecht*, § 33 a, 6; *Hanack*, Anm. zu OLG Celle, a.a.O.

[204] BGH NJW 75, 2211 f. läßt die Entscheidung dieser Frage ausdrücklich offen.

[205] NJW 71, 1710 f.; ebenso *Kallmann*, NJW 72, 1478 f.

[206] OLG Braunschweig, NJW 71, 1710 f.

[207] Vgl. *Kallmann*, NJW 72, 1478 f.

Demgegenüber ist die wohl h. M.[208] der Ansicht, daß sich die Beschwerde ausschließlich gegen das Verfahren nach § 33 a richten dürfe, eine Überprüfung des Inhalts der Nachtragsentscheidung jedoch ausgeschlossen sei. Dieser Auffassung ist m. E. zu folgen, weil nur sie dem Sinn und Zweck der Gewährung nachträglichen rechtlichen Gehörs gem. § 33 a gerecht wird[209]. § 33 a will dem Art. 103 I GG genügen; er will verhindern, daß eine dem Betroffenen nachteilige Entscheidung ohne Berücksichtigung seines neuen Vorbringens Bestand behält. Keinesfalls aber will § 33 a demjenigen, der die Anfechtungsfrist des § 311 II 1 hat verstreichen lassen, einen neuen Instanzenzug eröffnen[210]. Gerade dazu würde aber die gegenteilige Auffassung führen. Der Nachlässige oder gar Böswillige[211], der die Anfechtungsfrist schuldhaft nicht gewahrt hat und der deshalb auch keine Wiedereinsetzungsgründe geltend machen kann, hätte die Möglichkeit, seinen case zur erneuten vollständigen Überprüfung vor das Beschwerdegericht zu bringen[212]. Dies fordert aber Art. 103 I GG gerade nicht. Nach dieser Vorschrift genügt es vielmehr, wenn der Betroffene im Rahmen des §§ 33 a Gegenvorstellungen erheben und eine erneute Entscheidung herbeiführen kann[213]. Wenn Kallmann[214] die Wirksamkeit des Nachverfahrens gem. § 33 a bezweifelt, weil das Erstgericht versucht sein könne, unbesehen an seiner einmal gefällten Entscheidung festzuhalten, so bringt auch insoweit die Beschwerde zur Nachprüfung des Verfahrens zumindest mittelbare Abhilfe. Prüft nämlich das Beschwerdegericht, ob eine tatsächliche Nachgewährung des rechtlichen Gehörs erfolgt ist[215], so kann es auf diese Weise zugleich kontrollieren, ob die vom Betroffenen vorgetragenen neuen Gesichtspunkte überhaupt berücksichtigt worden sind[216]. Einer vollständigen Überprüfung der Nachtragsentscheidung durch das Beschwerdegericht steht allerdings §§ 33 a entgegen, der gerade verhindern will, daß dem Verurteilten alle versäumten Rechte zurückgegeben werden und das gesamte Verfahren wiederholt wird.

---

[208] Vgl. OLG Hamburg NJW 72, 219; OLG Celle NJW 73, 2306 = JR 74, 112; OLG Karlsruhe MDR 74, 685 und zuletzt OLG Hamm NJW 77, 61; *Löwe / Rosenberg / Wendisch*, § 33 a, 25 f.; *Kleinknecht*, § 33 a, 9; *Hanack* JR 74, 113; vgl. auch *Hanack* JZ 66, 48.

[209] Vgl. *OLG Hamm, NJW 77, 61; wenn Löwe / Rosenberg / Wendisch*, § 33 a, 25, demgegenüber auf die Unanfechtbarkeit der Erstentscheidung abstellen, so ist dem entgegenzuhalten, daß der Widerruf der Strafaussetzung doch gerade nach § 453 II 3 mit der sofortigen Beschwerde anfechtbar ist, vgl. OLG Celle, JR 74, 113.

[210] Vgl. OLG Hamm, NJW 77, 61; OLG Celle, JR 74, 113; *Hanack*, JZ 66, 48.

[211] *Hanack*, JZ 66, 48.

[212] Vgl. OLG Hamm, a.a.O.; OLG Celle, JR 74, 113.

[213] Der Gesetzgeber ist so der Rechtsprechung des BVerfG's zu Art. 103 I GG gerecht geworden, vgl. BVerfGE 9, 89 ff., 99; *Dahs*, Gehör, S. 66.

[214] NJW 72, 1478 f.

[215] Wozu das Beschwerdegericht mit *Hanack*, JZ 66, 48, befugt sein sollte: a. A. *Löwe / Rosenberg / Wendisch*, § 33 a, 25.

[216] Vgl. *Hanack*, JZ 66, 48.

## C. Die sofortige Beschwerde

Beziehen sich die bisher behandelten Grundsätze auf jede Art der Beschwerde, so formuliert § 311 für die sogenannte sofortige Beschwerde einige wesentliche Abweichungen. Die in dieser Vorschrift konstituierten besonderen Voraussetzungen gelten, wie § 311 I zeigt, nur für die im Gesetz ausdrücklich als sofortige Beschwerde gekennzeichneten Fälle[1]. Es sind dies die §§ 28 II[2], 46 III[3], 81 V[4], 124 II, 138 d VI[5], 201 II, 206 a II[6], 210 II[7], 231 a III[8], 270 III[9], 322 II[10], 372[11], 379 a III, 383 II[12], 390 IV[13], 431 V[14], 440 III, 441 II[15], 444 II, III, 453 II[16], 454 II[17], 462 III[18], 463, 463 c III, 464 III[19], 467 a III[20], 469 III.

Hinzu kommt § 181 GVG, obwohl dort eine solche ausdrückliche Benennung fehlt. Da § 181 GVG jedoch auch für den Zivilprozeß gilt, hätte eine Kennzeichnung als sofortige Beschwerde mit der 2-Wochen-Frist des § 577 II ZPO nicht in Einklang gestanden[21].

---

[1] Vgl. nur BayObLG NJW 56, 32; KMR, § 311, 1; *Kleinknecht*, § 311, 1; *Peters*, S. 548; *Gössel*, § 36 A III b.

[2] Vgl. z. B. OLG Karlsruhe NJW 75, 458.

[3] LG München NJW 72, 406.

[4] KG JR 65, 69; OLG Oldenburg NJW 71, 1098.

[5] BGHSt 26, 221.

[6] OLG Hamburg JZ 67, 546.

[7] OLG Nürnberg NJW 75, 2152.

[8] BGH NJW 76, 116.

[9] OLG Hamm GA 76, 118.

[10] OLG Hamburg NJW 75, 1750.

[11] OLG München NJW 71, 577.

[12] KG JR 69, 472.

[13] LG Hamburg NJW 73, 382.

[14] LG Bayreuth NJW 70, 575.

[15] LG Bayreuth, a.a.O.

[16] OLG Hamburg NJW 73, 157.

[17] OLG München NJW 76, 254.

[18] OLG Frankfurt NJW 70, 1432.

[19] BayObLG NJW 70, 1142.

[20] LG Nürnberg-Fürth NJW 71, 1282.

[21] Dies entspricht der h. M., vgl. nur OLG Hamm NJW 67, 1281; OLG Schleswig NJW 71, 1321; *Löwe / Rosenberg / Schäfer*, § 181 GVG, 1; *Kleinknecht*, § 181 GVG, 1; hingegen betrachten *Baumbach / Lauterbach / Albers*, § 181 GVG, den § 181 GVG als einen Rechtsbehelf eigener Art; sie berufen sich dabei jedoch zu Unrecht auf § 306 II, der im Rahmen der sofortigen Beschwerde gerade nicht gilt, § 311 III 1.

Angesichts des klaren Wortlauts des § 311 I und im Hinblick auf die in § 311 II und III normierten wesentlichen Unterschiede zur einfachen Beschwerde verbietet es sich, die Vorschrift auf rechtsähnliche Fälle analog anzuwenden[22] oder gar ein Austauschverhältnis zwischen einfacher und sofortiger Beschwerde anzunehmen[23].

## I. Die Abgrenzung zur einfachen Beschwerde

Grundsätzlich gelten auch für die sofortige Beschwerde die allgemeinen Regelungen der §§ 304 ff.[24]. Abweichungen bringen § 311 II und III. Die sich aus dieser Vorschrift ergebenden Unterschiede zwischen sofortiger und einfacher Beschwerde sind jedoch rein formeller Natur[25]. Sie betreffen das Verfahren bei ihrer Einlegung und die Art ihrer Behandlung durch das Erstgericht. (Dazu 1.) Der wesentliche sachliche Unterschied zeigt sich erst bei einem Vergleich der einfacher und sofortiger Beschwerde unterliegenden Entscheidungen[26]. (Dazu 2. und 3.)

### 1. Die förmlichen Unterschiede

§ 311 bestimmt in Abweichung von den §§ 304, 306 die folgenden Besonderheiten im Verfahren:

a) Die sofortige Beschwerde ist innerhalb einer Woche nach Bekanntmachung der Entscheidung einzulegen, während die einfache Beschwerde grundsätzlich nicht an eine Frist gebunden ist. Dieser Unterschied ist nicht typisch strafprozessual. Auch die §§ 567, 577 ZPO, §§ 19, 22 FGG bestimmen allein für die sofortige Beschwerde eine Einlegungsfrist. Diese beträgt allerdings im Zivilprozeß und im Verfahren der freiwilligen Gerichtsbarkeit zwei Wochen. Die kürzere Frist der StPO macht die größere Eilbedürftigkeit des Strafverfahrens deutlich[27].

b) Die Einlegung der sofortigen Beschwerde kann sowohl beim Erstgericht als auch beim Beschwerdegericht erfolgen. Hingegen darf die einfache Beschwerde beim judex a quo und nur „in dringenden Fällen" beim judex ad quem angebracht werden[28].

---

[22] Vgl. nur *Löwe / Rosenberg / Gollwitzer*, § 311, 2; die Entscheidung des OLG Oldenburg, Nds. Rpfl. 1949, 64, die dem Nebenkläger die sofortige Beschwerde in analoger Anwendung des § 383 II 3 eröffnet, ist daher abzulehnen.

[23] So schon *Ferdinand*, S. 63.

[24] Vgl. *Löwe / Rosenberg / Gollwitzer*, § 311, 1; *Kleinknecht*, § 311, 1.

[25] Vgl. *Löwe / Rosenberg / Gollwitzer*, § 311, 1.

[26] Vgl. *Löwe / Rosenberg / Gollwitzer*, § 311, 1.

[27] Vgl. *Peters*, S. 548.

[28] Wobei es dem Beschwerdeführer jedoch auch nicht schadet, wenn sein Fall nicht für dringlich erachtet wird, s. dazu unten 2. Teil, A I 2.

c) Im Gegensatz zu § 306 II, der dem Erstrichter bei begründeter einfacher Beschwerde die Korrektur ermöglicht, ist bei der sofortigen Beschwerde ein Abhilfeverfahren grundsätzlich nicht zulässig, § 311 III 1[29].

Diese in § 311 festgelegten Abweichungen von der Regel deuten bereits darauf hin, daß die sofortige Beschwerde immer dort gegeben ist, wo eine zeitlich unbegrenzte Ungewißheit über den Bestand der Entscheidung untragbar wäre[30]. § 311 ist immer dann einschlägig, wenn eine den Verfahrensgegenstand betreffende Sach- oder Prozeßentscheidung den Charakter einer gewissen Endgültigkeit aufweist und schnelle Klärung deshalb erforderlich und möglich ist[31]. Frist und fehlende Abänderungsbefugnis als an sich rein formelle Unterschiede folgen demnach aus dem Charakter der anzufechtenden Entscheidung. Der wesentliche Unterschied zwischen sofortiger und einfacher Beschwerde wird dann aber, wie gesagt, erst durch einen Vergleich der ihnen unterliegenden Entscheidungen deutlich. Dabei ist vor allem ihre Rechtskraftfähigkeit und die daraus folgende Abänderbarkeit, bzw. Unabänderbarkeit zu untersuchen.

### 2. Rechtskraft und Unabänderbarkeit der sofortiger Beschwerde unterliegenden Entscheidungen

a) Zunächst ist festzustellen, daß alle mit sofortiger Beschwerde anfechtbaren Entscheidungen bei unterbliebener, zurückgenommener oder erfolgloser sofortiger Beschwerde in formeller Rechtskraft erwachsen[32]. Sie sind, da es eine sofortige weitere Beschwerde nicht gibt[33], mit den ordentlichen Rechtsmitteln im Rahmen desselben Prozesses nicht mehr zu beseitigen[34]. Bereits der Eintritt der formellen Rechtskraft steht jeder weiteren Entscheidung über denselben Gegenstand entgegen[35]. So kann es etwa nach rechtskräftiger Verwerfung eines Antrages auf Wiederaufnahme des Verfahrens als unzulässig, §§ 368 I, 372, aufgrund dieses Antrages nicht mehr zu einem Wiederaufnahmeverfahren kom-

---

[29] Eine Ausnahme besteht gem. § 311 III 2 nur, wenn zum Nachteil des Beschwerdeführers sein Anspruch auf rechtliches Gehör verletzt worden ist; siehe dazu unten, 2. Teil, C I 2.

[30] Vgl. *Henkel*, S. 370.

[31] Vgl. *Peters*, S. 548; *Roxin*, § 55, D II.

[32] Vgl. *Löwe / Rosenberg / Gollwitzer*, 25 vor § 304 und § 311, 17; KMR, Einleitung 14 A d; *Kleinknecht*, Einleitung 163; *W. Schmid*, S. 164; *Dünnebier*, S. 673; *Gantzer*, S. 80 f.; *Herzog*, S. 102.

[33] Die hierfür allenfalls in Betracht kommende Entscheidung, die Verfallerklärung einer Sicherheit, fällt nicht mehr unter § 310, vgl. nur *Löwe / Rosenberg / Gollwitzer*, § 310, 14.

[34] Zu dieser Wirkung der formellen Rechtskraft, vgl. *Gantzer*, S. 75 f.

[35] Vgl. RGSt 55, 235; BayObLG JR 70, 391 f.

men[36]. Umgekehrt ist nach erfolgreicher sofortiger Beschwerde gegen die Verwerfung des Antrages endgültig festgestellt, daß das Wiederaufnahmeverfahren stattzufinden hat[37].

b) Im Gegensatz zur insoweit unproblematischen formellen Rechtskraftfähigkeit[38] ist bei der Frage, inwieweit die der sofortigen Beschwerde unterliegenden Entscheidungen der materiellen Rechtskraft zugänglich sind, zu differenzieren. Die Entscheidungen weisen in dieser Hinsicht graduelle Unterschiede auf, die sich aus ihrer Verfahrensbedeutung ergeben[39].

aa) Zunächst kennt die StPO Beschlüsse, die bei erfolgloser Anfechtung[40] in voller materieller Rechtskraft erwachsen, weil sie die in ihnen getroffenen Rechtsfolgen einer endgültigen Regelung auch für die Zukunft zuführen[41]. Zu nennen sind etwa die Beschlüsse gemäß §§ 124[42], 450 a III 1, 458 I[43], 459 e, 460[44], 469[45]. Diese Entscheidungen schaffen bezüglich der in ihnen erledigten materiellen Fragen ebenso Recht wie das Urteil[46] und sind deshalb wie dieses in vollem Umfang der materiellen Rechtskraft fähig[47]. Die damit verbundenen Wirkungen, insbesondere die aus dem Grundsatz „ne bis in idem" fließende Sperrwirkung[48], treten bei ihnen ebenso ein wie bei den rechtskraftfähigen Ur-

[36] Vgl. OLG Düsseldorf NJW 47/48, 194: Eine Wiederholung des Antrages ist nicht gestattet.

[37] Dasselbe gilt z. B. im Richterablehnungsverfahren gem. §§ 24 ff., 28: Ist das gegen einen nichterkennenden Richter gerichtete Ablehnungsgesuch nach erfolgloser sofortiger Beschwerde rechtskräftig verworfen, so steht damit seine Fähigkeit zur Mitwirkung in diesem Prozeß fest. (Hinsichtlich eines erkennenden Richters gilt die Sonderregelung des § 28 II 2: Die verwerfende oder zurückweisende Entscheidung, § 28 II 1, kann nicht mittels Beschwerde gerügt, sondern „nur zusammen mit dem Urteil angefochten werden").

[38] Ebenso *Gantzer*, S. 80; *Herzog*, S. 102.

[39] Eingehend *Gantzer*, S. 127 ff., mit weiteren Nachweisen.

[40] Oder bei unterbliebener, bzw. zurückgenommener sofortiger Beschwerde.

[41] Grundlegend *Gantzer*, S. 127 ff.; *Herzog*, S. 107 ff., jeweils mit weiteren Nachweisen. Auch im Zivilprozeßrecht werden diejenigen Beschlüsse für uneingeschränkt rechtskräftig erachtet, die einen endgültigen und vorbehaltlosen Ausspruch über die beantragte Rechtsfolge enthalten, vgl. nur *Stein / Jonas / Schönke / Pohle*, § 329, III 4; *Wieczorek*, § 322, A III 6.

[42] Vgl. *Gantzer*, S. 175 f., mit weiteren Nachweisen.

[53] Vgl. OLG Braunschweig Nds. Rpfl. 51, 191; *Erbs*, § 458, VI; *Gantzer*, S. 117.

[44] Vgl. *Löwe / Rosenberg / Schäfer*, § 460, 7; *Eb. Schmidt*, § 460, 17; *Roxin*, § 51 B III 1 a bb; *Gantzer*, S. 178.

[45] Auch dem Beschluß gem. § 349 II wird volle materielle Rechtskraft zuerkannt, vgl. *Geppert*, GA 72, 174; *Rudolf Schmitt*, JZ 61, 15 f. Er kann jedoch hier außer Betracht bleiben, weil gegen ihn nicht die sofortige Beschwerde zulässig ist.

[46] Vgl. *Roxin*, a.a.O.; *Herzog*, S. 118; *Löwe / Rosenberg / Gollwitzer*, § 311, 18.

[47] Vgl. *Herzog*, S. 118.

[48] Vgl. dazu *Roxin*, § 51 B; *Achenbach*, ZStW 87, 74 ff. *Herzberg*, JuS 72, 113 ff.

teilen. So macht der Beschluß, der eine Sicherheit rechtskräftig für verfallen erklärt, § 124, eine nochmalige Entscheidung über dieselbe Frage auch in einem anderen Verfahren unmöglich[49]. Mit der Unanfechtbarkeit ist die Verfallwirkung endgültig eingetreten, „das Schicksal der geleisteten Sicherheit also besiegelt“[50]. Dieselbe Wirkung entfaltet der Beschluß, der eine Geldstrafe in eine Freiheitsstrafe umwandelt oder gemäß §§ 460, 462 eine Gesamtstrafe festsetzt[51].

bb) Andere Beschlüsse hingegen sind nur beschränkt rechtskraftfähig, weil ihre Wirkungen aufgrund nachträglicher Ereignisse entfallen können. Hierzu zählen die Einstellungsbeschlüsse gem. §§ 174 I, 204, 210. Diese Entscheidungen haben „keine unabänderliche Kraft“[52]; denn trotz eingetretener Unanfechtbarkeit ist ein erneutes Verfahren aufgrund neuer Tatsachen oder Beweismittel zulässig, §§ 174 II, 211. Rechtsprechung[53] und h. M. sprechen ihnen daher zu Recht eine lediglich beschränkte[54] oder auflösend bedingte[55] materielle Rechtskraftfähigkeit zu, eine Auffassung, die im übrigen auch mit den Motiven[56] übereinstimmt[57].

cc) Wieder andere, mit sofortiger Beschwerde anfechtbare Beschlüsse entbehren jeder materiellen Rechtskraftfähigkeit, weil sie sich lediglich als Formalentscheidungen darstellen[58]. Dies trifft etwa auf die gem. §§ 28 II, 46 III, 201 II 2, 270 ergehenden Entscheidungen zu. Ein Streit um die ordnungsgemäße Besetzung des Gerichts, § 28, die Rechtzeitigkeit einer Prozeßhandlung, § 46, die örtliche, §§ 201, 16, oder sachliche, § 270, Zuständigkeit betrifft allein Prozeß- oder Verfahrensvoraussetzungen, hat aber auf die Sache selbst keinerlei Auswirkungen[59]. Diese

---

[49] Vgl. *Löwe / Rosenberg / Gollwitzer*, § 311, 18; *Eb. Schmidt*, § 311, 5; *Gantzer*, S. 175 f.

[50] So *Eb. Schmidt*, a.a.O.

[51] Vgl. *Löwe / Rosenberg / Gollwitzer*, a.a.O.; *Kleinknecht*, § 460, 9; *Roxin*, § 51 B III 1 a 66; *Gantzer*, S. 178.

[52] *Peters*, Anm. zu BayObLG JR 70, 390 ff., 392.

[53] Vgl. RGSt 51, 371; 56, 351; 65, 291; BGHSt 7, 64; 18, 225; OLG Hamburg GA 63, 140; OLG Köln NJW 52, 1152.

[54] Vgl. KMR, Einleitung 14 III B; *Kleinknecht*, Einleitung 179; *Peters*, S. 399; *Roxin*, § 51 B III 1 b bb; *Herzog*, S. 124 f.

[55] Vgl. *Eb. Schmidt* I, 326; *Henkel*, S. 383 ff.; *Beling*, S. 366.

[56] *Hahn*, S. 171 ff., 174 („... eine dem freisprechenden Urteil analoge Entscheidung“, die allerdings nur „eine gewisse Rechtskraft erlangen“ kann, weil „eine abermalige Erhebung der zurückgewiesenen Anklage unter bestimmten Voraussetzungen stattfinden darf“).

[57] Hingegen wollen *Gantzer*, S. 140, 144 und wohl auch *Geppert*, GA 72, 165 ff., 173 diesen Beschlüssen die volle materielle Rechtskraftfähigkeit zuerkennen; dagegen treffend *Herzog*, S. 108 ff.

[58] Vgl. *Löwe / Rosenberg / Gollwitzer*, § 311, 19; *Eb. Schmidt*, § 311, 5; *Gantzer*, S. 129; *Herzog*, S. 112; *Peters* ZStW 68, 380 ff.

[59] So schon *Bennecke / Beling*, S. 427; *Sauer*, S. 258; *Ferdinand*, S. 67.

Beschlüsse schaffen nur eine für alle Prozeßbeteiligten verbindliche, für das weitere Verfahren bedeutsame Prozeßlage[60]; sie beziehen sich allein auf den Ablauf des Verfahrens, ohne zum materiellen Strafanspruch Stellung zu nehmen oder diesen gar zu prüfen oder zu entscheiden[61]. Jedoch sind auch sie der formellen Rechtskraft fähig, weil die aufgeworfene Streitfrage aus Gründen der Rechtssicherheit innerhalb kurzer Zeit endgültig entschieden sein soll[62].

c) Aus der festgestellten Rechtskraftfähigkeit dieser Beschlüsse folgt zwangsläufig ihre grundsätzliche Unabänderbarkeit[63]. Eben weil bei ihnen ein Bedürfnis nach schneller, endgültiger Regelung besteht, ist dem Erstgericht eine Änderung seiner einmal erlassenen Entscheidung versagt. Dabei ist unerheblich, ob im Einzelfall tatsächlich vom Recht zur sofortigen Beschwerde Gebrauch gemacht worden ist: Auch eine Änderung von Amts wegen, etwa vor eingelegter sofortiger Beschwerde oder nach Ablauf der Rechtsmittelfrist, ist in der Regel unzulässig[64, 65]. Dem steht auch der insoweit mißverständliche Wortlaut des § 311 III 1 nicht entgegen. Wenn das Gesetz von der unabänderbaren „angefochtenen Entscheidung" (anstatt von der „anfechtbaren Entscheidung") spricht[66], so bedeutet dies keine Einschränkung des aufgezeigten Grundsatzes; denn der innere Grund des Änderungsverbotes liegt in der Natur dieser rechtskraftfähigen Entscheidungen und nicht in der formellen Tatsache der Beschwerdeeinlegung, auf die es deshalb nicht ankommen kann[67]. Von der regelmäßigen Unabänderbarkeit läßt das Gesetz nur bei Verletzung des rechtlichen Gehörs eine Ausnahme zu, § 311 III 2. Um Art. 103 I GG gerecht werden zu können[68], können die sich

---

[60] Vgl. *Eb. Schmidt*, § 311, 5; *Löwe / Rosenberg / Gollwitzer*, 27 vor § 304; *R. Schmitt*, JZ 61, 17.

[61] Vgl. *Löwe / Rosenberg / Gollwitzer*, 27 vor § 304; *Gantzer*, S. 129.

[62] Vgl. nur *Peters*, S. 548.

[63] Vgl. *Löwe / Rosenberg / Gollwitzer*, 25 vor § 304; § 231 a, 24; *Löwe / Rosenberg / Dünnebier*, § 138 d, 19; *Eb. Schmidt*, § 306, 8 ff.; KMR, Einleitung 14 A d; 3 a vor § 304; *Kleinknecht*, Einleitung 109, 161, 165; *Herzog*, S. 111; *Riess*, JZ 75, 270; *Woesner*, NJW 60, 2131; BayObLG JR 70, 391.

[64] Vgl. OLG Köln NJW 55, 314; *Löwe / Rosenberg / Gollwitzer*, § 311, 12; KMR, 3 c vor § 304; *Kleinknecht*, § 311, 5.

[65] Diese Auffassung wird im übrigen auch für die sofortige Beschwerde gem. § 577 ZPO vertreten, vgl. nur *Baumbach / Lauterbach / Albers*, § 577 ZPO, 4; *Baumgärtel*, MDR 68, 970 ff.

[66] Vorzuziehen ist deshalb die Fassung des § 577 III ZPO: „Das Gericht ist zu einer Änderung seiner der Beschwerde unterliegenden Entscheidung nicht befugt."

[67] Vgl. *Löwe / Rosenberg / Gollwitzer*, § 311, 12; ebenso schon *Ferdinand*, S. 76 f. Auch die Motive, *Hahn*, S 249, betonen, daß die der sofortigen Beschwerde unterliegenden Entscheidung im Hinblick auf ihre Abänderbarkeit „analog dem Urteil" zu behandeln seien.

[68] Siehe dazu oben B III 5 b.

aus der Verletzung dieses Grundrechts[69] ergebenden Nachteile des Beschwerdeführers durch Abhilfe beseitigt werden[70, 71].

Es ist demnach festzustellen, daß alle der sofortigen Beschwerde unterliegenden Beschlüsse, wenn auch graduell unterschiedlichen, urteilsähnlichen Charakter haben[72]. Sie treffen entweder eine bei unterbliebener oder erfolgloser sofortiger Beschwerde endgültige Entscheidung in der Sache selbst oder bedürfen zumindest wegen des Gegenstandes, den sie regeln, einer raschen, endgültigen Erledigung[73].

### 3. Rechtskraft und Abänderbarkeit der einfacher Beschwerde unterliegenden Entscheidungen

Die mit einfacher Beschwerde anfechtbaren[74] Entscheidungen weisen die soeben aufgezeigten Merkmale gerade nicht auf. Sie enthalten keinen verfahrens- oder instanzbeendenden Ausspruch, sondern erschöpfen sich zumeist im Weiterbetreiben des Prozesses, in der Regelung einer Verfahrensfrage[75]. Ihre Klärung ist auch grundsätzlich nicht unabdingbare Voraussetzung für das weitere Verfahren. Ihr Wesen liegt gerade darin, daß sie nicht analog dem Urteil behandelt werden müssen[76]. Sie sind regelmäßig rechtskraftunfähig[77]; das Gesetz brauchte ihre Anfechtung daher auch nicht an eine Frist zu binden.

Daraus folgt, daß die gem. §§ 304, 305 in den Bereich der einfachen Beschwerde fallenden Entscheidungen durch das Erstgericht grundsätz-

---

[69] Vgl. *Leibholz / Rinck*, Art. 103, 1.

[70] Zum Abhilfeverfahren des Erstgerichts, siehe unten 2. Teil, C I 2.

[71] Die weiteren von Rechtsprechung und Lehre gemachten Ausnahmen vom Abhilfeverbot — Stichwort: Beseitigung groben prozessualen Unrechts, zumeist durch entsprechende Anwendung der Wiederaufnahmevorschriften — brauchen nicht näher behandelt zu werden, da sie die grundsätzliche Regelung nicht berühren; vgl. dazu *Löwe / Rosenberg / Gollwitzer*, 37 ff. vor § 304; KMR, Einleitung 14 B III; *Kleinknecht*, Einleitung 109 ff. und ausführlich *Herzog*, S. 119 ff.

[72] Vgl. *Roxin*, § 51 B III 1 a bb („sie gleichen insoweit den Urteilen"); *Gantzer*, S. 43 („... ihrer Bedeutung nach einem Urteil mehr oder minder angenähert").

[73] Vgl. *Peters*, S. 548 („Die sofortige Beschwerde ist dort gegeben, wo eine alsbaldige Klärung erforderlich ist"); *Henkel*, S. 370 (untragbare „zeitlich unbegrenzte Ungewißheit" hinsichtlich der Bestandskraft der Entscheidung).

[74] Oder die mangels übergeordneter Instanz unanfechtbaren, § 304 IV, oder als laufende Entscheidungen nicht selbständig anfechtbaren, § 305, S. 1, Beschlüsse.

[75] Vgl. *Peters*, Anm. zu OLG Braunschweig JZ 53, 641.

[76] z. B. die Ablehnung des Antrages auf Aussetzung des Verfahrens, auf Berichtigung des Protokolls.

[77] Vgl. *Löwe / Rosenberg / Gollwitzer*, 28 vor § 304; KMR, Einleitung 14 A d; *Erbs*, § 296, I b; *Roxin*, § 51 B III 1 c aa; *Herzog*, S. 104; *W. Schmid*, S. 172; *Dünnebier*, S. 673; *Peters*, a.a.O., *Woesner* NJW 60, 2131.

lich abänderbar sind[78]. Diese Befugnis steht dem Gericht selbst dann zu, wenn von der Beschwerdebefugnis kein Gebrauch gemacht worden ist; es kann die Entscheidung auch von Amts wegen aufheben oder ändern[79]. § 306 II bringt insoweit lediglich zum Ausdruck, was sich bereits aus dem Wesen dieser Beschlüsse und Verfügungen ergibt. Die Änderungsbefugnis entfällt nur dort, wo auch die einfache Beschwerde nicht mehr zulässig ist. z. B. bei prozessualer Überholung einer Entscheidung, die rein verfahrensmäßige Rechte beeinträchtigt[80].

#### 4. Zusammenfassung

Ein Vergleich der von einfacher und sofortiger Beschwerde erfaßten Entscheidungen hat gezeigt, warum das Gesetz in § 311 eine Anfechtungsfrist bestimmt und die Änderungsbefugnis des Erstgerichts aufgehoben hat. Diese Regelung folgt aus dem Charakter der unter § 311 fallenden Beschlüsse als urteilsähnlicher oder zumindest der raschen Klärung bedürftiger Entscheidungen. Frist und Unabänderbarkeit sind Folge dieses Wesens, keineswegs machen sie das Wesen dieser Beschlüsse aus. Mit anderen Worten: Der formale Unterschied zwischen sofortiger und einfacher Bechwerde ist logische Konsequenz des sachlichen.

### II. Einzelfälle der sofortigen Beschwerde

Die Fälle der sofortigen Beschwerde richten sich im Hinblick auf Zulässigkeit und Verfahren grundsätzlich nach den §§ 304 ff., insbesondere nach § 311[81]. Oft jedoch weisen die die sofortige Beschwerde zulassenden Vorschriften Merkmale auf, die von der allgemeinen Regelung der §§ 304 ff. abweichen. Einige dieser Besonderheiten sollen im folgenden an vier Einzelfällen exemplarisch behandelt werden.

#### 1. § 81 IV

§ 81 IV läßt die sofortige Beschwerde gegen einen gerichtlichen Beschluß zu, der die Unterbringung des Beschuldigten in einem öffentlichen psychiatrischen Krankenhaus zur Untersuchung seines psychischen Zustandes anordnet. Dabei ist mit der h. M. davon auszugehen, daß die sofortige Beschwerde nur gegen den die Unterbringung anord-

---

[78] Vgl. *Löwe / Rosenberg / Gollwitzer*, 28 vor § 304; KMR, 3 b vor § 304; *Kleinknecht*, Einleitung 109; *Roxin*, § 51 B III 1 c aa; *Woesner* NJW 60, 2131; *Peters*, Anm. zu OLG Braunschweig JZ 53, 641.

[79] So die einhellige Meinung, vgl. nur BGHSt 8, 194 = NJW 57, 997; *Kleinknecht*, Einl. 110.

[80] Vgl. BGH, a.a.O.; *Löwe / Rosenberg / Gollwitzer*, 29 vor § 304; *Gantzer*, S. 79; *Woesner*, NJW 60, 2131; *Peters*, JZ 53, 641.

[81] Siehe oben bei Anm. 24.

nenden, nicht aber gegen den sie ablehnenden Beschluß zulässig ist[82]. Dafür spricht in Verbindung mit dem Wortlaut[83] des § 81 I, IV vor allem die Erwägung, daß die sofortige Beschwerde nur in den vom Gesetz ausdrücklich genannten Fällen Anwendung finden kann[84]. Hinzu kommt, daß dieses Rechtsmittel allein im Fall der Unterbringungsanordnung sinnvoll ist. Die kurze Anfechtungsfrist soll einmal verhindern, daß jederzeit störend in die Beobachtungstätigkeit eingegriffen werden kann. Zum anderen soll die sofortige Beschwerde zu einer Überprüfung und ggf. Korrektur der Entscheidung führen, weil dies mit den Rechtsmitteln gegen das Urteil nicht mehr zu erreichen wäre. Dieser Zweck greift aber bei einer die Unterbringung ablehnenden Entscheidung nicht ein. Gegen sie ist daher ein Rechtsmittel nicht gegeben[85].

Die somit nur gegen die Anordnung der Unterbringung zulässige sofortige Beschwerde entfaltet gem. § 81 IV 2 eine von den §§ 307, 305 abweichende Wirkung: Sie schiebt den Vollzug der Entscheidung hinaus, und das sogar, wenn der Beschluß erst in der Hauptverhandlung erlassen worden ist[86]. Der Grund dieses Suspensiveffekts liegt in der weitreichenden Bedeutung der Anordnung. Als einschneidende Grundrechtsbeeinträchtigung[87] muß die Maßnahme auch dann der Überprüfung durch das Beschwerdegericht unterliegen, wenn sie von dem erkennenden Gericht erlassen worden ist. Da diese Überprüfung jedenfalls rechtzeitig vor Beginn des Vollzugs erfolgen soll, bedarf die sofortige Beschwerde der aufschiebenden Wirkung[88]. Darüber hinaus kann

---

[82] Vgl. *Löwe / Rosenberg / Meyer*, § 81, 46; *Eb. Schmidt*, § 81, 19; KMR, § 81, 8; *Kleinknecht*, § 81, 22; BayObLGSt 13, 497; OLG Celle Nds. Rpfl. 62, 141; OLG Karlsruhe Justiz 72, 18.

[83] Vgl. *Eb. Schmidt*, 181, 19 (§ 81 II „hat offensichtlich nur den anordnenden Beschluß im Auge").

[84] Siehe oben bei Anm. 1.

[85] Entgegen *Löwe / Rosenberg / Meyer*, 181, 46, ist im Ablehnungsfall auch nicht die einfache Beschwerde zulässig. Zum einen schließt § 81 IV in diesem Fall auch die Beschwerde gem. § 304 aus, vgl. BayObLG, a.a.O.; OLG Celle, a.a.O.; *Eb. Schmidt*, a.a.O.; *Kleinknecht*, § 81, 26. Weiterhin stellt ein auf die Anordnung der Unterbringung zielender „Antrag" der Verfahrensbeteiligten lediglich eine Anregung dar, über die das Gericht gar nicht beschließen braucht. Dies sehen auch *Löwe / Rosenberg / Meyer*, a.a.O., die der von ihnen zugelassenen Beschwerde deshalb jede praktische Bedeutung absprechen.

[86] Vgl. OLG Stuttgart NJW 61, 2077; KG JR 65, 69; OLG Celle NJW 66, 1881; *Löwe / Rosenberg / Meyer*, § 81, 42 f.; *Eb. Schmidt*, § 81, 15, 17; KMR, § 81, 8; *Kleinknecht*, § 81, 22. Dasselbe gilt bei den §§ 231 a III 3, 454 II 2, 181 II GVG.

[87] Zur weitreichenden Bedeutung der Anordnung nach § 81 vgl. zuletzt OLG Oldenburg NJW 71, 1098.

[88] Während dies früher bezüglich der Anordnung des erkennenden Gerichts streitig war, vgl. nur RGSt 20, 378, entspricht es heute der einhelligen Auffassung, vgl. Anm. 97.

bei richtigem Verständnis des § 81 IV auch die Regel des § 297 nicht gelten: Der Verteidiger[89] darf, da sein Mandat ja möglicherweise unzurechnungsfähig ist, die sofortige Beschwerde auch gegen dessen Willen einlegen[90]. Aus der Unabhängigkeit des Verteidigers bei Ausübung des Beschwerderechts muß dann aber auch folgen, daß der Beschuldigte das Rechtsmittel entgegen § 302 nicht wirksam zurücknehmen kann, bzw. der Verteidiger zur Zurücknahme keiner Ermächtigung bedarf.

### 2. § 138 d VI

Gemäß §§ 138 a, 138 b[91] ist ein Verteidiger von der Mitwirkung in einem Verfahren auszuschließen, wenn einer der dort genannten Ausschließungstatbestände[92] vorliegt[93]. Die Entscheidung über die Ausschließung trifft in der Regel das OLG, § 138 c I 1[94]. Gegen diesen Beschluß ist im Rahmen des § 138 d VI die sofortige Beschwerde zulässig[95]. Dabei ist im Hinblick auf die Reichweite der sofortigen Beschwerde je nach Art des Ausschließungstatbestandes zu differenzieren. Sie ist in jeder Richtung zulässig, wenn die Entscheidung „einen Fall des § 138 b betrifft", § 138 d VI 1. Es kann dann sowohl der Verteidigerausschluß, als auch die Ablehnung der Ausschließung angefochten werden. Im Fall des § 138 a hingegen kann sich die sofortige Beschwerde nur gegen die die Ausschließung anordnende Entscheidung richten; der ablehnende Beschluß ist nicht anfechtbar, § 138 d VI 3. § 138 d VI 3 wiederholt insoweit nur, was sich bereits aus dem eindeutigen Wortlaut des S. 1 ergibt[96].

---

[89] Das Verfahren gem. § 81 stellt einen Fall der notwendigen Verteidigung dar, § 140 I Nr. 6.

[90] Vgl. *Löwe / Rosenberg / Meyer,* § 81, 42; *Eb. Schmidt,* § 81, 16; KMR, § 81, 8; *Kleinknecht,* § 81, 23.

[91] Die §§ 138 a - d sind durch das Gesetz zur Ergänzung des 1. StVRG vom 20. 12. 1974 eingefügt worden. Diese Regelung wurde notwendig, nachdem das BVerfG (E 34, 293: Fall Schily) die frühere Rechtsprechungspraxis bei der Ausschließung des Verteidigers mangels gesetzlicher Grundlage wegen Verstoßes gegen Art. 12 I GG für verfassungswidrig erklärt hat.

[92] Die Ausschließungstatbestände sind in §§ 138 a, 138 b abschließend aufgezählt, vgl. *Kleinknecht,* § 138 a, 1.

[93] Zur Problematik der §§ 138 a, 138 b vgl. BVerfG NJW 75, 1015; BGH NJW 76, 58; OLG Karlsruhe NJW 75, 943; OLG Köln NJW 75, 459; *Groß* NJW 75, 422; *Dahs* NJW 75, 1385; *Dünnebier* NJW 76, 1; *ders.*, Festschrift für Dreher, S. 674.

[94] Entweder auf Vorlage des mit der Sache befaßten Gerichts oder auf Antrag der StA, § 138 c II.

[95] Zum Verhältnis von sofortiger Beschwerde gem. § 138 d VI und Revision, s. o. A II 3.

[96] § 138 d VI 1 stellt ausdrücklich den Verteidigerausschluß nach § 138 a neben die Entscheidung, „die einen Fall des § 138 b betrifft". *Löwe / Rosenberg / Dünnebier,* § 138 d, 14 betonen daher zu Recht, daß der S. 3 den S. 1 „überflüssigerweise erläutert".

Wenn das Gesetz im Falle des Verteidigerausschlusses nach § 138 a die sofortige Beschwerde allein gegen die bestätigende Entscheidung zuläßt[97], so greift es damit zu einer Regelungsform, die sich in der StPO auch an anderen Stellen findet. Das Gesetz macht durch die Zulassung der sofortigen Beschwerde nur gegen den positiven oder negativen Bescheid zugleich deutlich, daß die umgekehrte Entscheidung nicht anfechtbar sein soll. Ist dies z. B. bei den §§ 28[98], 46 II, III[99] ausdrücklich normiert, so ergibt es sich etwa bei den §§ 201 II 2[100], 206 a II[101] durch eine zweckentsprechende Auslegung[102]. Jedoch ist bei jeder einzelnen Vorschrift zu prüfen, wie weit der Anwendungsbereich der sofortigen Beschwerde reichen soll. Von einem Automatismus kann insoweit keine Rede sein.

Über die sofortige Beschwerde entscheidet der BGH, wenn die Ausschlußentscheidung gem. § 138 c I 1 vom OLG getroffen worden ist. Nach § 138 c I 2, 3 kann diese Entscheidung in bestimmten Fällen aber auch vom BGH erlassen werden[103]. Nach dem Wortlaut des § 138 d VI 1 ist auch in diesen Fällen die sofortige Beschwerde zulässig, zumal dem auch § 304 IV 1 nicht entgegensteht; denn § 304 IV 3 besagt ausdrücklich, daß § 138 d VI unberührt bleibt[104]. Entgegen dem Wortlaut der §§ 138 d VI, 304 IV kann eine Anfechtbarkeit der diesbezüglichen BGH-Beschlüsse jedoch schon aus formalen Gründen nicht statthaft sein[105].

---

[97] Kritisch hierzu *Löwe / Rosenberg / Dünnebier*, § 138 d, 15: Das Ziel, durch die Beschwerdemöglichkeit zum BGH eine einheitliche Rechtsprechung zur Frage des Verteidigerausschlusses zu erreichen, werde durch die Rechtsmittelbeschränkung gerade unterlaufen.

[98] Allein der Beschluß, der die Richterablehnung als unzulässig verwirft oder als unbegründet zurückweist, ist anfechtbar.

[99] Die dem Antrag auf Wiedereinsetzung stattgebende Entscheidung unterliegt keiner Anfechtung; gegen die den Antrag verwerfende Entscheidung ist sofortige Beschwerde zulässig.

[100] Vgl. *Kleinknecht*, § 201, 11: Die sofortige Beschwerde ist nur bei Verwerfung des Einwands der örtlichen Unzuständigkeit zulässig.

[101] Vgl. *Kleinknecht*, § 206 a, 10: Nur der Einstellungsbeschluß ist anfechtbar; die ablehnende Entscheidung unterliegt nicht der sofortigen Beschwerde; ebenso OLG Nürnberg OLGSt, § 206 a, 11; OLG Hamburg JZ 53, 196.

[102] Bei § 206 a ergibt sich die Unanfechtbarkeit der ablehnenden Entscheidung bereits aus § 305, 1; ebenso bei dem die Verweisung gem. § 270 ablehnenden Beschluß, vgl. OLG Braunschweig GA 59, 89.

[103] Wenn im vorbereitenden Verfahren der Generalbundesanwalt die Ermittlungen führt oder das Verfahren bereits beim BGH anhängig ist.

[104] Vgl. *Löwe / Rosenberg / Dünnebier*, § 138 d, 16; *Dünnebier*, Festschrift für Dreher, S. 674; *ders.*, NJW 76, 1 ff., 4: Die Fassung des § 304 IV zeigt, daß sich S. 3 auch auf S. 1 bezieht.

[105] Vgl. *Löwe / Rosenberg / Dünnebier*, a.a.O.; *Dünnebier*, a.a.O.; *Kleinknecht*, § 138 d, 14; *Gössel*, § 19 A III g; *Kleinknecht* und *Gössel* leiten dies bereits aus § 304 IV 1 ab und übersehen dabei offensichtlich den S. 3; überzeugend insoweit *Dünnebier*, NJW 76, 1 ff.

Aus dem Gesetz ergibt sich nicht, welches Gericht über die sofortige Beschwerde zu entscheiden hätte. Während die Entscheidung über die oberlandesgerichtliche Verteidigerausschließung dem BGH gem. § 135 II GVG[106] ausdrücklich zugewiesen ist, fehlt eine entsprechende gesetzgeberische Maßgabe hinsichtlich der BGH-Beschlüsse[107]. Eine solche Zuständigkeitsregelung, die etwa in der Zuweisung an einen anderen Senat hätte liegen können, muß aber allein dem Gesetzgeber vorbehalten bleiben[108]. In allen anderen Fällen, in denen die Beschwerde zum BGH zugelassen ist[109], ist die Zuständigkeit dieses Gerichts im Gesetz ausdrücklich ausgesprochen. Dann aber kann eine über die gesetzlich normierten Fälle hinausgehende Zuständigkeit des BGH im Wege der Auslegung nicht begründet werden[110]. Vielmehr zeigt das Fehlen einer ausdrücklichen Zuweisung, daß der Gesetzgeber eine Anfechtbarkeit hier bewußt nicht eröffnet hat[111]. § 304 IV 3 entpuppt sich dann als Redaktionsversehen. Die Entscheidungen des BGH gem. § 138 c I 2 und 3 sind daher nicht mittels sofortiger Beschwerde anfechtbar[112]. Entgegen Dünnebier bleibt dem Betroffenen allerdings die Möglichkeit, seine Revision auf den (fehlerhaften) Ausschließungsbeschluß zu stützen[113].

### 3. § 210 II

Will das Gericht die Eröffnung des Hauptverfahrens ablehnen oder abweichend von dem Antrag der Staatsanwaltschaft die Verweisung an ein Gericht niederer Ordnung aussprechen, so hat dies durch Beschluß zu geschehen. Gegen diese Entscheidung billigt § 210 II der Staatsanwaltschaft und gem. §§ 390, 397 I, 401 I 1 auch dem Privat- und Nebenkläger die sofortige Beschwerde zu[114]. Der Beschuldigte hingegen hat sich mit dem Bescheid abzufinden[115]. § 210 II normiert demnach eine Ausnahme von der grundsätzlichen Regelung der §§ 296 bis 298, 304, die die Anfechtungsbefugnis über den Verteidiger und den gesetzlichen

---

106 Das 1. StVRGErgG vom 20. 12. 1974 hat durch eine Ergänzung des § 135 II GVG die sofortige Beschwerde zum BGH gegen die Entscheidung der Oberlandesgerichte über den Ausschluß eines Verteidigers eröffnet, vgl. BGH NJW 76, 523 ff., 524; *Dünnebier*, NJW 76, 1 ff.

107 Vgl. *Dünnebier*, NJW 76, 1 ff.

108 Vgl. *Dünnebier*, NJW 76, 1 ff.

109 Vgl. §§ 159 I GVG, 5 V RHilfeG.

110 Ebenso *Dünnebier*, NJW 76, 1 ff.

111 Vgl. auch BGH, NJW 76, 523.

112 Im Ergebnis ebenso *Löwe / Rosenberg / Dünnebier*, a.a.O.; *Dünnebier*, a.a.O.; *Kleinknecht*, a.a.O.; *Gössel*, a.a.O.

113 s. dazu bereits o., A II, Fußnote 165.

114 Die Verweisung an ein Gericht höherer Ordnung ist hingegen nicht anfechtbar, vgl. *Kleinknecht*, § 210, 3.

115 Wobei zu beachten ist, daß die Ablehnung der Eröffnung ihn zumeist nicht beschweren wird, siehe oben B II 2 a bb.

Vertreter hinaus auf jeden Drittbetroffenen ausdehnt[116]. Die Vorschrift ist soweit exemplarisch, als auch andere Normen das Recht zur sofortigen Beschwerde auf bestimmte Verfahrensbeteiligte begrenzen. Dies gilt etwa für die Beschlüsse gem. §§ 201 II, 372, S. 2[117].

### 4. § 464 III

Gemäß § 464 III ist gegen die Kosten- und Auslagenentscheidung[118] nach § 464 I, II als einziges Rechtsmittel die sofortige Beschwerde gegeben[119]. Dies gilt nicht nur, wenn die Kosten- und Auslagenentscheidung in einem Urteile enthalten ist, sondern auch bei verfahrensbeendigenden Beschlüssen und selbständigen Kostenbeschlüssen[120]. Die sofortige Beschwerde kann sowohl allein, als auch zusammen mit dem Rechtsmittel gegen die Hauptentscheidung eingelegt werden[121]. Jedoch muß auch im letzteren Fall die Anfechtung der Kosten- und Auslagenentscheidung ausdrücklich erklärt werden[122].

Umstritten ist, ob sich der von einer Kostenentscheidung Betroffene auch dann gem. § 464 III beschweren kann, wenn die Hauptentscheidung als solche nicht anfechtbar ist. Diese Frage wird vor allem im Hinblick auf die unanfechtbaren Einstellungsbeschlüsse gem. §§ 153 II, 153 a II relevant. Die eine hierzu vertretene Auffassung[123] lehnt die isolierte Anfechtbarkeit der Kostenentscheidung vor allem aus prozeßökonomischen Gesichtspunkten ab. § 464 III habe lediglich „aus Gründen der Vereinfachung des Verfahrens" die sofortige Beschwerde zugelassen[124], nicht aber eine erweiterte Anfechtungsmöglichkeit geschaffen.

---

116 Die Beschwerdebefugnis wird unten, 1. Teil, F, im Zusammenhang behandelt.

117 Hingegen steht bei § 124 II 2 trotz des mehrdeutigen Wortlauts die sofortige Beschwerde nicht nur dem Beschuldigten und dem Sicherheitsleistenden, sondern auch der StA zu, vgl. nur *Kleinknecht*, § 124, 3.

118 Einen Überblick über die §§ 464 ff. gibt *Göhler* NJW 70, 454 ff.

119 Vgl. BGH NJW 73, 336; OLG Hamm MDR 71, 681; *Kleinknecht*, § 464, 11.

120 Vgl. *Löwe / Rosenberg / Schäfer*, § 464, 1.

121 Vgl. BGH, NJW 73, 336; OLG Hamm, MDR 71, 681.

122 Vgl. *Kleinknecht*, § 464, 11; diese Erklärung kann bei Anfechtung des Urteils ohne Angabe ihres Umfangs nur innerhalb der Wochenfrist des § 311 II 1 nachgeholt werden.

123 Für die isolierte Anfechtbarkeit der Kostenentscheidung haben sich ausgesprochen OLG Stuttgart NJW 69, 1446; OLG Hamm NJW 69, 1448; OLG Düsseldorf NJW 69, 2059; OLG Celle NJW 70, 107; OLG Frankfurt NJW 70, 1694; OLG Hamburg NJW 70, 2127; OLG Zweibrücken NJW 70, 2307; OLG Celle NJW 72, 1965; OLG Bamberg NJW 72, 2145; OLG München NJW 75, 68; LG Hannover NJW 76, 762; OLG Karlsruhe NJW 76, 1548; *Kleinknecht*, § 153, 36, § 464, 12.

124 Dagegen sind KG NJW 70, 106; OLG Hamm NJW 70, 2127; OLG Nürnberg NJW 72, 172; OLG Hamm NJW 72, 1290; OLG Hamm NJW 73, 1515; OLG Hamm NJW 74, 374; OLG Düsseldorf NJW 74, 873; OLG Düsseldorf NJW 74, 1294; OLG Braunschweig NJW 74, 1575; OLG Bremen NJW 75,

Die Nebenentscheidung könne daher nur in gleichem Maße rechtsmittelfähig sein wie der Hauptausspruch[125]. Demgegenüber haben sich weite Teile der Rechtsprechung und des Schrifttums zu Recht für die Anwendbarkeit des § 464 III ausgesprochen. Diese Auffassung hat zunächst den klaren Wortlaut des Gesetzes für sich: § 464 III 1 unterstellt die Entscheidung über die Kosten und die notwendigen Auslagen ohne jede Einschränkung der sofortigen Beschwerde[126]. Entscheidend ist aber, daß der Grund für die Unanfechtbarkeit der Einstellungsbeschlüsse in der fehlenden Beschwer des Angeschuldigten liegt[127]. Dieser Grund trifft jedoch bei einer ungünstigen Kosten- oder Auslagenentscheidung gerade nicht zu. Die Unanfechtbarkeit der Hauptentscheidung, die den Betroffenen nicht beschwert, rechtfertigt deshalb nicht die Folgerung, daß auch eine ihn beschwerende Nebenentscheidung der Anfechtung entzogen sein soll[128]. Ebensowenig stellt die Zustimmung des Angeschuldigten zur Einstellung des Verfahrens, §§ 153 II 1, 153 a II 1, bereits einen Verzicht auf die sofortige Beschwerde gegen die Kostenentscheidung dar[129]. Derjenige, der die unanfechtbare Einstellung des Verfahrens in der Hauptsache hinnimmt und damit möglicherweise auf einen von ihm erwarteten Freispruch verzichtet, muß sich gleichwohl gegen eine ihm unzumutbar erscheinende Nebenentscheidung zur Wehr setzen können[130]. Dies gilt um so mehr, als er die aufgrund eines Urteils ergehende Kostenentscheidung anfechten könnte. Die Ungleichbehandlung von Urteil und Beschluß wird der Betroffene schwerlich einsehen können.

Die exemplarische Behandlung des §§ 464 III rechtfertigt sich dadurch, daß diese Vorschrift bei zweckentsprechender Auslegung Grundsätze enthält, die in zweifacher Hinsicht von den Regeln der §§ 304 ff. abweichen. Zum einen muß der sofortigen Beschwerde gem. § 464 III aufschiebende Wirkung beigelegt werden, wodurch die Vorschrift des § 307 I außer Kraft gesetzt wird. Zwar ist dies hier im Gegensatz zu den §§ 81 V, 231 a III 3, 454 II 2, 181 II GVG nicht ausdrücklich normiert. Die Vollstreckung der Kosten- und Auslagenentscheidung hängt jedoch von dem Ergebnis der sofortigen Beschwerde ab, weshalb die Entschei-

---

273; OLG Zweibrücken NJW 76, 337; OLG Hamm NJW 77, 690; *Löwe / Rosenberg / Schäfer*, § 464, V 3 e; *Meyer* JR 71, 96; KMR, § 153, 6 b ee, deren Kommentierung sich allerdings noch auf die §§ 464 ff. a. F. bezieht.

[125] Vgl. KG, NJW 70, 106.

[126] Dies wird auch von den Gegnern einer Anfechtbarkeit eingeräumt, vgl. nur *Löwe / Rosenberg / Schäfer*, § 464, V 3 e.

[127] Vgl. nur *Kleinknecht*, § 153, 34.

[128] Ebenso *Kleinknecht*, § 153, 36; § 464, 12; *Dahs*, NJW 66, 66.

[129] Vgl. *Kleinknecht*, § 153, 36; § 464, 12.

[130] Womit gleichzeitig der Gefahr entgegengewirkt wird, daß die Gerichte die Auslagenentscheidung sinnwidrig als „Denkzettel" mißbrauchen.

dung des Beschwerdegerichts abzuwarten ist[131]. Diese Auffassung kommt allerdings demjenigen Betroffenen entgegen, der durch Einlegung des Rechtsmittels allein seine Kostenpflicht hinauszuzögern gedenkt, einer Absicht also, der z. B. § 80 II Nr. 1 VwGO gerade entgegenwirken will. Diese Vorschrift bestimmt, daß der Widerspruch und die Anfechtungsklage entgegen der Grundregel des § 80 I VwGO keine aufschiebende Wirkung haben, wenn es um die Anforderung von öffentlichen Abgaben und Kosten geht. Jedoch wird auch im Verwaltungsverfahren die Vorschrift des § 80 II Nr. 1 VwGO trotz ihrer weiten Fassung nicht durchgehend anwendet. Nach h. M.[132] entfällt die aufschiebende Wirkung bei der Kostenanforderung nämlich nur, wenn eine isolierte Kostenentscheidung ergangen oder ein Verwaltungsakt nur im Kostenpunkt angegriffen, in der Hauptsache aber unanfechtbar geworden ist. Ist die Hauptsache hingegen noch im Streit befangen, so läßt es die Einheitlichkeit des Verwaltungsaktes nicht zu, die Entscheidung im Kostenpunkt als endgültig zu behandeln, da die Frage der Kostenpflicht aufs engste mit der Entscheidung der Hauptsache zusammenhängt[133]. Wenn aber schon die Verwaltungsprozeßlehre die aufschiebende Wirkung in bestimmten Fällen trotz entgegenstehender gesetzlicher Regelung zuläßt, so erscheint dies im Strafverfahren, das eine dem § 80 II Nr. 1 VwGO entsprechende Vorschrift nicht kennt, erst recht möglich. Hier ist die sofortige Vollstreckung der Kostenentscheidung n. § 464 I u. II unangebracht, weil sie sich vielfach als eine vorläufige darstellen würde, die nach Abschluß des Beschwerdeverfahrens wieder rückgängig zu machen wäre[134].

Weiterhin bestimmt § 464 III 2 eine Bindung des Beschwerdegerichts an die tatsächlichen Feststellungen, die die Entscheidung in der Hauptsache tragen[135]. Damit wird vermieden, daß die tatsächliche Grundlage der Sachentscheidung anläßlich der Kostenbeschwerde erneut geprüft und möglicherweise anders beurteilt werden muß[136]. § 464 III 2 normiert damit eine Abweichung von den §§ 308 II, 309, nach denen das Beschwerdegericht grundsätzlich das Recht zur eigenen Sachaufklärung

---

[131] Ebenso *Löwe / Rosenberg / Gollwitzer,* § 307, 2; *Kleinknecht,* § 307, 1.

[132] Vgl. nur *Eyermann / Fröhler,* § 80, 19.

[133] Vgl. *Eyermann / Fröhler,* § 80, 19.

[134] Ähnliches muß in den Fällen der §§ 453 II 3, 462 III gelten; vgl. *Löwe / Rosenberg / Gollwitzer,* § 307, 2; *Kleinknecht,* § 307, 1.

[135] Vgl. BGH NJW 75, 699; *Löwe / Rosenberg / Schäfer,* § 464, VI 1; *Kleinknecht* § 464, 14.

[136] Vgl. BGH, NJW 75, 699. Dies zeigt gleichzeitig, daß § 464 III 2 die tatsächlichen Grundlagen der Nebenentscheidung nicht für bindend erklärt. Diese sollen nach Ansicht des BGH, a.a.O., jedoch dann zugrunde gelegt werden müssen, wenn gegen die Hauptentscheidung allein die Revision zulässig ist; ebenso *Kleinknecht,* a.a.O.

hat, also alle für die Entscheidung in der Sache wesentlichen Tatsachen prüfen und ggf. aufklären darf[137].

### 5. Zusammenfassung

Die Behandlung einiger Einzelfälle aus dem Bereich der sofortigen Beschwerde hat deutlich gemacht, daß die §§ 304 ff. lediglich allgemeine Regeln enthalten, die durch das Gesetz an vielen, die sofortige Beschwerde betreffenden Stellen modifiziert werden.

---

[137] Siehe dazu unten, 2. Teil, D I 3.

## D. Die weitere Beschwerde

Über die der einfachen oder sofortigen Beschwerde unterliegenden Beschlüsse und Verfügungen soll prinzipiell in der Beschwerdeinstanz endgültig entschieden werden[1]; der Instanzenzug ist regelmäßig mit einmaliger Beschwerdeeinlegung erschöpft[2]. Das ergibt sich aus § 310 II, der bestimmt, daß die auf eine Beschwerde ergangenen Entscheidungen grundsätzlich nicht mehr anfechtbar sind[3]. Sinn dieser gesetzlichen Regelung ist, das Beschwerdeverfahren zügig zu gestalten; es soll verhindert werden, daß das Verfahren durch eine weitere, oft nur „taktische" Anfechtung dieser ja zumeist während eines Prozesses ergehenden Entscheidungen verzögert wird[4]. Diese Regelung erfährt nur dort eine Ausnahme, wo bestimmte Beschlüsse, die den Bereich der persönlichen Freiheit betreffen, in Rede stehen[5]. Hier ist die weitere Beschwerde unter den in § 310 I erwähnten Voraussetzungen zulässig: Es muß sich um eine von den genannten Gerichten „auf die Beschwerde hin" erlassene Entscheidung handeln, die zudem Verhaftungen oder die einstweilige Unterbringung[6] betreffen muß[7]. Der Grund für die Privilegierung dieser in § 310 I genannten Beschlüsse liegt in ihrer materiellen Bedeutung: Verhaftung und einstweilige Unterbringung zeitigen weitreichende, häufig nicht mehr rückgängig zu machende und damit endgültige Folgen. Da sie darüber hinaus die persönliche Freiheit oft nur aufgrund eines Verdachts entziehen, sollen sie einer zweifachen kollegialgerichtlichen Prüfung und Beschlußfassungen unterliegen[8].

Die Absicht des Gesetzgebers — „die Bürgschaft einer zweifachen kollegialischen Beschlußfassung" —[9] hat in § 310 I ihren Ausdruck ge-

[1] Da es eine weitere sofortige Beschwerde nicht gibt, siehe oben C I 2 a, sind die auf sofortige Beschwerde hin ergehenden Entscheidungen stets unanfechtbar.

[2] Vgl. *Löwe / Rosenberg / Gollwitzer*, § 310, 1; *Henkel*, S. 370; *Gössel* § 36 D.

[3] Zu der dann möglicherweise eröffneten Verfassungsbeschwerde, vgl. BVerfG NJW 69, 1103 f.

[4] Vgl. *Peters*, Anm. zu OLG Braunschweig, JZ 53, 641 („Sicherung der Verfahrensbeschleunigung").

[5] Vgl. *Löwe / Rosenberg / Gollwitzer*, § 310, 11; *Ferdinand*, S. 81.

[6] s. hierzu u., II.

[7] Ohne diese Voraussetzungen ist die weitere Beschwerde z. B. gem. § 17 Hess. PresseG zulässig, vgl. dazu *Dorbritz*, NJW 71, 1209 f.

[8] So ausdrücklich die Motive, *Hahn*, S. 249; vgl. auch *Löwe / Rosenberg / Gollwitzer*, § 310, 11; OLG Braunschweig JR 65, 473 f.

[9] *Hahn*, S. 249.

funden. Nur die auf Beschwerde ergangene Beschlüsse der Landgerichte oder des nach § 120 III GVG zuständigen Oberlandesgerichts[10] sind der weiteren Beschwerde zugänglich[11]. Diese beiden Gerichte sind dann Beschwerdegerichte, wenn die Entscheidung eines einzelnen Richters angefochten worden ist. So entscheidet z. B. das Landgericht über Beschwerden gegen Entscheidungen des Richters am AG, während das genannte OLG zur Entscheidung über Beschwerden gegen Beschlüsse und Verfügungen des Ermittlungsrichters am OLG berufen ist. Hingegen erfaßt § 310 I dann nicht die Beschwerdeentscheidung des OLG, wenn der angefochtene Beschluß bereits vom LG stammt[12]. In dem Fall haben ja mit dem LG und dem OLG zwei Kollegialgerichte über den Gegenstand entschieden; damit aber ist der in § 310 I zum Ausdruck kommenden gesetzgeberischen Absicht Genüge getan.

Aus den in § 310 I normierten strengen Voraussetzungen ergibt sich zugleich, daß die weitere Beschwerde in anderen als den genannten Fällen nicht zulässig sein soll. § 310 I stellt eine Ausnahmevorschrift dar[13], weshalb sich eine ausdehnende Anwendung, etwa auf die vorläufige Entziehung der Fahrerlaubnis[14], verbietet.

## I. Die „auf die Beschwerde hin“ erlassenen Beschlüsse

Die von den genannten Gerichten stammenden Beschlüsse sind nur dann mit weiterer Beschwerde anfechtbar, wenn sie „auf die Beschwerde hin“ ergangen sind, § 310 I. Eine solche „auf die Beschwerde hin“ erlassene Entscheidung liegt vor, wenn der Beschluß des Beschwerdegerichts den gleichen Verfahrensgegenstand betrifft wie die Entscheidung des Erstgerichts[15], also aufgrund einer Beschwerde ergangen ist. Der Verfahrensgegenstand muß demnach, soll er überhaupt einer Anfechtung mittels weiterer Beschwerde zugänglich sein, bereits zweimal Gegenstand gerichtlicher Prüfung und Beschlußfassung gewe-

---

[10] Die weitere Beschwerde gegen Beschwerdebeschlüsse des nach § 120 III GVG zuständigen OLG wurde durch Art. 2 Nr. 13 des Gesetzes zur allgemeinen Einführung eines zweiten Rechtszuges in Staatsschutz-Strafsachen vom 8. 9. 1969 eingeführt. Damit sollte eine „Anpassung des für Staatsschutz-Strafsachen geltenden Verfahrensrechts an das allgemeine Verfahrensrecht erreicht“ werden, Begr. in BT Drucks. V/4086, S. 11; vgl. dazu *Kohlhaas* NJW 70, 20.

[11] Die weitere Beschwerde gegen Entscheidungen des LG's geht ans OLG, während im Fall des § 120 III GVG der BGH oder das BayObLG entscheidet.

[12] Vgl. *Löwe / Rosenberg / Gollwitzer*, § 310, 12; KMR, § 310, 3.

[13] Vgl. nur OLG Braunschweig JR 65, 474.

[14] Vgl. OLG Braunschweig NJW 62, 753.

[15] Vgl. OLG Hamm NJW 70, 2127 f.; *Löwe / Rosenberg / Gollwitzer*, § 310, 4; KMR, § 310, 1.

sen sein[16]; Erstgericht und Beschwerdegericht müssen über ein und dieselbe Sache entschieden haben. Maßgeblich dafür ist die gesamte Prozeßlage, wobei die beiden Entscheidungsformeln und die von den Betroffenen gestellten Anträge wesentliche Indizien sind[17]. Soweit sich der Verfahrensgegenstand im Instanzenzug nicht ändert, bleibt der Beschwerdebeschluß auch dann eine Entscheidung „auf die Beschwerde hin“, wenn das Beschwerdegericht den Sachverhalt eingehender als das Erstgericht aufgeklärt oder seiner Entscheidung andere rechtliche Gesichtspunkte zugrunde gelegt hat[18].

Hingegen handelt es sich nicht um eine die weitere Beschwerde eröffnende Entscheidung, wenn der Verfahrensgegenstand während des Instanzenzuges gewechselt hat[19]. Ein Sachverhalt, der durch das Beschwerdegericht erstmalig geprüft und beurteilt wird, führt zu einer im Verhältnis zum Erstgericht neuen Entscheidung[20]. Ein solcher, nicht in den Bereich des § 310 fallender Ausspruch kann etwa durch einen erstmals in der Beschwerdeinstanz gestellten Antrag[21] oder durch ein sonstiges Ereignis veranlaßt werden[22], sofern nur der Beschwerdegegenstand dadurch verändert wird.

Handelt es sich nach den dargestellten Grundsätzen um einen „auf die Beschwerde hin“ erlassenen Beschluß, so kann dieser nur noch unter den besonderen Voraussetzungen des § 310 I angefochten werden. Dies gilt auch dann, wenn das Rechtsmittelgericht als Berufungsgericht tätig werden wollte, also einen neuen, insoweit erstinstanzlichen und damit grundsätzlich beschwerdefähigen Beschluß erlassen wollte, in Wahrheit jedoch als Beschwerdegericht entschieden hat. Maßgeblich ist die tatsächliche Rechtslage, so daß die in Wahrheit „echte Beschwerdeentscheidung“ gem. § 310 II regelmäßig unanfechtbar ist[23]. Ist hingegen der Verfahrensgegenstand der Erstinstanz nicht mehr Thema der Beschwerdeentscheidung, liegt also insoweit tatsächlich eine neue, erstinstanzliche Entscheidung des Beschwerdegerichts vor, so fällt diese nicht unter § 310, sondern kann nach den allgemeinen Regeln der §§ 304 ff. gerügt werden. Dies ist etwa der Fall, wenn erstmals in der Berufungsinstanz über die Gewährung des Armenrechts entschieden

---

[16] Vgl. *Eb. Schmidt*, § 310, 1.

[17] Vgl. *Löwe / Rosenberg / Gollwitzer*, § 310, 4.

[18] Vgl. OLG Hamm, NJW 70, 2127 f.; *Löwe / Rosenberg / Gollwitzer*, § 310, 4; *Eb. Schmidt*, § 304, 2.

[19] Vgl. OLG Hamm, NJW 70, 2127 f.; KMR, § 310, 1 b.

[20] Vgl. *Eb. Schmidt*, § 310, 1.

[21] Vgl. BayObLGSt 52, 8; *Löwe / Rosenberg / Gollwitzer*, § 310, 10.

[22] z. B. durch den Erlaß eines Straffreiheitsgesetzes, vgl. BayObLGSt 51, 340; KMR, a.a.O.

[23] Vgl. OLG Hamm NJW 69, 149 f.

wird. Hier besteht kein Zweifel, daß diese Entscheidung eine erstinstanzliche ist, die der Anfechtung gem. § 304 unterliegt[24]. Dasselbe gilt, wenn das Rechtsmittelgericht die Beschwerde zurückweist, weil es die Beschwerdebefugnis verneint. Wird also etwa die Beschwerde des gesetzlichen Vertreters für unzulässig erklärt, weil das Beschwerdegericht den gesetzlichen Vertreter nicht als solchen anerkennt, so war die Rechtsmittelbefugnis des Beschwerdeführers nicht Gegenstand des erstinstanzlichen Verfahrens. Seine Legitimation stand erstmals in der Beschwerdeinstanz zur Beurteilung; der diesbezügliche Ausspruch des Beschwerdegerichts ist mit einfacher Beschwerde gemäß § 304 angreifbar. Umgekehrt liegt hingegen der folgende Fall[25]: Das Erstgericht weist den Antrag auf Gewährung des Armenrechts und auf Beiordnung eines Rechtsanwalts zurück. Die Beschwerde des Antragstellers hat insoweit Erfolg, als das Beschwerdegericht das Armenrecht gewährt, die Beiordnung eines Rechtsanwalts jedoch ablehnt. Das dagegen gerichtete Rechtsmittel ist unzulässig, weil der in Frage stehende Sachverhalt bereits Thema der erstinstanzlichen Entscheidung war, die rechtlichen Folgen bereits zweimal gerichtlich überprüft worden sind und eine der Ausnahmen des § 310 I (Verhaftung oder einstweilige Unterbringung) nicht vorliegt. Der Beschluß des Beschwerdegerichts war demnach eine „auf die Beschwerde hin“ ergangene Entscheidung.

Zu den nicht unter § 310 I fallenden Entscheidungen sind über die bisher gegebene Abgrenzung hinaus auch die Fälle zu zählen, in denen ein unzuständiges Erst- oder Beschwerdegericht tätig geworden ist. Die Begrenzung des Instanzenzuges erfordert, daß in beiden Instanzen die Entscheidung des sachlich zuständigen Gerichts gewährleistet ist[26]. Wird also gegen die Entscheidung eines sachlich unzuständigen Amtsgerichts auf Beschwerde ein Beschluß des erstinstanzlich zuständigen Landgerichts erlassen, so ergeht dieser Beschluß nicht „auf die Beschwerde hin“, sondern, so wie es die wahre Rechtslage erfordert, als Beschluß der ersten Instanz[27]. Das gilt auch, wenn das Landgericht, das erst in der Beschwerdeinstanz zuständig gewesen wäre, zu Unrecht als Gericht erster Instanz entschieden hat[28]. Andernfalls würde dem Betroffenen nämlich das Recht genommen, die ihn belastende Entscheidung zweimal durch das jeweils zuständige Gericht prüfen zu lassen[29]. § 310 ist also nicht anwendbar; die Beschwerde mit dem Ziel, die

[24] Vgl. OLG Oldenburg Nds. Rpfl. 56, 116.

[25] Vgl. OLG Bremen MDR 56, 55.

[26] Vgl. OLG Hamm NJW 72, 1725 f.; OLG Celle NJW 73, 1710; *Löwe / Rosenberg / Gollwitzer*, § 310, 6 f.; KMR, § 310, 1 b.

[27] Vgl. BayObLGSt 55, 19.

[28] Vgl. OLG Celle Nds. Rpfl. 52, 19.

[29] Ebenso OLG Hamm NJW 72, 1725 f.; OLG Celle NJW 73, 1710.

Entscheidung des zuständigen Gerichts herbeizuführen, ist gem. §§ 304 ff. zulässig[30, 31].

Im Gegensatz zur weiteren Beschwerde gem. § 568 II ZPO erfordert § 310 I nicht, daß die Beschwerdeentscheidung einen neuen, selbständig belastenden Ausspruch enthält. Wenn § 568 II ZPO einen selbständigen Beschwerdegrund verlangt, die Beschwerdeentscheidung also inhaltlich anders sein muß als die Erstentscheidung, so trifft dies auf das Beschwerderecht der StPO nicht zu. Hier ist die weitere Beschwerde bei Vorliegen der sonstigen Voraussetzungen des § 310 I auch dann zulässig, wenn die Entscheidungen des Erst- und des Beschwerdegerichts übereinstimmen[32]. Umgekehrt kann aber auch eine abändernde Entscheidung des Beschwerdegerichts nicht die weitere Beschwerde für den Beschwerdegegner eröffnen, wenn § 310 I ansonsten nicht erfüllt ist. Die für den Beschwerdegegner nunmehr nachteilige Entscheidung bleibt ein Beschluß „auf die Beschwerde hin" und nimmt nicht den Charakter einer für ihn erstinstanzlichen Entscheidung an. Er muß sich mit ihr zufrieden geben, obwohl er hinsichtlich der Erstentscheidung keine Veranlassung hatte sich zu beschweren[33]. Die Zulässigkeit der weiteren Beschwerde ist demnach für alle Beteiligten objektiv und einheitlich zu beurteilen. Jedoch sorgen die §§ 308 I 1, 311 a für ein auch dem Beschwerdegegner gerecht werdendes Verfahren, indem sie die Berücksichtigung seines Vorbringens bei der Beschwerdeentscheidung gewährleisten[34].

## II. Verhaftungen und einstweilige Unterbringungen

### 1. Die Problematik

Letzte Voraussetzung für die Zulässigkeit der weiteren Beschwerde ist, daß die von den genannten Gerichten „auf die Beschwerde hin" erlassenen Beschlüsse „Verhaftungen[35] oder die einstweilige Unterbrin-

[30] Wie hier *Löwe / Rosenberg / Gollwitzer*, § 310, 6 f.; KMR, § 310, 1 b.

[31] Hingegen hat sich der Streit, ob die entgegen § 308 I ohne Gewährung des rechtlichen Gehörs ergangene Beschwerdeentscheidung trotz § 310 II die weitere Beschwerde eröffnet, durch die Möglichkeit eines Nachverfahrens gem. § 311 a erledigt, vgl. OLG Karlsruhe NJW 72, 653; *Löwe / Rosenberg / Gollwitzer*, § 310, 23; *Eb. Schmidt*, Nachtrag I, § 310, 2; *Peters*, S. 117, 549; *Roxin*, § 55 E; *Dahs*, Gehör, S. 108 f.; zum Streitstand vor Einfügung des § 311 a, vgl. OLG Braunschweig JZ 53, 640; zum Ganzen siehe auch unter 2. Teil, D I 1 c.

[32] Vgl. OLG Neustadt JZ 52, 310; BayObLG JZ 52, 436; *Löwe / Rosenberg / Gollwitzer*, § 310, 9; *Peters*, S. 549; *Ferdinand*, S. 86.

[33] Vgl. OLG Hamm GA 76, 58; GA 62, 381; OLG Karlsruhe Justiz 74, 98; OLG Neustadt NJW 60, 257; *Löwe / Rosenberg / Gollwitzer*, § 310, 9; *Eb. Schmidt*, Nachtrag I, § 310, 2; KMR, § 310, 1 a; *Kleinknecht*, § 310, 1; *Erbs*, § 310, 1.

[34] Siehe dazu unten, 2. Teil, D I 1.

gung betreffen". Wegen der großen Tragweite dieser Anordnungen soll bei ihnen eine weitere Instanz eröffnet sein, so daß der Betroffene eine zweifache kollegialgerichtliche Beschlußfassung erreichen kann. Allerdings ist im Hinblick auf die Reichweite dieser doppelten Garantie manches unklar, wobei insbesondere die Auslegung des Begriffs der „Verhaftung" erhebliche Schwierigkeiten bereitet. Eindeutig ist insoweit nur, daß unter § 310 I zunächst alle Entscheidungen fallen, die unmittelbar den Erlaß oder den Bestand eines Haftbefehls i. S. d. §§ 112 ff. zum Inhalt haben[36]. Umgekehrt werden durch das Erfordernis der Unmittelbarkeit diejenigen Grundrechtseingriffe ausgeschieden, die erst den zum Erlaß eines Haftbefehls erforderlichen Tatverdacht ergeben[37].

Im übrigen aber ist weitgehend ungeklärt, wie weit der Anwendungsbereich des § 310 I zu fassen ist. Die Rechtsprechung und das ihr folgende Schrifttum bieten bei der Frage, welche gesetzlichen Fälle der Verhaftung die weitere Beschwerde eröffnen, ein verwirrendes Bild. So wird etwa nicht nur die Anordnung der Untersuchungshaft gem. §§ 112 ff. unter § 310 I subsumiert, sondern auch der gegen den ausgebliebenen Angeklagten nach §§ 230 II, 2. Alt., 236, 2. Alt. verfügte Haftbefehl[38]. Umgekehrt soll jedoch der gleichermaßen ausgebliebene Zeuge, gegen den Zwangshaft gem. § 51 I festgesetzt worden ist, sich nicht nochmals beschweren dürfen[39]. Bei bestimmten Entscheidungen aufgrund der §§ 116, 117 wird hingegen wieder der doppelte Gerichtsschutz gewährt[40], während es andererseits etwa beim Sicherungshaft-

[35] Da unter „Verhaftung" gemeinhin nur der tatsächliche Akt der Ergreifung aufgrund eines bereits erlassenen Haftbefehls verstanden wird, vgl. *Roxin*, § 30 C I, verwendet § 310 I diesen Begriff im Sinne der Untersuchungshaft. Daher ist die weitere Beschwerde auch zulässig, wenn der Haftbefehl noch nicht vollzogen, der Beschuldigte im engen Wortsinn also noch nicht verhaftet ist.

[36] Vgl. OLG Düsseldorf NJW 77, 968; OLG Frankfurt NJW 73, 209; OLG Hamburg NJW 63, 1167; *Löwe / Rosenberg / Gollwitzer*, § 310, 11; KMR, § 310, 2; *Kleinknecht*, § 310, 2 (alle Entscheidungen, die die Frage, ob der Beschuldigte „in Haft zu nehmen oder zu halten sei, unmittelbar zum Gegenstand haben").

[37] Vgl. KG JR 67, 192: Hat sich erst aus der Beschlagnahme von Belastungsmaterial der dringende Tatverdacht zum Erlaß eines Haftbefehls ergeben, so ist gegen die Beschlagnahme die weitere Beschwerde nicht zulässig.

[38] Vgl. OLG Düsseldorf NJW 77, 968; OLG Hamm NJW 74, 511; OLG Karlsruhe NJW 69, 1546; *Löwe / Rosenberg / Gollwitzer*, § 310, 16; *Eb. Schmidt*, § 310, 3; KMR, § 310; 2 a; *Kleinknecht*, § 230, 14; § 236, 3.

[39] Vgl. BayObLGSt 7, 297; KG GA 53, 180; *Eb. Schmidt*, § 310, 4, KMR, § 310, 2; *Kleinknecht*, § 310, 3. Gleiches gilt n. d. h. M. in den Fällen der §§ 70 I, II, 95 II.

[40] Vgl. *Löwe / Rosenberg / Gollwitzer*, § 310, 12; *Kleinknecht*, § 117, 2; *Roxin*, § 30 G I 3. *Roxin* weist zu Recht darauf hin, daß das Nebeneinander von Haftprüfungs- und Beschwerdeverfahren „verwirrend und überflüssig" ist.

befehl gem. § 453 c mit der einfachen Beschwerde sein Bewenden haben soll[41]. Diese wenigen Beispiele zeigen bereits, daß die h. M. den Wortlaut des § 310 I weitgehend unbeachtet läßt. Sie interpretiert den Begriff der „Verhaftung" je nach Art des zu entscheidenden Einzelfalls höchst uneinheitlich. Einerseits beschränkt sie die weitere Beschwerde nicht nach dem Grundsatz der engsten Auslegung allein auf diejenigen Fälle der Verhaftung, die den Vorschriften über die Untersuchungshaft unterliegen. Andererseits geht sie aber auch nicht so weit, den § 310 I unter Verzicht auf diese Formalinterpretation auf alle gesetzlichen Fälle einer Freiheitsentziehung anzuwenden. Vielmehr entscheidet sie, zumeist ohne nähere Begründung, mal nach der einen und dann wieder nach der anderen denkbaren Interpretationsmöglichkeit. Diese mehr oder minder willkürliche Vernachlässigung, bzw. Respektierung des Wortlauts ist jedoch methodisch nicht befriedigend.

### 2. Die Auslegung des § 310 I

Die Auslegung des § 310 I hat sich zunächst an seinem Wortlaut zu orientieren. Die Vorschrift unterstellt diejenigen Beschlüsse der weiteren Beschwerde, die „Verhaftungen ... betreffen". Der Text eröffnet damit den Weg zu den bereits aufgezeigten Interpretationsmöglichkeiten. Es wäre denkbar, daß § 310 I nur diejenigen Maßnahmen der Verhaftung erfaßt, die das Gesetz im Abschnitt über die Untersuchungshaft ausdrücklich regelt. Dieses enge Verständnis würde aber dem Wortlaut der Vorschrift nicht gerecht. Das Gesetz spricht gerade nicht von Verhaftungen i. S. d. §§ 112 ff. o. ä.: es engt den Begriff der Verhaftung in keiner Weise ein. Dann aber kann auch der Wortlaut nicht dafür herhalten, die weitere Beschwerde auf bestimmte Maßnahmen der Verhaftung zu begrenzen. Die uneingeschränkte Verwendung des Begriffs indiziert vielmehr die Annahme, § 310 I auch auf diejenigen gesetzlich normierten Fälle der Haft anzuwenden, die über die §§ 112 ff. hinausgehen. Damit aber steht der Weg offen, auch etwa die Zwangshaft oder die Sicherungshaft in den Bereich der weiteren Beschwerde einzubeziehen. Der Wortlaut steht diesem Verständnis des § 310 I jedenfalls nicht entgegen.

Neben dem Wortlaut fordern vor allem aber Sinn und Zweck des § 310 I eine weite Auslegung des Begriffs der „Verhaftung". Wegen der großen Tragweite der freiheitsentziehenden Maßnahmen soll dem Betroffenen eine möglichst umfassende gerichtliche Kontrolle gewährleistet sein. Auch der Gesetzgeber sah den Grund des § 310 I „in der materiellen Bedeutung, welche den die Entziehung der persönlichen

---

[41] Vgl. OLG Düsseldorf, NJW 77, 968; OLG Bamberg NJW 75, 1526; OLG Stuttgart MDR 75, 951; *Kleinknecht*, § 310, 3; § 453 c, 8.

Freiheit betreffenden Entscheidungen beiwohnt und die Bürgschaft einer zweifachen kollegialischen Beschlußfassung erheischt"[42]. Der Entzug der persönlichen Freiheit bringt einschneidende Folgen für den Betroffenen und seine Familie mit sich. Er bedeutet das plötzliche Herausreißen aus der Familie und dem Beruf und nimmt dem Betroffenen die Möglichkeit, für sich und seine Angehörigen zu sorgen; er zieht also u. U. erhebliche wirtschaftliche Gefahren nach sich. Die Haft kann darüber hinaus zu einer Einbuße an Ehre und Ansehen führen, wobei auf die Gefahr einer Diskriminierung und auf die psychischen Auswirkungen nur hingewiesen werden soll. Die materielle Bedeutung, von der die Motive sprechen, liegt also letztlich in den weitreichenden, häufig nicht mehr rückgängig zu machenden und damit endgültigen Folgen des Freiheitsentzuges. Diese Folgen treten aber nicht nur bei der Untersuchungshaft i. S. d. §§ 112 ff., sondern bei jeder freiheitsentziehenden Maßnahme ein. Die familiären Kontakte und die wirtschaftliche Betätigung etwa eines in Ordnungshaft genommenen Zeugen werden ebenso eingeschränkt wie sein Ansehen tangiert sein kann. Sein Grundrecht auf Freiheit der Person wird wie das des Untersuchungshäftlings beeinträchtigt, zumal auch das Grundgesetz in den Art. 2 II, 104 keinen Unterschied nach der Art des Freiheitsentzuges macht[43]. Dann aber entfällt jeder Grund, § 310 I von vornherein auf bestimmte Formen der Freiheitsentziehung zu begrenzen. Vielmehr erfordert es der Zweck des § 310 I, die weitere Beschwerde bei allen schwerwiegenden Eingriffen in die persönliche Freiheit zuzulassen. Nicht umsonst sprechen auch die Motive[44] allgemein von den „Entscheidungen", die „die Entziehung der persönlichen Freiheit" betreffen.

Zusammenfassend ist festzustellen, daß Wortlaut und ratio des § 310 I einer Beschränkung der weiteren Beschwerde auf die „Verhaftung" im strengen Sinne der §§ 112 ff. entgegenstehen. Die Rspr., die andere im Gesetz erwähnte Maßnahmen der Verhaftung weitgehend ausscheidet, ist damit überprüfungsbedürftig. Eine Darstellung wichtiger Einzelfälle wird zeigen, daß die weitere Beschwerde über die bisher anerkannten Entscheidungen hinaus zuzulassen ist.

### 3. Einzelfälle der weiteren Beschwerde

a) Unstreitig ist, daß zunächst die Anordnung der Untersuchungshaft nach §§ 112 ff., 114 sowie die Entscheidung gem. § 126 a in den Bereich des § 310 I fallen[45]. Auch die Haftbefehle gem. § 230 II, 2. Alt., 236,

---

[42] Vgl. *Hahn*, S. 249.

[43] Vgl. *Maunz*, § 15 III 3.

[44] *Hahn*, S. 249.

[45] Vgl. nur *Löwe / Rosenberg / Gollwitzer*, § 310, 12; KMR, § 310, 2 a; *Eb. Schmidt*, § 310, 3.

2. Alt. werden zu Recht unter § 310 I subsumiert[46], zumal auf sie die Regeln der §§ 112 ff. zum Teil Anwendung finden[47]. Schließlich besteht Einigkeit, daß die Entscheidungen bei der Haftprüfung, § 117, die weitere Beschwerde eröffnen, soweit sie die Aufrechterhaltung der Untersuchungshaft feststellen[48]. Hingegen ist bei den auf § 116 beruhenden Maßnahmen umstritten, wieweit sie der weiteren Beschwerde unterliegen. Richtigerweise ist zu differenzieren: Zieht die Anordnung die Fortdauer der Freiheitsentziehung nach sich, so tangiert sie das durch § 310 I geschützte Rechtsgut und es entfällt jeder Grund, die weitere Beschwerde nicht zuzulassen[49]. Regelt sie jedoch nicht die Frage, ob der Beschuldigte in Haft zu nehmen oder zu halten ist, bleibt dieser also unabhängig vom Erfolg seiner Beschwerde auf jeden Fall in Freiheit, so ist § 310 I nicht anzuwenden[50]. Die Entscheidung betrifft dann nicht die Verhaftung der Beschuldigten, sondern allein die Ausgestaltung seines Lebens in Freiheit. Die bei der Haftverschonung angeordneten Auflagen können daher für sich allein nicht Gegenstand der weiteren Beschwerde sein[51]. Erst wenn der Beschuldigte gegen die Auflagen verstößt und deshalb der Vollzug des Haftbefehls angeordnet wird, § 116 IV, betrifft diese Entscheidung eine Verhaftung i. S. d. § 310 I. Die bei Vorliegen der in § 115 IV Nr. 1 bis 3 genannten Voraussetzungen obligatorische Anordnung des Vollzuges ist deshalb mit weiterer Beschwerde anfechtbar[52].

b) Im Gegensatz zur Vorführungshaft fällt die bloße Vorführungsanordnung nicht in den Bereich der weiteren Beschwerde. Schon der Wortlaut der §§ 134 I, 230 II 1. Alt., 236, 1. Alt., 231 I 2 steht einer Anwendung des § 310 I entgegen. Zudem sind diese Maßnahmen Mittel des unmittelbaren Zwangs, die lediglich eine Freiheitsbeschränkung, d. h. einen Eingriff geringerer Intensität beinhalten[53]. Auch bei einer

---

[46] Vgl. OLG Düsseldorf NJW 77, 968; OLG Hamm NJW 74, 511; OLG Karlsruhe NJW 69, 1546; *Löwe / Rosenberg / Gollwitzer*, § 310, 16; *Eb. Schmidt*, § 310, 3; KMR, § 310, 2 a; *Kleinknecht*, §§ 230, 14; 236, 3.

[47] Vgl. nur KG GA 72, 127; *Kleinknecht*, § 230, 10.

[48] Vgl. *Löwe / Rosenberg / Gollwitzer*, § 310, 12; *Kleinknecht*, § 117, 2; *Kern / Roxin*, § 30 G I 3.

[49] Vgl. OLG Frankfurt NJW 73, 203 f.; *Löwe / Rosenberg*, § 310, 13; *Kleinknecht*, § 310, 2; a. A. aber wohl *Kleinknecht*, § 116, 31.

[50] Vgl. OLG Frankfurt, NJW 73, 203 f.; *Löwe / Rosenberg / Gollwitzer*, § 310, 13.

[51] Vgl. auch BGH NJW 73, 664; der BGH hat entschieden, daß die Auflagenanordnung für sich allein keine Verhaftung i. S. d. § 304 IV 2, Nr. 1 betrifft und daß § 310 I wie § 304 IV 2, Nr. 1 aufzulegen ist; zu § 304 IV, s. u., 1. Teil, G I 3.

[52] Ebenso OLG Frankfurt, NJW 73, 203 f.

[53] Vgl. OLG Celle MDR 66, 1022; NJW 57, 393; OLG Köln MDR 52, 378; *Löwe / Rosenberg / Gollwitzer*, § 310, 16; KMR, § 310, 2 b; *Eb. Schmidt*, § 310, 4; *Kleinknecht*, § 310, 3.

Entscheidung, die eine Sicherheit für verfallen erklärt, § 124, bildet der Entzug der persönlichen Freiheit selbst nicht den Gegenstand des Verfahrens[54]. Dasselbe gilt bei der die Modalitäten der Untersuchungshaft regelnden Anordnung, §§ 119, 148[55]. Die Frage des Wie der Untersuchungshaft läßt die Tatsache der Freiheitsentziehung als solche unberührt, ja setzt diese geradezu voraus. Diese Maßnahmen beschweren den Betroffenen meist nicht einmal so sehr wie andere Grundrechtseingriffe, gegen die ja auch keine weitere Beschwerde möglich ist.

c) Fraglich ist allerdings, wie der Vollstreckungshaftbefehl gem. § 457 und der Sicherungshaftbefehl n. § 453 c im Hinblick auf § 310 I zu beurteilen sind.

Beim Vollstreckungshaftbefehl wird vielfach die Auffassung vertreten, daß er nicht mit der weiteren Beschwerde angreifbar sei[56]. Diese Ansicht setzt allerdings voraus, daß die Maßnahme überhaupt in den Anwendungsbereich der strafprozessualen Beschwerde fällt. Das ist jedoch nicht der Fall. Die Anordnung gem. § 457 wird von der Staatsanwaltschaft als Vollstreckungsbehörde, § 451, erlassen. Gegen diesen eigenständigen Eingriff der Staatsanwaltschaft sieht die StPO einen Antrag auf gerichtliche Entscheidung nicht vor[57]. Mangels einer strafprozessualen Rechtsschutzregelung gelten daher die §§ 23 ff. EGGVG[58]. Der Vollstreckungshaftbefehl unterliegt folglich nicht den §§ 304 ff., so daß sich die Frage einer weiteren Beschwerde gar nicht stellt.

Auch gegen den Sicherungshaftbefehl, § 453 c, läßt die h. M.[59] eine weitere Beschwerde nicht zu. Sie stellt dabei auf den Unterschied zwischen Sicherungshaftbefehl und Haftbefehl gem. §§ 112 ff. ab. Die Maßnahme n. § 453 c beruhe nicht allein auf Verdachtsmomenten, sondern setze ein rechtskräftiges Strafurteil voraus. Während die Untersuchungshaft gem. §§ 112 ff. in einem noch nicht abgeschlossenen Strafverfahren angeordnet werde, stehe bei Anwendung des § 453 c die Schuld des Täters rechtskräftig fest[60]. Im Zuge des Prozesses sei für den Betroffenen zudem die Möglichkeit zweimaliger kollegialgerichtlicher Prüfung und Entscheidung gegeben.

---

[54] Vgl. OLG Hamm NJW 63, 1264; *Kleinknecht*, § 124, 5.

[55] Vgl. OLG Hamburg GA 66, 187; OLG Braunschweig Nds. Rpfl. 55, 119; *Löwe / Rosenberg / Gollwitzer*, § 310, 18; *Kleinknecht*, § 119, 43; *Roxin*, § 30 D II 3 c.

[56] Vgl. OLG Düsseldorf NJW 77, 968; OLG Hamm NJW 74, 511; *Eb. Schmidt*, § 310, 4; KMR, § 310, 2 b; *Ferdinand*, S. 84.

[57] Anders als bei den §§ 458 II, 459 h, 462.

[58] Ebenso OLG Hamm NJW 68, 169; *Kleinknecht*, § 457, 12; *Amelung*, S. 35.

[59] Vgl. OLG Düsseldorf, NJW 77, 968; OLG Bamberg, NJW 75, 1526; OLG Stuttgart MDR 75, 951; *Löwe / Rosenberg / Gollwitzer*, § 310, 19; *Kleinknecht*, § 310, 3; § 423 c, 8.

[60] Vgl. nur OLG Düsseldorf, NJW 77, 968.

Dieser Auffassung ist zunächst entgegenzuhalten, daß sie sich über den Wortlaut des § 310 I hinwegsetzt. Es wurde bereits darauf hingewiesen[61], daß der Gesetzestext nicht zwischen bestimmten Formen der Verhaftung unterscheidet. Bei unvoreingenommener Betrachtung erfaßt der Wortlaut der Vorschrift dann aber auch den Erlaß eines Haftbefehls gem. § 453 c. Darüber hinaus erscheint nicht stichhaltig, daß die h. M. den Ausschluß der weiteren Beschwerde mit der bereits rechtskräftigen Verurteilung des Betroffenen begründet. Aus den Motiven läßt sich diese Einschränkung des § 310 I nicht herleiten. Sie unterscheiden nicht zwischen der Verhaftung aufgrund eines Verdachts, §§ 112 ff., und dem Haftbefehl nach Abschluß des Strafverfahrens, sondern stellen allein auf die materielle Bedeutung der Freiheitsentziehung ab[62]. Die große Tragweite des Sicherungshaftbefehls verdeutlicht aber bereits ein Blick in das Gesetz. Das Gericht darf die Anordnung nämlich nur treffen, wenn mildere Mittel, wie etwa eine Meldepflicht, nicht ausreichen und zudem die Voraussetzungen des § 112 II Nr. 1 oder 2 (Flucht oder Fluchtgefahr) vorliegen. Schließlich gelten gem. § 453 c II 2 für die Vollziehung der Sicherungshaft die Vorschriften über die Untersuchungshaft. Das Gesetz unterstellt den Sicherungshaftbefehl gerade wegen seiner erheblichen Bedeutung weitgehend den §§ 112 ff. Wie bei der Untersuchungshaft bedarf es dann aber auch bei der einschneidenden Maßnahme gem. § 453 c des zweifachen gerichtlichen Rechtsschutzes. Dies gilt um so mehr, als zwischen dem Urteile und dem Haftbefehl neue Gesichtspunkte auftreten können, die gerade beim Sicherungshaftbefehl das ausschlaggebende Moment darstellen. Dann aber überzeugt es nicht, wenn bei der so schwierigen und vollzugspsychologisch problematischen Entscheidung gem. § 453 c auf das Strafurteil als Richtigkeitsgarantie verwiesen wird.

d) Zu untersuchen bleibt, wie die vom Strafrichter gem. §§ 51 I, 70 I, II, 95 II angeordnete Zwangshaft im Hinblick auf § 310 zu beurteilen ist. Es fragt sich, ob die Entscheidung über die Beschwerde des unentschuldigt ausgebliebenen, das Zeugnis oder die Herausgabe verweigernden Zeugen gegen die daraufhin festgesetzte Zwangshaft mit weiterer Beschwerde anfechtbar ist, ob diese Entscheidung eine Verhaftung i. S. d. § 310 I betrifft. Dies wird in Lit.[63] und Rspr.[64] zumeist ohne jede Begründung verneint: § 310 I könne auf Haftstrafen gegen dritte Personen nicht angewandt werden. Diese Auffassung stößt jedoch auf Bedenken. Zum einen handelt es sich auch bei der aufgrund der §§ 51, 70, 95 angeordneten Zwangshaft um einen äußerst empfindlichen Ein-

---

[61] s. o., 2.

[62] s. o., 2.

[63] Vgl. *Eb. Schmidt*, § 310, 4; KMR, § 310, 2 b; *Kleinknecht*, § 310, 3; § 71, 9.

[64] Vgl. BayObLGSt 7, 297; KG GA 53, 180.

griff in die persönliche Freiheit; immerhin ist eine Freiheitsentziehung bis zu sechs Wochen gestattet, Art. 6 II EGStGB, so daß diese Normen bei historischer und teleologischer Auslegung des § 310 I durchaus in den Anwendungsbereich dieser Vorschrift fallen. Weiterhin erscheint die Privilegierung des Angeklagten gegenüber dem Zeugen willkürlich; §§ 230 II, 2. Alt., 236, 2. Alt. werden von der h. M. ja zu Recht unter § 310 I subsumiert[65]. § 305, S. 2 unterscheidet nicht zwischen dem von einer Verhaftung betroffenen Angeklagten und dem ebenso beschwerten Zeugen. Auch die Motive geben für die von der h. M. vorgenommenen Differenzierung nichts her. Wie gezeigt[66], begründen sie die Ausnahmevorschrift des § 310 I allgemein mit der erheblichen Tragweite, die jede freiheitsentziehende Maßnahme entfaltet. Für den Zeugen hat aber der ihn treffende Freiheitsentzug das gleiche materielle Gewicht wie für den Beschuldigten; die „Bürgschaft einer zweifachen kollegialischen Beschlußfassung" erscheint hier deshalb ebenso geboten wie bei der Untersuchungshaft. Diese gilt um so mehr, als auch der Wortlaut des § 310 I der hier vertretenen Auffassung nicht entgegensteht[67]. Selbst die h. M. versteht unter dem Begriff der Verhaftung nicht nur eine solche i. S. d. § 112[68]. Ist damit aber bereits die einschränkende Formalinterpretation des § 310 I aufgegeben, so können durchaus auch andere schwerwiegende Freiheitsentziehungen in den Bereich der weiteren Beschwerde einbezogen werden. Es ist deshalb festzustellen, daß eine Beschwerdeentscheidung, die etwa die gegen einen ausgebliebenen Zeugen festgesetzte Zwangshaft bestätigt, der Anfechtung mittels weiterer Beschwerde unterliegt[69]. Dasselbe gilt in den Fällen der §§ 70, 95.

e) Eine aufgrund der unter § 319 I fallenden Vorschriften ergangene Beschwerdeentscheidung soll nach h. M.[70] eine Verhaftung auch dann betreffen, wenn durch sie der Erlaß eines Haftbefehls abgelehnt wird. Jedoch erscheint dies, gemessen am Willen des historischen Gesetzgebers, nicht konsequent. Der Sinn des § 310 I liegt doch darin, gerade dem Beschuldigten umfangreichen Rechtsschutz zu gewähren, weil für ihn der Entzug der persönlichen Freiheit erhebliche materielle Bedeu-

---

[65] s. o. bei Fußnote 46.

[66] s. o. bei Fußnote 42.

[67] s. o., 2.

[68] s. o., bei Fußnote 38.

[69] Auch *Löwe / Rosenberg / Gollwitzer*, § 310, 17, halten diese Frage für „prüfungsbedürftig" und werfen der Rspr. vor, wegen der von ihr selbst zugelassenen Ausnahmen „letztlich nicht konsequent" zu sein. Vgl. auch *Ferdinand*, S. 85, der de lege ferenda bezüglich der Zeugniszwangshaft die hier vertretene Auffassung vorschlägt.

[70] Vgl. OLG Stuttgart JR 67, 431; *Löwe / Rosenberg / Gollwitzer*, § 310, 11; *Eb. Schmidt*, Nachtrag I, § 310, 3; *Kleinknecht*, § 310, 2; *ders.*, Anmerkung zu OLG Braunschweig JR 65, 474 f.

tung hat. Diese Absicht wird von der h. M. aber geradezu in ihr Gegenteil verkehrt, weil durch sie der Schutz des Betroffenen eine Einschränkung erleidet. § 310 I will dem Betroffenen die Möglichkeit eröffnen, die vom Beschwerdegericht angeordnete Verhaftung mittels weiterer Beschwerde doch noch abzuwenden. Die Motive sprechen ausdrücklich von den „die Entziehung" der persönlichen Freiheit betreffenden Maßnahmen. Ist aber auch bei der Ablehnung der Freiheitsentziehung die weitere Beschwerde zulässig, so hätte die Staatsanwaltschaft die Möglichkeit, die Verhaftung zu Lasten des Beschuldigten und abweichend von bereits vorliegenden richterlichen Entscheidungen doch noch herbeizuführen. Das aber würde der auf den Schutz des Betroffenen bedachten Absicht des Gesetzgebers zuwider laufen. Zuzugeben ist allerdings, daß der Wortlaut des § 310 I auch die eine Verhaftung ablehnende Entscheidung erfaßt. Nur hat insoweit die ratio der Vorschrift in ihrem Text nicht den entsprechenden Niederschlag gefunden. Der Sinn des § 310 I besteht nämlich gerade nicht darin, beiden Seiten, also auch der Staatsanwaltschaft, eine Anfechtungsmöglichkeit zu geben[71]. Der materielle Stellenwert der Freiheitsentziehung, von dem Motive sprechen, ist vielmehr nicht objektiv, sondern allein aus der Sicht des Betroffenen zu bestimmen[72], so daß eine die Untersuchungshaft ablehnende Entscheidung es gar nicht erforderlich macht, erneut über seinen Rechtsschutz zu befinden.

Im übrigen besteht auch kein praktisches Bedürfnis, in diesen Fällen der Staatsanwaltschaft die weitere Beschwerde zu eröffnen. Es bleibt ihr unbenommen, jederzeit erneut den Erlaß eines Haftbefehls zu beantragen und die Ablehnung ihres Antrages durch das Amtsgericht abermals mit der Beschwerde anzufechten[73]. Hinzukommt, daß selbst durch eine weitere Beschwerde der Staatsanwaltschaft die Freilassung des vom Landgericht positiv beschiedenen Beschuldigten nicht hinausgeschoben werden darf, § 120 II. Das nochmalige Rechtsmittel bringt ihr daher auch keinen praktischen Vorteil, wenn der Beschuldigte die Aufhebung des Haftbefehls zur Flucht nutzen will. Schließlich stellt die Unzulässigkeit der weiteren Beschwerde seitens der Staatsanwaltschaft

---

[71] Soweit ersichtlich, ist diese Auffassung bisher allein vom OLG Braunschweig JR 65, 473 f. vertreten worden.

[72] Wenn *Kleinknecht,* Anmerkung zu OLG Braunschweig, a.a.O., meint, jede Beschwerdeentscheidung betreffe die Verhaftung unabhängig von ihrem Ergebnis und dabei vor allem auf die Ausdrucksweise des Gesetzes abstellt, so argumentiert er allein vom Wortlaut des § 310 I aus, ohne den Sinn der Vorschrift zu berücksichtigen. Im übrigen räumt *Kleinknecht,* a.a.O., selber ein, daß § 310 I in dem Bestreben geschaffen wurde, „dem Beschuldigten möglichst viel Rechtsgarantien zu geben".

[73] Ein neuer Haftbefehl darf allerdings nur aufgrund neuer Tatsachen oder Beweise erlassen werden, vgl. nur OLG Düsseldorf MDR 74, 686; *Kleinknecht,* § 120, 5.

auch keine Verletzung der „Waffengleichheit“ dar. Dies zeigt ein Blick auf die §§ 28, 46, 201: Im Bereich der Beschwerde ist eine Gleichstellung der Verfahrensbeteiligten vom Gesetz nicht allgemein vorgesehen[74].

[74] Vgl. OLG Braunschweig, JR 75, 473 f., das auch zu Recht darauf hinweist, daß sogar gegen die vom Standpunkt der Staatsanwaltschaft bedeutsamere Ablehnung der Hauptverfahrenseröffnung eine dritte Instanz nicht gegeben ist.

## E. Die Beschwerdegründe und die Beschränkung der Beschwerde

Es wurde bereits darauf hingewiesen[1], daß bezüglich der Rechtsmittelbegründung und -beschränkung zwischen der Beschwerde und der Berufung wesentliche Ähnlichkeiten bestehen. Während das Gesetz insoweit bei der Berufung in den §§ 317, 318, 323 II, 327 zumindest einige Hinweise gibt[2], fehlt es im Bereich der Beschwerde an jeglicher gesetzlicher Regelung. Die darzustellenden Grundsätze sind deshalb im wesentlichen durch die Rechtsprechung und die Lehre entwickelt worden. Diese haben sich dabei jedoch stark an den genannten Vorschriften orientiert, was wegen der aufgezeigten Wesensverwandtheit von Berufung und Beschwerde auch geboten erscheint[3].

### I. Die Beschwerdebegründung

Auch im Beschwerderecht gilt, was § 317 für die Berufung[4] bestimmt. Die Beschwerde[5] kann begründet werden, sie muß es aber nicht[6]. Das Gesetz schreibt eine Rechtfertigung der Beschwerde nicht zwingend vor[7]. Entschließt sich der Beschwerdeführer aber zu einer Begründung[8], so kann er Fehler jeglicher Art beanstanden[9]. Jedoch ist auch ohne Rechtfertigung der Beschwerde das Gericht von Amts wegen verpflichtet, den Streitgegenstand in vollem Umfang nachzuprüfen[10]. Eine Aus-

---

[1] Siehe oben A II 2 a.

[2] Die Berufung kann begründet werden, § 317, wobei die Einführung neuer Beweismittel zulässig ist, § 323 III. Sie kann auch auf bestimmte Beschwerdepunkte beschränkt werden, § 318, S. 1, anderenfalls der ganze Inhalt des Urteils als angefochten gilt, § 318, S. 2; ist eine Beschränkung der Anfechtung erfolgt, so unterliegt das Urteil der Prüfung des Gerichts nur, soweit es angefochten ist, § 327.

[3] So schon *v. Kries*, S. 370.

[4] Hingegen ist bei der Revision eine Begründung obligatorisch, § 344.

[5] Dies gilt gleichermaßen für die einfache, weitere und sofortige Beschwerde, vgl. *Löwe / Rosenberg / Gollwitzer*, 13 vor § 304; § 311, 6.

[6] Vgl. *Löwe / Rosenberg / Gollwitzer*, 13 vor § 304; § 306, 13; KMR, § 304, 3; *Kleinknecht*, § 306, 4; *Peters*, S. 549.

[7] Vgl. aber Nr. 156 RiStBV, wonach der Staatsanwalt jedes von ihm eingelegte Rechtsmittel begründen muß.

[8] Was „im Interesse einer zweckmäßigen Rechtswahrung" zu empfehlen ist, vgl. *Löwe / Rosenberg / Gollwitzer*, 13 vor § 304; *Kleinknecht*, § 306, 4.

[9] Vgl. OLG München JR 74, 204 mit Anm. *Gollwitzer; Peters*, S. 549.

[10] Vgl. *Löwe / Rosenberg / Gollwitzer*, § 311, 6; *Eb. Schmidt*, § 304, 10; *Henkel*, S. 370; *Roxin*, § 55 A; *Gössel*, § 36 C I.

nahme besteht insoweit nur bei § 305 a; das Beschwerdegericht ist hier lediglich zu einer Rechtmäßigkeitskontrolle befugt[11].

Die mit der Beschwerde gerügten Fehler der Erstentscheidung können verschiedenster Natur sein. Der Rechtsmittelführer kann bemängeln, daß das Erstgericht — und im Falle der weiteren Beschwerde auch das Beschwerdegericht — das Recht unrichtig angewendet habe; er kann aber auch einwenden, daß der für die Entscheidung wesentliche Sachverhalt unrichtig oder unvollständig festgestellt worden sei[12, 13]. Die Rüge eines Verstoßes in jure liegt etwa vor, wenn sich der Beschwerdeführer gegen die Anwendung von Verfahrensvorschriften oder die Subsumierung des Sachverhaltes unter das Gesetz wendet. Macht z. B. der gem. § 146 zurückgewiesene Verteidiger mit seiner Beschwerde geltend, nach den Feststellungen des Erstgerichts hätten die übrigen Anwälte seiner Sozietät das Mandat bereits förmlich niedergelegt und ein Fall der gemeinschaftlichen Verteidigung liege deshalb nicht vor[14], so kritisiert er die rechtsirrige Anwendung der Begriffe des § 146, stützt seine Beschwerde also auf rechtliche Erwägungen. Hingegen rügt der Beschwerdeführer einen Verstoß in facti, wenn er die Ablehnung seines Antrages auf Pflichtverteidigerbestellung mit der Begründung anficht, der Beschuldigte befinde sich sehr wohl schon seit drei Monaten in einer Anstalt, § 140 I Nr. 5, und die diesbezüglichen Feststellungen des Erstgerichts seien fehlerhaft[15].

Fügt der Beschwerdeführer seinem Rechtsmittel eine Begründung hinzu[16], so kann er diese auf neue Tatsachen und neue Beweismittel stützen[17]. Zwar fehlt im Beschwerderecht eine den §§ 323 III StPO, 570 ZPO[18] entsprechende Vorschrift, so daß hier eher der gegenteilige Schluß naheliegen würde. Da jedoch das Beschwerdegericht grundsätzlich letztinstanzlich entscheidet und eine Zurückweisung prinzipiell nicht vorgesehen ist, erscheint spätestens hier die vollständige Aufklä-

---

[11] Siehe oben A III 5 a; vgl. weiterhin OLG Hamburg NJW 69, 1780.

[12] Vgl. nur *Peters*, S. 549: Die Beschwerde kann sowohl auf tatsächliche als auch auf rechtliche Erwägungen gestützt werden.

[13] Hingegen kann der Beschwerdeführer nicht lediglich die Zweckmäßigkeit der Entscheidung in Frage stellen. Dazu und zur Kontrolle ermessensfehlerhafter Entscheidungen, s. o. A II 2.

[14] Vgl. nur OLG Karlsruhe NJW 76, 1417 mit weiteren Nachweisen.

[15] Vgl. dazu OLG Karlsruhe NJW 69, 2028.

[16] Dazu ist er bis zur Entscheidung über die Beschwerde berechtigt, weil das Gesetz eine Begründungsfrist nicht vorschreibt, vgl. nur *Löwe / Rosenberg / Gollwitzer*, § 311, 6; *Kleinknecht*, § 306, 4.

[17] Vgl. OLG München JR 74, 204 mit zustimmender Anm. von *Gollwitzer;* OLG Celle JZ 67, 223 mit zustimmender Anm. von *Hanack; Eb. Schmidt*, § 304, 10; *Peters*, S. 549.

[18] § 570 bestimmt für die zivilprozessuale Beschwerde: „Die Beschwerde kann auf neue Tatsachen und Beweise gestützt werden."

rung des Sachverhalts geboten[19]. Dafür gibt auch § 308 II ein Indiz: Darf das Beschwerdegericht zur Aufklärung des Sachverhalts eigene Nachforschungen anstellen[20], so kann diese Mühe durch das neue Vorbringen des Beschwerdeführers erleichtert werden. Im Hinblick auf die zugelassene Ermittlungstätigkeit des Beschwerdegerichts wäre es sinnwidrig, die möglicherweise hilfreichen Nova des Beschwerdeführers zu beschränken oder gar zu unterbinden. Ihm ist daher gestattet, seine Beschwerde auf neue Tatsachen zu gründen und diese unter Beweis zu stellen[21].

Eine Ausnahme von diesem Grundsatz soll nach überwiegender Auffassung allein dann gelten, wenn die sofortige Beschwerde gem. § 372 eingelegt worden ist: In der Beschwerdeinstanz des Wiederaufnahmeverfahrens sei ein neues Vorbringen und die Einführung neuer Beweismittel zumindest dann unzulässig, wenn inhaltlich in Wahrheit ein neu begründeter Antrag gestellt werde[22]. Für die Prüfung dieses neuen Antrags sei gem. § 367 eine exakte Zuständigkeitsregel vorgeschrieben, die anderenfalls übersprungen würde. In der Tat fällt die Entscheidung über neue Wiederaufnahmegründe nicht in die Zuständigkeit des Beschwerdegerichts. Der Antragsteller hat seine Nova vielmehr beim Erstgerichts anzubringen, da ihm ansonsten die vom Gesetz vorgesehene zweite Tatsacheninstanz verlorenginge[23]. Der Gesichtspunkt des Instanzverlustes rechtfertigt daher die von der h. M. vertretene Auffassung. Der Antragsteller müßte die möglicherweise ungünstige Entscheidung des Beschwerdegerichts als endgültig hinnehmen, obwohl für

---

[19] Vgl. *Hanack*, Anm. zu OLG Celle JR 67, 223.

[20] s. dazu unter, 2. Teil, D I 3.

[21] Ein Beispiel für das Vorbringen neuer Tatsachen und Beweismittel enthält der Beschluß des OLG München JR 74, 204: Die Strafkammer entzog dem in Untersuchungshaft befindlichen Angeklagten die Genehmigung zum Rundfunkempfang, weil er das Gerät außerhalb der erlaubten Zeit und in störender Lautstärke betrieben und dadurch die Hausordnung gestört habe. Mit der Beschwerde wendet der Angeklagte ein, er habe in der fraglichen Nacht sein Rundfunkgerät nicht betrieben. Noch nach Wegnahme seines Gerätes sei auf der ganzen Etage ein anderes Gerät zu hören gewesen, was die Schicht des Nachtdienstes bestätigen könne. Überdies sei der in seinem Besitz befindliche Lautsprecher zur Erhöhung der Lautstärke ungeeignet gewesen, was durch eine Überprüfung des jetzt bei den Effekten befindlichen Gerätes jederzeit festgestellt werden könne. — Das OLG München, a.a.O., hat entschieden, daß sowohl das Erst- als auch das Beschwerdegericht verpflichtet sei, dieses neue Vorbringen einer Klärung zu unterziehen. Dies sei grundsätzlich immer dann geboten, wenn das Vorbringen „im Falle seiner Richtigkeit die tatsächlichen Grundlagen der angefochtenen Entscheidung in Frage stellen würde“, also im rechtstechnischen Sinne „erheblich“ ist.

[22] Vgl. OLG München NJW 71, 577; *Löwe / Rosenberg / Kohlhaas*, § 372, 1 a; *Eb. Schmidt*, § 372, 4; KMR, § 372, 2; *Hanack*, Anm. zu OLG Celle JZ 67, 223 („Umstellung des Sachverhalts“).

[23] Vgl. OLG München, a.a.O., S. 577.

die Beurteilung seines Vorbringens gem. §§ 367, 372 zwei Tatsacheninstanzen zur Verfügung stehen[24]. Jedoch können mit Kleinknecht[25] nachgeschobene Tatsachen von dem Beschwerdegericht dann berücksichtigt werden, wenn sie das Wiederaufnahmegesuch ohne weiteres rechtfertigen. In diesem Fall wäre der Verweis an die erste Tatsacheninstanz ein unnötiger formalistischer Umweg.

## II. Die Beschwerdebeschränkung

Wie gezeigt[26], ist die Beschwerde ein in ihrer Zielrichtung grundsätzlich unbeschränktes Rechtsmittel. Sie ist jedoch, ebenso wie die Berufung und die Revision, beschränkbar[27]. Der Beschwerdeführer kann also, unter Anerkennung der Entscheidung im übrigen, seine Anfechtung auf einen oder einige Beschwerdepunkte begrenzen. Dies ist allerdings nur insoweit zulässig, als das Beschwerdegericht über den isoliert angefochtenen Beschwerdepunkt überhaupt eine eigenständige Entscheidung fällen kann[28]. Es muß sich also um einen selbstständigen, vom übrigen Entscheidungsgehalt losgelösten Beschwerdepunkt handeln, der aufgrund seiner Selbständigkeit allein prüf- und entscheidbar ist[29]. So kann dieBeschwerde auf die Anfechtung des Kostenausspruchs[30] oder auf die Höhe einer Ordnungsstrafe beschränkt werden. Ebenso ist es bei einem Beschluß gem. § 81 zulässig, allein die Auswahl der Anstalt anzufechten und sich mit der Tatsache der Unterbringung als solcher abzufinden[31].

Ist eine Beschwerdebeschränkung unzulässig oder hat der Betroffene von vornherein auf die Beschränkung seines Rechtsmittels verzichtet, so hat das Beschwerdegericht die Entscheidung in vollem Umfang, d. h. auf tatsächliche und rechtliche Fehler hin, zu prüfen[32]. Dies folgt aus

---

[24] Nach OLG Celle, a.a.O., S. 223, ist das neue Vorbringen allerdings dann zu berücksichtigen, wenn die nachgeschobenen Tatsachen „keine Umstellung des Sachverhalts, sondern nur eine Ergänzung oder Abrundung des bisherigen Sachvortrags bedeuten".

[25] § 372, 5.

[26] Siehe bereits oben, A II 2 a.

[27] Vgl. *Löwe / Rosenberg / Gollwitzer*, 14 vor § 304; *Löwe / Rosenberg / Meyer*, § 81, 42; IMR, 5 vor § 304; *Kleinknecht*, § 304, 3 („Teilbeschwerde ist ebenso zulässig wie eine beschränkte Berufung, § 318, oder Revision, § 344 I").

[28] Vgl. *Kleinknecht*, § 304, 3; *Henkel*, S. 371; *Roxin*, § 52 B III 1; *Gössel*, § 35 B II c 2.

[29] Vgl. schon *Bennecke / Beling*, S. 440 f. („logisch abtrennbarer Teil der Entscheidung").

[30] Vgl. nur KMR, 5 vor § 304.

[31] Ebenso *Löwe / Rosenberg / Meyer*, § 81, 42.

[32] Vgl. *Kleinknecht*, § 304, 3; *Roxin*, § 52 B III 1 d.

einer analogen Anwendung des § 318, S. 2[33], da sich Beschwerde und Berufung nicht nur im Hinblick auf eine mögliche Teilanfechtung[34], sondern auch in Bezug auf die Nachprüfung durch das Rechtsmittelgericht entsprechen. Dasselbe gilt bei Unklarheiten in der Beschwerdeerklärung, die das Gericht jedoch, ggf. durch Rückfrage bei dem Beschwerdeführer, beseitigen sollte.

[33] Vgl. *Roxin*, a.a.O., für die unzulässige Teilanfechtung eines Urteils.

[34] Siehe bereits oben, bei Anmerkung 27.

# F. Die zur Beschwerde berechtigten Personen

## I. Grundsätzliches

Die bisherigen Erörterungen haben gezeigt, daß die Beschwerde erhebliche Unterschiede zu den beiden anderen Rechtsmitteln aufweist, wobei dies insbesondere aus der Art der anzufechtenden Entscheidung resultiert[1]. Anders in dem nun zu behandelnden Bereich: Bei der Frage der Rechtsmittelberechtigung bestehen weitgehende Gemeinsamkeiten zwischen der Beschwerde und der Berufung, bzw. Revision. Die für alle Rechtsmittel geltenden allgemeinen Vorschriften der §§ 296 - 298 finden auch auf die Beschwerde Anwendung[2]. Es sind daher grundsätzlich alle Verfahrensbeteiligten auch beschwerdebefugt. Das gleiche Recht haben darüber hinaus die den in §§ 296 - 298 genannten Beteiligten kraft Gesetzes gleichgestellten Personen[3]. Dabei steht ihnen zum Teil ein eigenes, selbständiges Beschwerderecht zu; zum Teil können sie es aber auch nur als Vertreter des Beschuldigten ausüben. (Dazu II.)

Die dennoch bestehenden Besonderheiten im Bereich der Beschwerde zeigt ein Blick auf § 304 II. Diese Vorschrift erweitert den Kreis der Beschwerdeberechtigten über die bereits erwähnten Personen hinaus. Anfechtungsbefugt sind danach nicht nur die direkt als Subjekt am Verfahren Beteiligten, sondern auch dritte Personen, soweit sie von dem Beschluß oder der Verfügung betroffen werden. § 304 II normiert also hinsichtlich der Rechtsmittelberechtigung Abweichungen zur Berufung, bzw. Revision[4]. (Dazu III.)

## II. Die Beschwerdebefugnis der am Verfahren Beteiligten

### 1. Beschuldigter und Verteidiger

Neben dem Beschuldigten[5] kann zunächst sein Verteidiger Beschwerde einlegen, § 297[6]. Er handelt dabei aus eigenem Recht und in

---

[1] Zum Unterschied zwischen Beschlüssen und Verfügungen einerseits und dem Urteil andererseits, s. o. B I.

[2] Vgl. nur *Löwe / Rosenberg / Gollwitzer*, § 296, 1, 2; *Kleinknecht*, § 296, 1; *Dahs*, Revision, Rdz. 12.

[3] Vgl. die Aufzählung bei *Löwe / Rosenberg / Gollwitzer*, § 296, 1, 2; ihre Beschwerdeberechtigung ergibt sich aus besonderen Einzelbestimmungen.

[4] Vgl. nur *Gössel*, § 36 A II.

[5] Der Beschuldigte ist zur Einlegung des Rechtsmittels befugt, wenn er im Moment der Erklärung verhandlungsfähig ist. Auf seine Geschäftsfähigkeit

eigenem Namen[7]; da er jedoch „für den Beschuldigten" tätig wird, hat er keine von diesem unabhängige Möglichkeit der Beschwerdeeinlegung[8]. Die zur Rechtsmittelbefugnis erforderliche Ermächtigung des Verteidigers folgt kraft Gesetzes aus seiner unabhängigen und selbständigen Stellung im Verfahren[9]; einer besonderen Bevollmächtigung bedarf es also nicht[10]. Jedoch gilt dies nur bezüglich des bereits für das begonnene Verfahren gewählten oder bestellten Verteidigers. Derjenige, der sein Amt erst mit der Beschwerdeeinlegung beginnt, muß eine ausdrückliche Ermächtigung nachweisen[11]. Ihm stehen die Rechte aus der Verteidigung erst vom Zeitpunkt seiner Bestellung an zu. Fehlt die Ermächtigung, so ist eine nachträgliche Genehmigung durch den Beschuldigten nicht zulässig, weil im Strafverfahren ein zwischenzeitlicher, vom Willen der Parteien abhängiger Schwebezustand nicht geduldet werden darf[12]. Jedoch kann der Nachweis der rechtzeitigen Vollmachterteilung auch noch nach Ablauf der Rechtsmittelfrist[13] geführt werden[14].

Der danach bevollmächtigte Verteidiger ist bei der Ausübung des Beschwerderechts an den „ausdrücklichen Willen" des Beschuldigten gebunden, § 297. Der erklärte Wille des Beschuldigten ist stets maßgeblich[15], wobei die Erklärung dem Gericht oder dem Verteidiger gegenüber abgegeben werden kann[16]. Legt also der Verteidiger Beschwerde ein, während der Beschuldigte wirksam auf ein Rechtsmittel

---

kommt es hingegen nicht an, vgl. *Löwe / Rosenberg / Gollwitzer*, § 296, 5; *Eb. Schmidt*, § 296, 2; KMR, § 296, 2 b; *Roxin*, § 52 B II 1 a.

Ein Beispiel für das Beschwerderecht des Beschuldigten bietet die Entscheidung des OLG Hamm NJW 73, 1850: Wird die Berufung des gesetzlichen Vertreters als unzulässig verworfen, hat der Angeklagte dagegen ein eigenes Beschwerderecht.

[6] Beispiele sind OLG München NJW 76, 863 und BGH NJW 76, 1106: Der gem. § 146 zurückgewiesene Verteidiger kann für den Beschuldigten Beschwerde einlegen.

[7] Vgl. BGHSt 12, 367; *Kleinknecht*, § 297, 2; *Gössel*, § 35 B II b 1; *Dahs*, Revision, Rdz. 15; unklar hingegen *Dahs*, Gehör, S. 55, der den Verteidiger wohl als Vertreter ansieht.

[8] Vgl. *Eb. Schmidt*, § 297, 1; KMR, § 297, 1; *Kleinknecht*, a.a.O.

[9] Vgl. *Löwe / Rosenberg / Gollwitzer*, § 297, 2.

[10] Vgl. BGHSt 12, 370; *Dahs*, Revision, Rdz. 15.

[11] Vgl. *Löwe / Rosenberg / Gollwitzer*, § 297, 6; *Eb. Schmidt*, § 297, 3; KMR, § 297, 2 b; *Kleinknecht*, § 297, 1.

[12] Vgl. BGHSt 5, 183; RGSt 66, 266; KMR, § 297, 26; *Sarstedt*, S. 18.

[13] In Betracht kommt die Frist des § 311 II 1.

[14] Dies entspricht der h. M., vgl. RGSt 46, 372, 55, 213; OLG Bremen NJW 54, 46; *Löwe / Rosenberg / Gollwitzer*, § 297, 5; *Eb. Schmidt*, § 297, 3; KMR, a.a.O.; *Dahs*, Revision, Rdz. 15; *Dahs* weist darauf hin, daß die Vorlage der Vollmachtsurkunde nach Fristablauf ein in der Praxis häufiger Fall ist.

[15] Vgl. BGH NJW 59, 731; *Löwe / Rosenberg / Gollwitzer*, § 297, 12, 16.

[16] Vgl. BGH GA 73, 46; OLG Koblenz MDR 75, 424; KMR, § 297, 4.

verzichtet, so hat es mit der ergangenen Entscheidung sein Bewenden. Der Verzicht bewirkt mit Eingang bei Gericht, daß die zuvor eingelegte Beschwerde des Verteidigers zurückgenommen ist[18, 19]. Daneben kann der Verteidiger ein selbständiges Beschwerderecht haben, wenn er in eigenen Rechten verletzt wird. Nur folgt dieses dann nicht aus § 297, sondern aus § 304 II (siehe unten III).

### 2. Der gesetzliche Vertreter

Dem gesetzlichen Vertreter steht gem. § 298 eine selbständige Rechtsmittelbefugnis zu. Er ist, im Gegensatz zum Verteidiger, nicht an den Willen des Beschuldigten gebunden; dessen Widerspruch macht die eingelegte Beschwerde nicht unzulässig[20]. Der gesetzliche Vertreter kann die Entscheidung selbst dann anfechten, wenn der Beschuldigte sich mit ihr zufrieden geben will[21]. Die vereinzelt geäußerte gegenteilige Auffassung[22], nach der das Rechtsmittel gem. § 298 in Vertretung des Beschuldigten eingelegt werde, verkennt den Wortlaut dieser Vorschrift. Sie trifft nur dann zu, wenn der gesetzliche Vertreter nicht als solcher, sondern aufgrund einer besonderen Vollmacht für den Vertretenen tätig wird[23].

Wie der gesetzliche Vertreter sind auch die Erziehungsberechtigten befugt, das für den noch nicht volljährigen Beschuldigten zulässige Rechtsmittel selbständig und gegen dessen Willen einzulegen, § 67 III JGG. Allerdings sind bei einem ehelichen Kind die Erziehungsbefugnisse in aller Regel mit dem Recht zur gesetzlichen Vertretung identisch[24].

Dem gesetzlichen Vertreter ist die Beschwerdebefugnis gem. § 298 ausschließlich im Interesse des Beschuldigten eingeräumt[25]. Er darf von ihr deshalb nur zugunsten und nur bei Vorliegen einer Beschwer des Beschuldigten Gebrauch machen[26]. Die einmal eingelegte Beschwerde kann er ohne Zustimmung des Beschuldigten weder zurücknehmen

---

[17] Vgl. hierzu OLG Koblenz, a.a.O., S. 424; *Gössel*, § 35 B II b 1.

[18] Ebenso *Kleinknecht*, § 297, 2.

[19] Der Verteidiger ist ausnahmsweise dann nicht an den Willen des Beschuldigten gebunden, wenn er sich mit der sofortigen Beschwerde gegen den Unterbringungsbeschluß gem. § 81 wendet, siehe dazu oben C II 1.

[20] Vgl. *Löwe / Rosenberg / Gollwitzer*, § 298, 3; *Eb. Schmidt*, § 298, 2; KMR § 298, 3; *Kleinknecht*, § 298, 1; *Gössel*, § 35 B II b 2; *Dahs*, Revision, Rdz. 14.

[21] So OLG Düsseldorf GA 72, 382 für den Fall der Urteilsanfechtung.

[22] Vgl. *Dahs*, Gehör, S. 55; richtig hingegen *Dahs*, Revision, Rdz. 14.

[23] Vgl. *Kleinknecht*, § 298, 3; *Dahs*, Revision, Rdz. 14.

[24] Zur Frage, wer Erziehungsberechtigter ist, vgl. *Kleinknecht*, § 298, 4.

[25] Vgl. OLG Hamm NJW 73, 1850; BGHSt 19, 196; *Löwe / Rosenberg / Gollwitzer*, § 298, 2; *Hanack*, JZ 73, 659 ff., 660.

[26] Vgl. KMR, § 298, 2 a.

noch beschränken[27], weil dieser sein eigenes Rechtsmittel möglicherweise gerade im Vertrauen auf die bereits erfolgte Anfechtung ungenutzt gelassen hat[28]. Führt der gesetzliche Vertreter demnach bei Einlegung der Beschwerde die Sache des Beschuldigten, so zeigt dies, daß das Rechtsmittel nur formal als sein eigenes anzusehen ist[29]. Diese Erkenntnis ist bedeutsam für die Frage der Rechtsmittelkosten, für die nach richtiger Auffassung allein der Beschuldigte einzustehen hat[30].

### 3. Die Staatsanwaltschaft

Die Staatsanwaltschaft[31] kann als staatliches Rechtspflegeorgan die Beschwerde unabhängig vom Beschuldigten in jeder Richtung einlegen, § 296[32]. Will sie dies ausschließen zugunsten des Beschuldigten tun, § 296 II, so hat sie diese Absicht gem. Nr. 147 III RiStBV deutlich zum Ausdruck zu bringen. Aber auch dann handelt die Staatsanwaltschaft nicht als Vertreter des Beschuldigten, sondern erfüllt eine amtliche Pflicht. Deshalb kann sie selbst das allein zugunsten des Beschuldigten wirkende Rechtsmittel ohne sein Einverständnis, ja sogar gegen seinen erklärten Willen einlegen[33]. Bedeutsam wird dies bei der Beschwerde gem. § 305 a: Die Staatsanwaltschaft ist befugt, eine Bewährungsauflage anzufechten, obwohl sie der Verurteilte widerspruchslos hinnimmt oder gar billigt[34].

Zur Verdeutlichung des Umfangs der staatsanwaltlichen Beschwerdebefugnis seien einige Beispiele aus der neueren Rechtsprechung genannt: Der Staatsanwaltschaft steht die Beschwerde zu, wenn sich die Strafkammer zur Verfahrensfortsetzung für sachlich unzuständig erklärt[35]; sie kann sich gegen die Beiordnung eines Pflichtverteidigers wenden[36] oder die Unterbringung des Beschuldigten in einer psychiatrischen Anstalt rügen[37]; sie kann die Nichteröffnung des Hauptverfah-

[27] Vgl. OLG Düsseldorf NJW 57, 840; *Eb. Schmidt*, § 298, 4; *Kleinknecht*, § 298, 6.

[28] Dies folgt aus einer entsprechenden Anwendung des Rechtsgedankens des § 302 I 2, vgl. nur *Löwe / Rosenberg / Gollwitzer*, § 298, 6; *Kleinknecht*, § 298, 2.

[29] Vgl. BGHSt 19, 196 ff., 198; RGSt 53, 345; *Hanack* JZ 73, 660.

[30] Vgl. nur BGH, a.a.O.; *Hanack*, a.a.O.; *Kleinknecht*, § 298, 1.

[31] Berechtigt ist grundsätzlich die staatsanwaltliche Behörde bei dem Gericht, von dem die anzufechtende Entscheidung stammt, vgl. *Löwe / Rosenberg / Gollwitzer*, § 296, 7; *Kleinknecht*, § 296, 3.

[32] Vgl. dazu *Eb. Schmidt*, § 296, 4; *Löwe / Rosenberg / Gollwitzer*, § 296, 30 ff.; KMR, § 296, 3; *Gössel*, § 35 B II b 3; *Dahs*, Revision, Rdz. 16.

[33] Vgl. nur *Kleinknecht*, § 296, 3; *Gössel*, § 35 B II b 3.

[34] So OLG Nürnberg NJW 59 1451; *Bruns* NJW 59, 1393 ff., 1397.

[35] OLG Hamm NJW 72, 1909.

[36] OLG Saarbrücken NJW 73, 1011.

[37] OLG Karlsruhe NJW 75, 1571.

rens gem. § 204 I[38], die Anordnung der bedingten Haftentlassung gem. § 57 StGB[39] oder die Zuerkennung einer Entschädigung nach dem StREG[40] mittels (sofortiger) Beschwerde anfechten.

Die Beispiele zeigen, daß die Staatsanwaltschaft ein Rechtsmittel zumeist gegen solche Beschlüsse ergreift, die den Beschuldigten betreffen. Sie ist aber auch befugt, die Beschwerde zugunsten oder zu Ungunsten anderer Verfahrensbeteiligter einzulegen[41]. Dies entspricht ihrer Aufgabe, in allen Verfahrensabschnitten auf die korrekte Anwendung des Gesetzes hinzuwirken[42]; eine Beschränkung ihrer Rechtsmittelbefugnis auf Entscheidungen, die den Beschuldigten berühren, stünde mit ihrer Stellung als staatliches Rechtspflegeorgan[43] nicht in Einklang. Werden also etwa dem Antragsteller gem. § 470, S. 1 wegen der Zurücknahme des Strafantrags die Kosten des Verfahrens auferlegt, so kann sich die Staatsanwaltschaft hiergegen beschweren[44]. Dasselbe gilt, wenn gegen den ausgebliebenen Zeugen gem. § 51 I eine Ordnungsstrafe festgesetzt wird oder der Staatsanwaltschaft das einem nichterschienenen Sachverständigen gem. § 77 auferlegte Ordnungsgeld nicht angemessen erscheint.

#### 4. Die den genannten Verfahrensbeteiligten kraft Gesetzes gleichgestellten Personen

Das Gesetz stellt im Hinblick auf die Rechtsmittelberechtigung bestimmte Personen in einer besonderen Prozeßsituation den genannten Verfahrensbeteiligten gleich. Es sind dies der Privatkläger, § 390 und der Nebenkläger, § 401, der Einziehungsbeteiligte, §§ 433, 431 I, II und der Vertreter einer juristischen Person oder Personenvereinigung, § 444[45]. Ihre Beschwerdebefugnis ergibt sich unmittelbar aus den für sie geltenden Vorschriften und nicht erst aus § 304 II. Jedoch ist zu beachten, daß sich das Beschwerderecht dieser Person auf bestimmte prozessuale Vorgänge beschränkt. Nur solche Entscheidungen sind anfechtbar, die ihre eigenen Rechte und Interessen berühren. So kann etwa der Nebenkläger die Anordnung der Außervollzugsetzung des Haftbefehls nicht rügen, weil er keine Strafverfolgungsfunktion er-

[38] OLG Nürnberg NJW 75, 2151.

[39] OLG Karlsruhe NJW 76, 81.

[40] OLG Schleswig NJW 76, 1467.

[41] Vgl. BayObLG NJW 66, 1829; *Löwe / Rosenberg / Gollwitzer*, § 296, 35; *Eb. Schmidt*, § 296, 8; *Kleinknecht*, § 296, 4.

[42] Vgl. nur BGHSt 20, 178 (die Staatsanwaltschaft als „Wächter des Gesetzes").

[43] Vgl. dazu KMR, Einleitung 3 II.

[44] So schon RGSt 7, 409; ebenso *Löwe / Rosenberg / Gollwitzer*, a.a.O.; *Eb. Schmidt*, a.a.O.; *Kleinknecht*, a.a.O.

[45] Vgl. dazu *Löwe / Rosenberg / Gollwitzer*, § 296, 1; *Eb. Schmidt*, § 296, 1; *Kleinknecht*, § 296, 1.

füllt[46]. Eine Kontrolle der gerichtlichen Haftentscheidungen obliegt nicht ihm, sondern allein der Staatsanwaltschaft. Diese ist dabei zur Objektivität verpflichtet, während vom Nebenkläger die Beachtung der Belange auch des Beschuldigten nicht zu erwarten ist. Er ist, anders als der Staatsanwalt, kein Rechtspflegeorgan, sondern nimmt im Verfahren ausschließlich seine eigenen Interessen wahr. Diese werden aber durch eine Entscheidung über die Untersuchungshaft des Beschuldigten nicht berührt[47]. Die mangelnde Beschwerdebefugnis des Nebenklägers folgt also letztlich aus der fehlenden Beschwer[48].

## III. Die Beschwerdebefugnis anderer Betroffener

§ 304 II dehnt die Anfechtungsberechtigung auf Dritte, die von der Entscheidung „betroffen werden", aus. Der Kreis der Beschwerdebefugten wird dadurch weiter, aber auch schwerer bestimmbar als bei der Berufung, bzw. Revision. § 304 II bewirkt, daß sich die zur Beschwerde berechtigten Personen überhaupt nicht abschließend aufzählen lassen. Lediglich die nach allgemeinen Verfahrensgrundsätzen rechtsmittelberechtigten Verfahrensbeteiligten werden von § 304 II nicht erfaßt, da sich ihr Anfechtungsrecht bereits aus den §§ 296 - 298 ergibt.

### 1. „Betroffen werden" im Sinne des § 304 II

Voraussetzung der Beschwerdebefugnis gem. § 304 II ist, daß „andere Personen"[49] durch den Beschluß oder die Verfügung „betroffen werden". Dies wird in Literatur[50] und Rechtsprechung[51] zumeist dann angenommen, wenn der Dritte durch die gerichtliche Maßnahme unmittelbar in Freiheit, Vermögen oder einem sonstigen Recht beeinträchtigt werde. Die Entscheidung müsse sich „unmittelbar gegen ihn" richten[52], der Dritte müsse „unmittelbar beschwert" sein[53]. Eine nur mittelbare

[46] Vgl. OLG Karlsruhe NJW 73, 658.

[47] Das OLG Karlsruhe, a.a.O., S. 668 betont zu Recht, daß ein so schwerwiegender Eingriff wie die Untersuchungshaft nicht der „Einflußnahme durch eine nicht zur objektiven Rechtsverfolgung verpflichtete Einzelperson ausgesetzt sein kann".

[48] Vgl. auch *Dahs*, Revision, Rdz. 17 im Hinblick auf die Revision des Nebenklägers: Dieser kann sich nur auf Rechtsverletzungen bei der Behandlung des Nebenklagedelikts stützen, da es sonst an seiner Beschwer fehlt.

[49] Zeugen und Sachverständige werden von § 304 II lediglich beispielhaft genannt, vgl. nur *Löwe / Rosenberg / Gollwitzer*, § 304, 53.

[50] Vgl. *Löwe / Rosenberg / Gollwitzer*, § 304, 52; *Eb. Schmidt*, § 304, 15; KMR, § 304, 6; *Gössel*, § 35 B II b 4.

[51] Vgl. OLG Bremen MDR 76, 686; OLG Oldenburg NJW 72, 2323; OLG Köln NJW 70, 874; KG JR 67, 472; OLG Hamm Rpfleger 62, 187.

[52] So OLG Schleswig, SchlHA 61, 201.

[53] *Kleinknecht*, § 304, 7.

Betroffenheit reiche hingegen nicht aus, um das Beschwerderecht aus § 304 II zu begründen[54]. Diese Begrenzung auf „unmittelbar beeinträchtigte Rechte“, die eine Beschränkung der Beschwerdebefugnis bedeutet, vermag jedoch, zumal sie meist ohne jede Begründung erfolgt, nicht zu überzeugen. Schon der Wortlaut des § 304 II steht ihr entgegen. Die Vorschrift spricht nicht von unmittelbar betroffenen oder beeinträchtigten Rechten, sondern allein von „betroffen werden“. Aus dem Wortsinn dieses Begriffs läßt sich die vollzogene Einschränkung also nicht herleiten, weil eine Rechtsbeeinträchtigung zwar stets ein Betroffensein voraussetzt, in ihren Wirkungen jedoch weitergeht[55]. Vor allem aber zeigt ein Blick in andere Verfahrensordnungen, daß der Gesetzgeber die Begriffe „Rechtsbeeinträchtigung“ und „Betroffen werden“ nicht synonym verwendet. §§ 42 II VwGO, 20 I FGG sprechen von „verletzten“, bzw. „beeinträchtigten Rechten“. Aus dieser Formulierung entnimmt die h. M.[56], daß hier eine lediglich mittelbare Einwirkung auf die rechtlichen Beziehungen des Rechtsmittelführers ebenso wenig genügt wie etwa die Tangierung seiner wirtschaftlichen Interessen. Erforderlich sei vielmehr ein unmittelbarer, tatsächlich störender Eingriff in ein Recht[57]. Diese Auffassung kann sich auf die Entstehungsgeschichte des Gesetzes stützen. In der ursprünglichen Entwurfsfassung zu § 42 II VwGO hieß es: „... ist die Klage nur zulässig, wenn der Kläger ... betroffen ist“. Dies wurde jedoch geändert, weil dem Gesetzgeber „betroffen“ als zu weitgehend erschien[58]. Es macht dies deutlich, daß der Begriff der „unmittelbaren Rechtsbeeinträchtigung“ anders zu verstehen ist als der Begriff des „Betroffenwerdens“, daß § 304 II weiter auszulegen ist als §§ 42 II VwGO, 20 I FGG. Die h. M. hingegen interpretiert das „Betroffenwerden“ im Sinne des § 304 II genauso wie die „Rechtsbeeinträchtigung“, bzw. „-verletzung“ im Sinne der §§ 42 II VwGO, 20 I FGG.

Bei der Interpretation des § 304 II sollte daher zunächst auf die Differenzierung zwischen „unmittelbarer“ und „mittelbarer“ Rechtsbeeinträchtigung verzichtet werden. Der Wortlaut der Vorschrift fordert diese Einschränkung nicht. Zudem erscheint die Unterscheidung in un-

---

[54] So ausdrücklich *Löwe / Rosenberg / Gollwitzer*, § 304, 55; ebenso OLG Bremen, MDR 76, 686: „Das Rechtsmittel der Beschwerde gegen die Versagung der Erlaubnis zum Besuch eines Untersuchungsgefangenen steht dem abgelehnten Besucher als einem nur mittelbar Betroffenen nicht zu.“ § 304 II gestehe das Beschwerderecht „nur unmittelbar Betroffenen“ zu; eingehend dazu u., bei Anmerk. 61.

[55] Ebenso *Habscheid*, S. 182, zu § 20 I FGG.

[56] Zu § 42 II VwGO, vgl. nur *Eyermann / Fröhler*, § 42 VwGO, 90, 95; *Ule*, § 33 III. Zu § 20 I FGG, vgl. *Keidel / Winkler*, § 20 FGG, 10; *Habscheid*, S. 182.

[57] Das gleiche gilt für die Rechtsverletzung im Sinn des § 90 I BVerfGG, vgl. dazu *Pestalozza*, S. 93 ff., 96 („Unmittelbare Selbstbetroffenheit“).

[58] Vgl. *Eyermann / Fröhler*, § 42 VwGO, 95.

mittelbar und mittelbar Betroffene praktisch kaum durchführbar. Darüber hinaus sollte der von der h. M. verwendete Begriff des „Rechts" nicht im spezifischen Sinne der in der StPO geregelten Rechte, sondern im allgemeinen Sinn der „rechtlich zu schützenden Interessen" verstanden werden. Damit aber ist die Verbindung hergestellt zum Begriff der materiellen Beschwer i. S. d. strafprozessualen Rechtsmittelrechts[59]. Der Verzicht auf die „Unmittelbarkeit" des Eingriffs sowie die Einbeziehung auch sonstiger, außerhalb der StPO liegender, rechtlich geschützter Interessen bedeutet, daß derjenige gem. § 304 II vorgehen kann, der durch die Entscheidung beschwert ist. Diese Auffassung wird inhaltlich sogar im Hinblick auf § 20 I FGG vertreten, obwohl dort ausdrücklich von der Beeinträchtigung eines „Rechts" die Rede ist[60]. § 304 II ist dann so zu verstehen, daß jede Beschränkung rechtlich geschützter Interessen ein Betroffenwerden bedeutet und die Beschwerdebefugnis eröffnet. Diese Auslegung entspricht weitgehend der Formulierung des § 65 I VwGO, wonach Dritte, „deren rechtliche Interessen durch die Entscheidung berührt werden", beigeladen werden können. Auch hier wird weder die Unmittelbarkeit des Eingriffs gefordert noch die Tangierung eines spezifischen Rechts vorausgesetzt[61].

Die hier vertretene weitergehende Auffassung kann sich auf einen kürzlich veröffentlichten Beschluß des BGH[62] stützen. Dieser hat entschieden, daß demjenigen, dem der Besuch eines Untersuchungsgefangenen vom Haftrichter versagt wird, hiergegen die Beschwerde aus § 304 II zusteht. Der BGH wendet sich damit gegen einen Beschluß des OLG Bremen[63], nach dem der verhinderte Besucher keine Beschwerdemöglichkeit hat. Das OLG begründet seine Entscheidung gerade mit der hier kritisierten engen Auslegung des § 304 II. Durch die Maßnahme des Haftrichters gem. § 119 III werde allein der Status des Untersuchungsgefangenen geregelt, allein dieser sei deshalb unmittelbar betroffen. Andere Personen hingegen würden von der Entscheidung lediglich mittelbar berührt. Ihnen stehe kein Anfechtungsrecht zu, weil § 304 II nur unmittelbar Betroffene meine[64]. Hiergegen richtet sich die Entscheidung des BGH, nach der hier vertretenen Auffassung zu Recht. Er führt aus, daß sich dem § 304 II eine Unterscheidung in unmittelbar und mittelbar Betroffene nicht entnehmen lasse; überdies sei diese Differenzierung auch kaum praktikabel. Entscheidend sei allein, ob die beanstandete Maßnahme den Beschwerdeführer in der „Wahrneh-

---

[59] s. dazu o., B II 2 a.

[60] Vgl. *Kollhosser*, S. 348.

[61] Vgl. *Eyermann / Fröhler*, § 65 VwGO, 19; *Ule*, § 22 I 4.

[62] NJW 77, 1405 = JR 78, 83 f. mit ablehnender Anmerk. von *Peters*.

[63] MDR 76, 686.

[64] Warum dies so sein soll, erklärt das OLG Bremen allerdings nicht.

mung geschützter Rechte und Interessen" beschränke. Sei dies der Fall, so sei er „betroffen" im Sinne des § 304 II und damit beschwerdebefugt. Da die persönliche Kontaktaufnahme zu anderen Personen das selbstverständliche Recht eines jeden Menschen sei, lägen bei der Verhinderung des Besuchs die Voraussetzungen des § 304 II vor.

Der BGH ist damit zu Recht und im Gegensatz zu der h. M.[65] von dem Erfordernis der Unmittelbarkeit abgerückt und hat darüber hinaus nicht nur in der StPO geregelte Rechte, sondern auch sonstige rechtlich anzuerkennende Interessen in den Bereich des § 304 II einbezogen. Mit dem BGH ist daher festzustellen: „Betroffen" im Sinne des § 304 II ist, wer durch Entscheidung des Gerichts in der Wahrnehmung geschützter Rechte oder rechtlich anerkannter Interessen beschränkt wird[66], wer durch die Entscheidung beschwert ist.

### 2. „Zeugen, Sachverständige und andere Personen" im Sinne des § 304 II

Zeugen und Sachverständige werden in § 304 II lediglich beispielhaft genannt[67]. Sie können sich etwa gegen Entscheidungen aufgrund der §§ 50 - 55 oder 75 - 77 beschweren[68]. So kann der Zeuge die Verhängung einer Ordnungsstrafe gem. § 51 I rügen[69]; der Sachverständige hat die Beschwerde gegen eine ihm nachteilige Entscheidung über seine Entschädigung, § 84 in Verbindung mit dem ZSEG[70]. „Betroffen" im Sinne des § 304 II wird auch der Eigentümer oder Gewahrsamsinhaber durch eine Beschlagnahme[71], der Wohnungsinhaber durch eine Hausdurchsuchung[72, 73].

Auch der Verteidiger kann über die ihm durch § 297 eingeräumte Befugnis hinaus selbst Betroffener sein und deshalb gem. § 304 II ein eigenständiges Beschwerderecht haben[74]. So werden durch Entscheidun-

---

[65] Siehe oben Anm. 50 bis 53.

[66] Diese Auffassung ist im übrigen bereits in der älteren Literatur vertreten worden, vgl. *Löwe*, § 209, 6; *Ullmann*, S. 623; *v. Schwarze*, S. 257; *Ferdinand*, S. 132.

[67] Vgl. nur *Löwe / Rosenberg / Gollwitzer*, § 304, 53.

[68] Vgl. *Löwe / Rosenberg / Gollwitzer*, § 304, 52; *Henkel*, S. 370; *Roxin*, § 55 B I.

[69] Vgl. zuletzt LG Trier NJW 75, 1044.

[70] Vgl. OLG München NJW 71, 257 ff.

[71] Vgl. nur *Roxin*, § 55 B I.

[72] Weitere Beispiele finden sich bei *Löwe / Rosenberg / Gollwitzer*, § 304, 53 ff.

[73] Hingegen steht nach der Rechtsprechung dem Bezirksrevisor nicht die Befugnis zu, die Kostenentscheidung eines Urteils mit der sofortigen Beschwerde gem. § 464 III anzufechten. Dies obliegt allein der Staatsanwaltschaft, vgl. OLG Köln NJW 70, 874; OLG Oldenburg NJW 72, 2323.

[74] Vgl. *Löwe / Rosenberg / Gollwitzer*, 10 vor § 304, 53; *Eb. Schmidt*, § 304, 16; KMR, § 304, 6.

gen gem. §§ 143, 145, 146, 148 regelmäßig eigene Rechte des Verteidigers berührt; eine Zurückweisung gem. § 146 greift in sein Recht auf ungehinderte Ausübung des Anwaltsberufs ein. Die dagegen gerichtete Beschwerde des Verteidigers ist also gem. § 304 II, und nicht gem. § 297, zulässig[75, 76]. Da der Verteidiger dabei als Dritter handelt, gelten für ihn die Beschränkungen des § 305, S. 1 nicht. Er kann gem. § 305, S. 2 seinen Ausschluß auch dann rügen, wenn er von dem erkennenden Gericht beschlossen worden ist[77].

[75] Vgl. OLG Karlsruhe NJW 76, 1417; LG Krefeld NJW 76, 1415; BGH NJW 76, 1106; OLG München NJW 76, 863; vgl. auch OLG Karlsruhe NJW 77, 309: Ein Rechtsanwalt, der nicht in Amtstracht auftritt, kann die deshalb erfolgte Zurückweisung mit der Beschwerde anfechten.

[76] Da die Zurückweisung daneben das Recht des Beschuldigten auf freie Wahl eines Anwalts seines Vertrauens berührt, kann der Verteidiger die Beschwerde auch für den Beschuldigten einlegen, § 297.

[77] Zu § 305, siehe unten 1. Teil, G II.

## G. Die Unzulässigkeit der Beschwerde

Die bisherigen Erörterungen bezogen sich auf die materiellen Zulässigkeitsvoraussetzungen[1] der jeweiligen Beschwerdeart und auf die zur Einlegung des Rechtsmittels befugten Personen. Jedoch darf die Beschwerde schon aus prozeßökonomischen Gründen nicht gegen alle nur denkbaren Beschlüsse und Verfügungen zulässig sein. Das Gesetz trägt dem dadurch Rechnung, daß es entweder ausdrücklich, §§ 304 I a. E., III, IV, 305, S. 1, oder durch die Gewährung eines anderen Rechtsbehelfs den Ausschluß der Beschwerde bestimmt. Rechtsprechung und Lehre verneinen die Zulässigkeit der Beschwerde darüber hinaus auch in anderen als den gesetzlich normierten Fällen; so soll etwa die Beschwerde zur nachträglichen Feststellung der Rechtswidrigkeit einer erledigten Maßnahme nicht statthaft sein. Es wird sich jedoch zeigen[2], daß dabei, wie bei § 305, eine differenzierte Betrachtung erforderlich ist. Die unreflektierte Gleichbehandlung von Eingriffen, die lediglich rein prozessuale Rechte betreffen und solchen, die Grundrechte beeinträchtigen[3], hat hier bisher ebenso wie die Verknüpfung von Beschwer und prozessualer Überholung[4] die Gewinnung sachgerechter Ergebnisse verhindert.

### I. Der Ausschluß der Beschwerde kraft Gesetzes

Noch am wenigsten streitig sind die Fälle, in denen das Gesetz die Beschwerde ausdrücklich oder durch die Normierung einer anderen Anfechtungsmöglichkeit ausschließt. Zum einen ist hier der Wortlaut der den Ausschluß anordnenden Vorschrift meist eindeutig; andererseits rechtfertigen auch Sinn und Zweck der jeweiligen Norm die Unzulässigkeit der Beschwerdeeinlegung[5].

#### 1. Der ausdrückliche Ausschluß der Beschwerde

Bestimmte Entscheidungen sind kraft Gesetzes einer Anfechtung vollständig entzogen. Es sind dies die aufgrund der §§ 28 I, 46 II, 81 c

---

[1] Die formellen Zulässigkeitsvoraussetzungen, insbesondere Frist, Ort und Form der Beschwerdeeinlegung, werden unten, 2. Teil, A dargestellt.

[2] Dazu unten IV.

[3] Siehe dazu oben B I 1.

[4] Siehe dazu oben B II 2 b.

[5] Anders bei den §§ 305 StPO, 181 GVG, auf die deshalb in einem besonderen Abschnitt eingegangen werden soll, siehe unten II, III.

III 4, 100 III 3, 117 II 2, 138 d VI 3[6], 153 II 4, 153 a II 4, 161 a III 4, 163 a III 3, 202, S. 2, 212 b II 2, 304 III[7] ergehenden Entscheidungen[8, 9]. Da es sich dabei stets um Beschlüsse, niemals aber um Urteile handelt, ist das vom Gesetz ausgeschlossene Rechtsmittel die Beschwerde. Der Grund für den Ausschluß ergibt sich aus den Motiven[10]. Der Gesetzgeber hat hier ein praktisches Bedürfnis für die Gewährung eines Anfechtungsrechts verneint. So bedürfen etwa die Einstellung des Verfahrens, die Wiedereinsetzung in den vorigen Stand oder der Beschluß, der die Richterablehnung für begründet erklärt, keiner weiteren gerichtlichen Überprüfung, zumal sie zumeist dem Antrag des Betroffenen entsprechen und ihn in der Regel gar nicht beschweren[11].

Dasselbe gesetzgeberische Motiv liegt dem in bestimmten Fällen normierten teilweisen Ausschluß der Beschwerde zugrunde. Zu nennen sind die §§ 201 II 2, 210 I, 270 III, 372, S. 2. Die Anfechtungsmöglichkeit ist hier von der Seite des Subjekts her beschränkt. Das Gesetz gewährt die Beschwerde nur bestimmten Personen und entzieht sie damit den anderen am Verfahren Beteiligten[12].

### 2. Der Ausschluß der Beschwerde durch Gewährung eines anderen Rechtsbehelfs

Sieht das Gesetz gegen bestimmte Entscheidungen einen besonders gearteten Rechtsbehelf vor, so bringt es dadurch inzidenter zum Ausdruck, daß die Beschwerde in diesen Fällen ausgeschlossen sein soll[13]. Der Wortlaut des § 304 I ist insoweit nicht korrekt, da eben nicht nur die „ausdrücklich“ einer Anfechtung entzogenen Entscheidungen der Beschwerde unzugänglich sind[14]. Zu nennen sind hier die §§ 319 II, 346 II. Wird die Berufung, bzw. die Revision schon durch das Erst-

---

[6] Siehe dazu oben C II 2.

[7] Die in § 304 III festgelegten Wertgrenze stellt eine Zulässigkeitsschranke dar, die eingreift, wenn lediglich die Kosten-, Gebühren- und Auslagenentscheidung angefochten wird. Die Vorschrift erfaßt daher vor allem die sofortigen Beschwerden gem. §§ 464 III, 467 a III, 469 III; vgl. dazu OLG Hamburg NJW 56, 1891.

[8] Vgl. *Löwe / Rosenberg / Gollwitzer*, § 304, 30; KMR, § 304, 1 a; *Kleinknecht*, § 304, 6; *Gössel*, § 36 A I b 1.

[9] Hingegen bestimmt § 305 a nur eine inhaltliche Beschränkung der Anfechtung, nicht aber einen Ausschluß der Beschwerde im eigentlichen Sinne; das Rechtsmittel ist unumschränkt zulässig, allein die Nachprüfbarkeit des Pflichtenbeschlusses ist begrenzt, siehe oben B III 5 a.

[10] *Hahn*, S. 90 f.

[11] Zu § 28 I, vgl. auch *Löwe / Rosenberg / Dünnebier*, § 28, 1.

[12] Siehe schon oben, C II 3, zur sofortigen Beschwerde gem. § 210.

[13] Vgl. BGHSt 10, 88 ff., 91; *Löwe / Rosenberg / Gollwitzer*, § 304, 33; KMR, § 304, 16; *Kleinknecht*, § 304, 6.

[14] So schon *Ferdinand*, S. 141; *Löwe*, § 346, 2 a.

gericht aus formalen Gründen als unzulässig verworfen, so kann der Rechtsmittelführer gegen diesen Beschluß die Entscheidung des Berufungs- bzw. des Revisionsgerichts beantragen. Dieser Antrag auf gerichtliche Entscheidung ist trotz der einwöchigen Einlegungsfrist keine sofortige Beschwerde, sondern ein Rechtsbehelf eigener Art[15].

Nicht hierher fallen hingegen die Anträge gem. §§ 98 II 2, 111 e II 3, 111 l VI 1, 161 a III 1, 163 a III 3, 172 II 1. Zwar zielen auch diese auf die Herbeiführung einer gerichtlichen Entscheidung; sie wenden sich jedoch nicht — wie die Anträge gem. §§ 319 II, 346 II — gegen einen gerichtlichen Beschluß, sondern gegen eine Maßnahme der Staatsanwaltschaft oder ihrer Hilfsbeamten[16]. Die Beschwerde im Sinne der §§ 304 ff. ist hier also schon aufgrund der Natur der anzufechtenden Entscheidung[17] und nicht erst wegen der vorgesehenen Antragsmöglichkeit unzulässig.

### 3. Insbesondere: Der Ausschluß der Beschwerde gem. § 304 IV

Bezog sich der bisher erörterte Ausschluß der Beschwerde auf einzelne, im Gesetz ausdrücklich genannte Fälle, so beinhaltet § 304 IV eine Regelung genereller Bedeutung: Die Beschwerde ist unzulässig gegen alle Entscheidungen des Bundesgerichtshofs sowie in der Regel auch gegen Beschlüsse und Verfügungen der Oberlandesgerichte[18]. Diese gesetzgeberische Maßgabe entspreche, so die Motive[19], dem Rang, der den obergerichtlichen Entscheidungen zukomme. Auch müsse eine Überlastung des BGH verhindert werden, um ihm die Erfüllung bedeutsamerer Rechtsprechungsaufgaben zu ermöglichen[20].

Jedoch enthält § 304 IV S. 2, 2. Halbsatz einige von der Regel abweichende wesentliche Ausnahmen: Gegen die im Katalog genannten Entscheidungen der erstinstanzlich zuständigen Oberlandesgerichte, § 120 I, II GVG, ist die Möglichkeit der Beschwerde gegeben. Diese Regelung wurde nach der Einführung der zweiten Instanz in Staatsschutz-Strafsachen[21] notwendig. War fortan gegen die erstinstanzlichen Entschei-

---

15 Vgl. BGHSt 11, 154 f.; *Löwe / Rosenberg / Gollwitzer*, § 304, 33; *Kleinknecht*, § 319, 2; § 346, 6; *Peters*, S. 557; KMR, § 319, 4; a. A. *Gössel*, § 37 C I a („Sonderform der sofortigen Beschwerde").

16 Vgl. *Kleinknecht*, § 98, 8; § 111 e, 8; § 111 l, 10; § 163 a, 21.

17 Entschließungen der StA fallen nicht in den Bereich strafprozessualer Rechtsmittel, siehe oben A I 2.

18 Vgl. dazu *Löwe / Rosenberg / Gollwitzer*, § 304, 67 ff.; *Kleinknecht*, § 304, 10.

19 *Hahn*, S. 249.

20 Auch die neuere Rechtsprechung greift bei Auslegung des § 304 IV stets auf diese Gesichtspunkte zurück, vgl. BVerfG NJW 77, 1815; BGH NJW 77, 2086; NJW 77, 1829; NJW 77, 156; NJW 76, 525; NJW 76, 523; NJW 76, 431; NJW 73, 664; vgl. auch *Eb. Schmidt*, Nachtrag II, § 304, 1.

21 Gesetz zur allgemeinen Einführung eines zweiten Rechtszuges in Staatsschutz-Strafsachen vom 8. 9. 1969.

dungen der zentralen Oberlandesgerichte die Möglichkeit der Revision gegeben, § 333, so sollte auch gegen Beschlüsse und Verfügungen dieser Oberlandesgerichte in zumindest beschränktem Umfang die Beschwerde zulässig sein[22]. Der Gesetzgeber hat daher, um eine übermäßige Belastung des BGH zu vermeiden[23], in Abs. IV S. 2, Ziff. 1 bis 5 diejenigen Entscheidungen abschließend aufgezählt[24], die einer Überprüfung durch den BGH unterliegen sollen. Er hat sich dabei auf solche Entscheidungen beschränkt, die „besonders nachhaltig in die Rechtssphäre des Betroffenen eingreifen, die den Abschluß des Verfahrens herbeiführen würden oder die sonst von besonderem Gewicht sind"[25].

Die Gesetzesmaterialien[26] machen deutlich, daß § 304 IV S. 2 die Bedeutung einer Ausnahme von der grundsätzlichen Unanfechtbarkeit oberlandesgerichtlicher Entscheidungen hat. Auch der Wortlaut der Vorschrift und die angewendete Gesetzgebungstechnik zeigen, daß eine erweiternde Auslegung oder entsprechende Anwendung auf ähnlich gelagerte Fälle unzulässig ist[27]. Daraus folgt, daß z. B. die Entscheidungen, durch die ein im ersten Rechtszug zuständiges Oberlandesgericht die Ablehnung eines Richters als unzulässig verwirft oder als unbegründet zurückweist, § 28 II, nicht mit der Beschwerde angefochten werden kann[28].

Im Rahmen der Aufzählung des § 304 IV S. 2 ist die Ziff. 1 von besonderer Bedeutung. Dabei stellt sich die Frage, ob der Begriff der „Verhaftung" ebenso auszulegen ist wie bei § 310 I. Neben dem Wortlaut spricht hierfür vor allem der Gesetzeszweck[29]. Beide Vorschriften privilegieren den von einer Verhaftung Betroffenen, weil er eine weitgehende Beschränkung seiner persönlichen Freiheit zu erdulden hat. Sie eröffnen ihm deshalb einen Rechtsweg, der bei weniger schwerwiegenden Eingriffen nicht gegeben ist. Während § 310 I dabei auf die „materielle Bedeutung" der freiheitsentziehenden Maßnahmen abstellt[30], erfaßt § 304 IV die Verhaftung als besonders nachhaltigen Ein-

---

[22] Vgl. BGH NJW 73, 664; *Eb. Schmidt*, a.a.O.

[23] Vgl. BGH NJW 77, 2086; NJW 77, 1829; NJW 73, 664.

[24] Eingeführt durch Art. 2 Nr. 12 des genannten Gesetzes (Anm. 21).

[25] Begr. in BT Drucks. V/4086, S. 11.

[26] a.a.O.

[27] Vgl. BVerfG NJW 77, 1815 f.; BGH NJW 77, 2086; NJW 77, 1829; NJW 76, 721; NJW 73, 664; *Löwe / Rosenberg / Gollwitzer*, § 304, 70; *Gössel*, § 36 A I b 3.

[28] Ebenso BVerfG, a.a.O.; BGH NJW 77, 1829 mit insoweit zustimmender Anm. von *Schmidt-Leichner* NJW 77, 1804.

[29] Im Ergebnis ebenso BGH NJW 76, 721; NJW 73, 664; *Löwe / Rosenberg / Gollwitzer*, § 304, 71; *Gössel*, a.a.O.

[30] Vgl. *Hahn*, S. 249; zum Grundgedanken des § 310 I, vgl. bereits o., D II 2.

griff in die Rechtssphäre des Betroffenen[31]. Den Vorschriften liegt also das gleiche gesetzgeberische Motiv zugrunde. Sie verfolgen gemeinsam den Zweck, die einschneidende Maßnahme der Verhaftung einer möglichst weitgehenden gerichtlichen Kontrolle zu unterwerfen. Erfüllen aber beide Vorschriften die gleiche Aufgabe, so können sie keinen unterschiedlichen Geltungsbereich haben. Andernfalls würde die eine Norm den ihr zugedachten Zweck nicht in dem Maße erfüllen wie die andere; sie würde zwangsläufig der ihr vom Gesetzgeber beigelegten Bedeutung nicht gerecht.

§ 304 IV S. 2 Ziff. 1 erfaßt daher wie § 310 I diejenigen Beschlüsse, mit denen „unmittelbar entschieden wird, ob der Beschuldigte in Haft zu nehmen oder zu halten ist“[32], die also den Erlaß oder den Bestand des Haftbefehls betreffen. Umgekehrt sind auch hier die bei einer Haftverschonung gem. § 116 angeordneten Auflagen ebensowenig isoliert anfechtbar[33] wie die einem Untersuchungsgefangenen gem. § 119 III auferlegten Beschränkungen[34]. Im übrigen, insbesondere zum Begriff der „Verhaftung“, kann hier auf die Ausführungen zur Zulässigkeit der weiteren Beschwerde Bezug genommen werden[35].

Zu Ziff. 4 ist zu bemerken, daß § 147 IV 2 im Hinblick auf die Anfechtbarkeit der Versagung der Akteneinsicht eine Sonderregelung enthält. Untersagt also das erstinstanzlich zuständige Oberlandesgericht dem Verteidiger die Mitnahme der Akten, so ist diese Entscheidung entgegen § 304 IV S. 2, Ziff. 4 unanfechtbar. Auf die Bestimmung des § 304 IV S. 3 ist bereits oben[36] näher eingegangen worden.

## II. Der Ausschluß der Beschwerde gem. § 305

Die bisher behandelten Vorschriften betreffen den Ausschluß der Beschwerde bei einzelnen, im Gesetz verstreuten Entscheidungen[37] oder bei Beschlüssen und Verfügungen des Bundesgerichtshofs, bzw. der Oberlandesgerichte[38]. Beschlüsse und Verfügungen der in erster oder in der Berufungsinstanz zuständigen Untergerichte werden von diesen Ausschlußnormen prinzipiell nicht berührt[39]. Jedoch besteht auch hier das Bedürfnis nach einer generellen, über die normierten Einzelfälle

---

[31] s. o. bei Fußnote 25.

[32] BGH NJW 76, 721.

[33] Vgl. BGH NJW 73, 664; *Kleinknecht*, § 304, 10.

[34] Vgl. BGH NJW 76, 721; *Kleinknecht*, § 304, 10; *Gössel*, § 36 A I b 3.

[35] s. o., D II.

[36] Bei der sofortigen Beschwerde gemäß § 138 d VI, siehe oben C II 2.

[37] Siehe oben I 1, 2.

[38] Siehe oben I 3.

[39] Es sei denn, daß einer der gesetzlichen Ausnahmetatbestände vorliegt.

hinausgehenden Regelung. Dies gilt vor allem bei erstinstanzlichen Entscheidungen, die in der Hauptverhandlung ergehen und zudem mit dem Rechtsmittel gegen das Urteil angefochten werden können. Wäre gegen diese Entscheidungen neben der Berufung oder Revision auch noch die Beschwerde zulässig, so ließen sich erhebliche Verfahrensverzögerungen nicht vermeiden[40]. Auch müßten sich oft zwei verschiedene Gerichte mit Fragen befassen, die besser einheitlich mit dem Urteil entschieden würden[41]. So würde etwa die wiederholte Stellung von Beweisanträgen in einer erstinstanzlichen Strafkammersache bei Zulassung der Beschwerde gegen die Ablehnung der Anträge zu einer mehrfachen Verfahrensaussetzung führen. Die Beschwerden würden zum OLG gehen, § 121 I Nr. 2 GVG, über die Revision hätte hingegen der BGH zu entscheiden, § 135 I GVG. Es entspringt also einer „prozessualen Notwendigkeit"[42], der Vermeidung unangemessener Verfahrensbehinderungen, die Beschwerde in diesen Fällen nicht zuzulassen, sondern den Betroffenen auch insoweit auf das Rechtsmittel gegen das Urteil zu verweisen.

Diesem Bestreben versucht § 305, S. 1 gerecht zu werden. Er bestimmt, daß die Beschwerde gegen „Entscheidungen der erkennenden Gerichte, die der Urteilsfällung vorausgehen", nicht zulässig ist. Der Wortlaut des § 305, S. 1 reicht jedoch über den mit ihm verfolgten Zweck hinaus[43]. Während der Text nämlich alle Beschlüsse und Verfügungen erfaßt, die etwa im Verlauf einer Hauptverhandlung ergehen, betrifft die Vorschrift ihrem Sinn nach nur diejenigen Entscheidungen, die in einem „inneren Zusammenhang mit der nachfolgenden Urteilsfällung stehen" und zugleich „zur Begründung des Rechtsmittels gegen das demnächst ergehende Urteil benutzt werden können"[44]. Nur ist eine solche Überprüfung mit dem Urteilsrechtsmittel nicht bei allen hier in Betracht kommenden Entscheidungen möglich. Neben den in § 305, S. 2 aufgezählten Maßnahmen sei hier z. B. die Anordnung einer Haussuchung genannt, deren Auswirkungen nach ihrer Durchführung mit der Berufung oder Revision nicht mehr beseitigt werden können.

Es ist demnach festzustellen, daß sich aus dem zu weiten Wortlaut des § 305, S. 1 und der unvollständigen Aufzählung der Ausnahmen in

---

[40] Vgl. *Löwe / Rosenberg / Gollwitzer*, 5 vor § 304 („Beeinträchtigung des Verfahrensgangs"); 30 vor § 304 („unangebrachte Verfahrensbehinderungen"); § 305, 3 („Verfahrensverschleppung"); *Eb. Schmidt*, § 305, 1 („störende Verzögerung der Urteilsfindung"); *Peters*, S. 550; *Roxin*, § 55, B II 2 a („Zerreißung der Hauptverhandlung").

[41] Vgl. *Peters*, S. 550; OLG Hamm NJW 73, 818.

[42] *Peters*, S. 550.

[43] Vgl. *Löwe / Rosenberg / Gollwitzer*, § 305, 2, 12; KMR, § 305, 2 a; *Amelung*, S. 19 und schon *Ferdinand*, S. 164.

[44] *Hahn*, S. 247 f.

§ 305, S. 2 Probleme im Hinblick auf den Rechtsschutz desjenigen ergeben, der von einer Entscheidung des erkennenden Gerichts betroffen wird. Darauf wird sogleich näher einzugehen sein[45].

### 1. Die „Entscheidungen des erkennenden Gerichts"

Es entspricht der einhellig vertretenen Auffassung[46], daß unter dem erkennenden Gericht im Sinne des § 305 das Gericht des Hauptverfahrens zu verstehen ist. Die von § 305 erfaßten Entscheidungen sind demnach solche, die mit[47] oder nach Eröffnung des Hauptverfahrens bis zur Urteilsverkündung ergehen. Auch die in diesem Zeitraum erlassenen Verfügungen des Vorsitzenden fallen darunter[48]. Das Berufungsgericht ist erkennendes Gericht, sobald ihm die Akten mit der Berufungsschrift vorgelegt werden[49].

Hingegen scheiden Beschlüsse und Verfügungen im Ermittlungsverfahren[50] und im Zwischenverfahren[51] aus dem Anwendungsbereich des § 305 aus. Sie sind grundsätzlich mit der Beschwerde anfechtbar. Auch entscheidet das erkennende Gericht nicht nur in der Hauptverhandlung, sondern während des gesamten Hauptverfahrens. Dies zeigt ein Vergleich mit den §§ 209 I StPO, 74 I, 74 a, 74 b GVG[52].

### 2. Entscheidungen, „die der Urteilsfällung vorausgehen"

Dieser Satz enthält die für das Verständnis des § 305 entscheidende Voraussetzung. Nur bei richtiger Auslegung dieser Formulierung kann der vom Gesetzgeber gewollte und dem Rechtsschutz des Betroffenen gerecht werdende Anwendungsbereich des § 305 ermittelt werden.

#### *a) Die Reichweite des § 305, Satz 1*

Wie schon erwähnt, reicht der Wortlaut des § 305, S. 1 weiter, als es der Gesetzgeber beabsichtigte[53]. Nicht alle während des Hauptverfah-

---

[45] Siehe unter 2.

[46] Vgl. BGHSt 2, 2; RGSt 43, 480; *Löwe / Rosenberg / Gollwitzer*, § 305, 6; *Eb. Schmidt*, § 305, 2; KMR, § 305, 1; *Kleinknecht*, § 305, 2; *Peters*, S. 550; *Gössel*, § 36 A I b 4; *Dünnebier*, S. 671.

[47] Vgl. BayOblG MDR 55, 629; *Löwe / Rosenberg / Gollwitzer*, § 305, 8; *Eb. Schmidt*, § 305, 3; *Dünnebier*, a.a.O., S. 671.

[48] Vgl. OLG Stuttgart NJW 76, 1647; NJW 73, 2309; *Eb. Schmidt*, § 305, 4; KMR, § 305, 1; *Kleinknecht*, § 305, 2.

[49] Vgl. OLG Köln NJW 56, 803; *Löwe / Rosenberg / Gollwitzer*, § 305, 7; *Kleinknecht*, § 305, 2.

[50] Im Ermittlungsverfahren ist der Staatsanwalt „Herr des Verfahrens", vgl. nur *Roxin*, § 38.

[51] Vgl. KMR, § 305, 1; *Dünnebier*, S. 671 („beschließendes Gericht").

[52] Vgl. *Kleinknecht*, § 209, 3: Zum „erkennenden Gericht" wird das Gericht durch die Eröffnung des Hauptverfahrens.

[53] Siehe oben Anm. 43.

rens ergehenden Entscheidungen sollten der Beschwerde entzogen werden. Die gewollte Reichweite des Beschwerdeausschlusses wird erst deutlich, wenn man die Motive[54] heranzieht. Diese besagen[55]: „Bei den meisten der Urteilsfällung vorausgehenden Entscheidungen der erkennenden Gericht (ist) zwar nicht jede Anfechtung, wohl aber die Beschwerde (ausgeschlossen). Es beruht dies darauf, daß diese Entscheidungen regelmäßig in irgendwelchem inneren Zusammenhang mit der nachfolgenden Urteilsfällung stehen und zur Vorbereitung der letzteren dienen, daß sie demzufolge sich aber meistens als bloß vorläufige Beschlüsse darstellen und bei der Urteilsfällung selbst nochmals der Prüfung des Gerichts unterliegen. Hier würde ein schon vor der Urteilsfällung stattfindendes Eingreifen des höheren Gerichts in das Verfahren mit der Stellung und Aufgabe des Gerichts erster Instanz unvereinbar sein. Dies gilt vor allem von solchen Beschlüssen, welche eine Beweisaufnahme anordnen oder ablehnen. In allen diesen Fällen bleibt demjenigen, der sich durch die Entscheidung beschwert fühlt, die Geltendmachung seiner Beschwerdegründe insofern vorbehalten, als dieselben zur Begründung des Rechtsmittels (der Berufung oder der Revision)[56] gegen das demnächst ergehende Urteil benutzt werden können. Die Beschwerde geht hier also in diesem Rechtsmittel auf. Gegen solche Entscheidungen des erkennenden Gerichts hingegen, welche in keinem inneren Zusammenhang mit der Urteilsfällung stehen ... ist das Rechtsmittel der Beschwerde zulässig."

Die zitierten Materialien machen deutlich, daß § 305 allein solche Entscheidungen erfassen will, die ausschließlich der Vorbereitung des Urteils dienen; sie dürfen darüber hinaus keine anderen Auswirkungen zeitigen und müssen mit dem Rechtsmittel gegen das Urteil überprüft und ggf. beseitigt werden können[57]. Wesentlich ist also ein direkter innerer Zusammenhang mit dem Urteil[58]. Da dieser nicht bei allen dem Urteil vorausgehenden Entscheidungen gegeben ist, ist eine einschränkende Auslegung des § 305, S. 1 geboten[59]. Diese hat sich am Sinn der Norm zu orientieren. Die Vorschrift will nicht eine Schmälerung des Rechtsschutzes des Betroffenen bewirken[60]. Einen Instanzverlust, der

---

[54] *Hahn*, S. 247 f.

[55] Die hier vertretene Auffassung zu § 305 (siehe weiter im Text) stützt sich auch auf den Willen des historischen Gesetzgebers. Daher erscheint die wörtliche Wiedergabe der Gesetzesmaterialien erforderlich.

[56] Die Berufung war dem Entwurf noch nicht bekannt.

[57] Dies entspricht auch der h. M., vgl. OLG Karlsruhe NJW 77, 309; OLG Stuttgart NJW 76, 1677; NJW 73, 2309; *Löwe / Rosenberg / Gollwitzer*, § 305, 8; *Eb. Schmidt*, § 305, 5; KMR, § 305, 2 a bb; *Kleinknecht*, § 305, 3; *Gössel*, § 36 A I b 4; *Amelung*, S. 20.

[58] Vgl. nur *Gössel*, § 36 A I b 4.

[59] Vgl. RGSt 67, 310 ff., 312; OLG Celle NJW 71, 256; *Löwe / Rosenberg / Gollwitzer*, § 305, 2, 12; *Eb. Schmidt*, § 305, 5; *Amelung*, S. 20.

darin liegen könnte, daß die Entscheidung weder auf dem Beschwerdeweg, noch mit der Berufung oder der Revision anfechtbar ist, normiert § 305, S. 1 nicht[61]. Dann aber fallen Beschlüsse und Verfügungen, die in irgendeiner Weise Wirkungen entfalten, die über die Vorbereitung des Urteils hinausgehen, aus dem Anwendungsbereich der Vorschrift hinaus[62]; denn ihre Überprüfung ist im Rahmen der Urteilsanfechtung nicht mehr möglich.

Dem versucht zwar § 305, S. 2 Rechnung zu tragen, wenn er die Beschwerde gegen bestimmte Entscheidungen ausnahmsweise zuläßt. Entsprechend dem vom Gesetzgeber zugrunde gelegten Sinn des § 305, S. 1 werden gerade solche Entscheidungen genannt, die mit der Berufung oder der Revision überhaupt nicht nachprüfbar[63] oder zumindest in ihren Folgen dann nicht mehr zu beseitigen wären[64]. Jedoch reicht die in § 305, S. 2 vorgenommene Einschränkung des Wortlauts des S. 1 nicht weit genug. Es werden nicht alle Entscheidungen aufgezählt, gegen die nach dem Sinn des S. 1 die Beschwerde zulässig sein muß. So fehlen die Beschlüsse und Verfügungen, denen der urteilsvorbereitende Charakter völlig mangelt oder die daneben noch zumindest andere prozessuale Wirkungen zeitigen. Insbesondere nennt § 305, S. 2 aber nicht alle Grundrechtseingriffe[65], die im Verlauf eines Hauptverfahrens ergehen können und die über ihren prozessualen Effekt hinaus eine Sofortwirkung auf die materielle Position des Betroffenen haben[66]. § 305, S. 2 kann deshalb lediglich deklaratorischer Charakter zukommen[67]; er enthält eine nur beispielhafte Aufzählung[68]. Richtig kann der gesetzgeberische Wille nur dann verwirklicht werden, wenn man bei § 305 allein auf das dargestellte allgemeine Prinzip des S. 1 abstellt und S. 2 als noch dazu bruchstückhafte Aufzählung zur Verdeutlichung dieses Willens begreift. § 305, S. 2 ist überflüssig, weil sich schon bei Auslegung des § 305, S. 1 ergibt, daß die genannten Entscheidungen der Beschwerde unterliegen.

Zusammenfassend läßt sich also sagen: Ohne § 305, S. 2 heranziehen zu müssen, zählen zu den der Urteilsfällung vorausgehenden Entschei-

---

[60] *Löwe / Rosenberg / Gollwitzer*, § 305, 3; *Amelung*, S. 20.

[61] Vgl. RGSt 74, 395; *Amelung*, S. 20.

[62] Vgl. *Roxin*, § 55 B II 2; *Amelung*, S. 20; zu eng hingegen *Löwe / Rosenberg / Gollwitzer*, § 305, 12; KMR, § 305, 2 a cc; *Kleinknecht*, § 305, 3, die dies nur bei prozessualen oder verfahrensmäßigen Nebenwirkungen bejahen; treffend dagegen *Amelung*, a.a.O., vgl. auch weiter im Text.

[63] Wie etwa Entscheidungen gegen Dritte.

[64] Vgl. *Kleinknecht*, § 305, 4; *Roxin*, § 55 B II 2 b; *Amelung*, S. 20.

[65] Eingehend *Amelung*, S. 19 („schwer erklärbare Lücken").

[66] Siehe dazu oben, B I 1 b.

[67] Vgl. *Amelung*, S. 20.

[68] So schon *Ferdinand*, S. 165.

dungen solche, die allein der Vorbereitung des Urteils dienen. Sie sind, soweit sie im Hauptverfahren ergehen, nicht mit der Beschwerde anfechtbar, unterliegen aber regelmäßig der Überprüfung durch das Berufungs- oder Revisionsgericht[69]. Haben die Beschlüsse oder Verfügungen (daneben) aber andere prozeß- oder materiellrechtlichen Auswirkungen, so ist gegen sie die Beschwerde auch dann zulässig, wenn sie von dem erkennenden Gericht stammen; denn diese anderen Auswirkungen stellen eine unmittelbare Beeinträchtigung dar und lassen sich deshalb mit dem Rechtsmittel gegen das Urteil nicht mehr beseitigen[70]. Sie würden also für den Betroffenen einen Instanzverlust bedeuten, den § 305 gerade nicht bewirken will[71].

### b) *Die in Betracht kommenden Entscheidungen im einzelnen*

Unter Zugrundelegung des so verstandenen § 305 lassen sich die in Betracht kommenden Entscheidungen des erkennenden Gerichts folgendermaßen unter § 305, S. 1 ordnen:

aa) Beispiele: Beschlüsse über die Zulässigkeit und den Umfang der Beweisaufnahme[72], über die Auswahl oder die Ablehnung eines Sachverständigen[73], über die Nichtbeeidigung von Zeugen[74], über die Ablehnung eines Aussetzungsantrags[75], über die Erscheinungspflicht des Angeklagten in der Hauptverhandlung[76], über die Bestellung eines Pflichtverteidigers[77], über die Frage der örtlichen Zuständigkeit[78] oder die Ablehnung einer beantragten Verweisung[79]. Diese Entscheidungen haben allein urteilsvorbereitenden Charakter; sie gehen nicht nur zeitlich, sondern auch sachlich der Urteilsfällung voraus, weil sie ausschließlich den Fortgang des Verfahrens fördern. Auf sie trifft der Sinn des § 305 daher uneingeschränkt zu. Die Beschwerde ist ausgeschlossen; der Betroffene kann die Beeinträchtigung seiner prozessualen Rechte jedoch bei der Anfechtung des Urteils geltend machen, so daß eine Überprü-

[69] Dies trifft auch beim Ausschluß der verwaltungsprozessualen Beschwerde gem. § 146 II VwGO zu, vgl. *Eyermann / Fröhler*, § 146 VwGO, 19.

[70] Grundlegend *Amelung*, S. 19 ff.; im Ergebnis wie hier *Gössel*, § 36 A I 64 und neuerdings wohl auch *Kleinknecht*, § 305, 4.

[71] So die Motive, siehe oben bei Anm. 52.

[72] Vgl. OLG Celle NJW 53, 1933; vgl. auch die Motive, oben bei Anm. 52.

[73] Vgl. OLG Hamburg MDR 77, 69; OLG Hamm MDR 70, 863.

[74] Vgl. *Löwe / Rosenberg / Gollwitzer*, 5 vor § 304.

[75] Vgl. *Roxin*, § 55 BII 2 c.

[76] Vgl. *Küper* NJW 74, 1927 ff.

[77] Vgl. OLG Hamm NJW 73, 818.

[78] Vgl. RG JW 33, 444.

[79] Vgl. OLG Braunschweig GA 59, 89; weitere Beispiele finden sich bei *Löwe / Rosenberg / Gollwitzer*, § 305, 14 f.

fung durch das Rechtsmittelgericht stattfindet. Die Beschwerde geht hier also in dem Urteilsrechtsmittel auf[80].

bb) Gegenbeispiele: Die Nichtanberaumung eines Termins zur Hauptverhandlung[81], die Aufhebung des Hauptverhandlungstermins[82], eine nicht nur kurzfristige Vertagung[83] oder die Anordnung der Verfahrensaussetzung, ohne daß dies sachlich erforderlich ist[84]. Hier sind alle die Entscheidungen zu nennen, die nicht dazu bestimmt oder geeignet sind, die Urteilsfällung zu fördern. So zielt z. B. eine sachlich nicht notwendige Vertagung oder Aussetzung nicht auf die Vorbereitung des Urteils ab, sondern schiebt dieses gerade hinaus[85]. Beschlüsse, die die Aussetzung anordnen, haben immer eine über den Zusammenhang mit der Urteilsfällung hinausgehende hemmende Wirkung; diese Verzögerungswirkung ist aber mittels Urteilsanfechtung nicht mehr zu beseitigen[86].

Ebenfalls hierzu zu rechnen sind die Entscheidungen, die zwar den Fortgang des Verfahrens betreiben und dabei die Urteilsfällung zum Ziel haben, daneben jedoch auch andere prozessuale Auswirkungen zeitigen. So geht etwa die Entscheidung, die Hauptverhandlung nicht in Abwesenheit des Angeklagten durchzuführen, zwar sachlich der Urteilsfällung voraus, hat aber darüber hinaus eine eigenständige prozessuale Bedeutung[87]. Dasselbe gilt bei der Nichtzulassung einer Nebenklage[88]. Dies ist zwar nicht unbestritten[89], entspricht aber der formellen Position des Nebenklägers. Seine Befugnis zur Mitwirkung am Verfahren wäre anderenfalls endgültig ausgeschlossen, da sie nach Abschluß des Verfahrens nicht wiederhergestellt werden kann[90]. Die darin liegende selbständige prozessuale Bedeutung der Entscheidung recht-

---

[80] So ausdrücklich die Motive, siehe oben bei Anm. 52.

[81] Vgl. OLG Nürnberg OLGSt § 305, 15.

[82] Vgl. *Löwe / Rosenberg / Gollwitzer*, § 305, 17.

[83] Vgl. dazu OLG Stuttgart NJW 73, 2309.

[84] Vgl. OLG Karlsruhe GA 74, 285; KG NJW 70, 482; KG JR 66, 230; OLG Frankfurt NJW 66, 992; *Löwe / Rosenberg / Gollwitzer*, § 305, 16; *Eb. Schmidt*, § 305, 6; *Roxin*, § 55 B II 2 c.

[85] Vgl. *Roxin*, a.a.O.

[86] Vgl. KG NJW 70, 482; ähnlich OLG Stuttgart NJW 76, 1647; NJW 73, 2309; wie hier *Löwe / Rosenberg*, a.a.O.; *Eb. Schmidt*, a.a.O.; *Roxin*, a.a.O.; *Roxin*, weist zu Recht darauf hin, daß die StA sonst „gegen eine auf diese Weise verkappte Verfahrenseinstellung nichts unternehmen könnte".

[87] Vgl. *Riess* JZ 75, 270 f.

[88] Vgl. OLG Hamm NJW 72, 883; OLG Saarbrücken NJW 63, 1513; OLG Oldenburg NJW 56, 682; *Löwe / Rosenberg / Gollwitzer* § 305, 18; KMR, § 396, 4; *Eb. Schmidt*, Nachtrag I, § 396, 18; *Bringewat* GA 72, 294 f.

[89] a. A. OLG Hamburg NJW 61, 2271; OLG Frankfurt NJW 53, 317; weitere Nachweise bei OLG Hamm, a.a.O., S. 883.

[90] Ebenso OLG Hamm, a.a.O., S. 883; *Bringewat*, a.a.O., S. 294 f.

fertigt es, gegen sie die Beschwerde zuzulassen; denn die Auswirkungen in anderer Richtung können mit dem Rechtsmittel gegen das Urteil nicht mehr korrigiert werden.

cc) Weitere Gegenbeispiele: Alle Maßnahmen, die einen Grundrechtseingriff bedeuten, so die in § 305, S. 2 aufgeführten Eingriffe[91], aber darüber hinaus auch etwa die Anordnung einer Haussuchung, die Maßnahme nach § 81 a oder die Zurückweisung eines Verteidigers[92]. Diesen Entscheidungen läßt sich zwar meist ihr urteilsvorbereitender Charakter nicht absprechen; sie haben aber daneben immer erhebliche materielle Wirkungen[93]. Als doppelfunktionelle Maßnahmen beinhalten sie nicht nur, wie die reinen Prozeßhandlungen, eine Schmälerung der Verfahrensstellung des Betroffenen[94], sondern beeinträchtigen ihn in grundrechtlich geschützten Positionen[95]. Diese Beeinträchtigungen entstehen unmittelbar mit der Anordnung des Eingriffs und sind, da sie eine Sofortwirkung entfalten[96], mit dem Urteilsrechtsmittel nicht mehr zu beseitigen[97]. Gegen sie muß deshalb die Beschwerde als einzige Möglichkeit wirksamen Rechtsschutzes zulässig sein[98]. Dies entspricht auch dem Willen des Gesetzgebers, der ja betroffenen Dritten, denen kein Rechtsmittel gegen das Urteil zusteht, die Beschwerdebefugnis einräumt. Nur ergibt sich dieser gesetzgeberische Wille nicht erst aus der ausdrücklichen Erwähnung in § 305, S. 2, sondern bereist aus der einschränkenden Auslegung des § 305, S. 1. Gerade hier wird dies deutlich: Wie sonst sollte der von einer (in S. 2 nicht genannten) Haussuchungsanordnung betroffene Angeklagte den gleichen Rechtsschutz genießen wie der damit behelligte Zeuge? Dieser hat die Möglichkeit, sich zu wehren, jenem wäre sie verwehrt, da ihm Berufung oder Revision

---

[91] Ein Beispiel für eine Entscheidung, die eine Verhaftung im Sinne des § 305, S. 2 betrifft, findet sich bei *Kunkel-Cichos,* NJW 70, 1282.

[92] Vgl. die bedeutsame Entscheidung des OLG Karlsruhe NJW 77, 309: § 305, S. 1 steht der Beschwerde des zurückgewiesenen Verteidigers nicht entgegen, weil die Entscheidung Wirkungen nach sich zieht, die über die bloße Urteilsvorbereitung hinausgehen, nämlich den Verteidiger in seiner Berufsstellung als Rechtsanwalt berühren. Unverständlich ist allerdings, daß das Gericht die Zulässigkeit der Beschwerde wegen der weitergehenden „Verfahrenswirkungen" bejaht, und das, obwohl es die materielle Bedeutung der Verteidigerzurückweisung, Art. 12 I GG, erkennt. Es ist dies ein Beispiel für die oben beklagte Abneigung der Gerichte, die Doppelfunktionalität verfahrensbegleitender Grundrechtseingriffe bei der Frage des Rechtsschutzes ausreichend zu berücksichtigen, siehe oben B I 1 b; vgl. auch *Amelung,* S. 20, Fußnote 28 und weiter im Text.

[93] Vgl. *Amelung,* S. 20; *Gössel,* § 36 A I 64.

[94] Vgl. aber OLG Karlsruhe, a.a.O.; Anm. 92.

[95] Siehe dazu oben B I 1 b.

[96] Siehe oben, B I 1 b.

[97] Ebenso *Amelung,* S. 20; *Gössel,* § 36 A I 64.

[98] Grundlegend *Amelung,* S. 20; im Ergebnis ebenso *Gössel,* a.a.O. und wohl auch neuerdings *Kleinknecht,* § 305, 4.

nichts nützen. Eine Schlechterstellung des Angeklagten gegenüber dem Zeugen wollte der Gesetzgeber durch § 305 aber gerade nicht bewirken.

dd) Vor diesem Hintergrund ist auch die Rechtsprechung[99] und die mit ihr jetzt wohl übereinstimmende h. M.[100] zu den Eingriffen nach § 81 a zu sehen. Danach soll gegen die Anordnung der körperlichen Untersuchung die Beschwerde nur dann zulässig sein, wenn die Maßnahme den in § 305, S. 2 genannten an Schwere vergleichbar ist, d. h. die körperliche Unversehrtheit beeinträchtigt oder eine Freiheitsbeschränkung mit sich bringt[101]. Allein solche einschneidenden Maßnahnahmen habe der Gesetzgeber der Beschwerde unterstellen wollen, nur bei ihnen sei deshalb eine Durchbrechung des allgemeinen Prinzips des § 305, S. 1 angängig[102]. Die körperliche Untersuchung als solche rechtfertige hingegen keine Ausnahme von der Regel und könne deshalb allein nicht mit der Beschwerde abgewehrt werden[103].

Der von der Rechtsprechung angestellte Vergleich mit den Eingriffen des § 305, S. 2 ist hingegen unergiebig[104], wenn man § 305, S. 1 in dem oben dargestellten Sinn versteht und die Frage der Beschwerdezulassung allein unter dem Gesichtspunkt der Urteilsvorbereitung und des Instanzverlustes beantwortet. Dann zeigt sich nämlich, daß jeder Eingriff nach § 81 a eben nicht nur urteilsfördernden Charakter hat, sondern, wie alle Grundrechtseingriffe, materiell beeinträchtigende Sofortwirkungen entfaltet. Die Rechtsprechung verkennt die Doppelfunktionalität der hier in Frage stehenden Grundrechtseingriffe, wenn sie die Möglichkeit der Beschwerde allein von selbständigen prozessualen Wirkungen abhängig macht; sie übersieht, daß die Entscheidung nach § 81 a endgültig und unabhängig vom Ausgang des Verfahrens verfassungsrechtlich geschützte Grundrechte des Betroffenen beeinträchtigt, gleich, ob sie eine Freiheitsbeschränkung mit sich bringt oder nicht[105]. Diese Beeinträchtigung kann aber durch das Rechtsmittelgericht nicht mehr behoben werden, weil das Urteil nicht unmittelbar

[99] Vgl. OLG Hamm NJW 71, 1903; NJW 70, 1985; OLG Celle NJW 71, 256; OLG Düsseldorf NJW 64, 2217; OLG Braunschweig Nds. Rpfl. 65, 231 = GA 65, 345; OLG Schleswig SchlHA 61, 24; OLG Stuttgart Justiz 67, 245.

[100] Vgl. *Eb. Schmidt*, § 81 a, 23; KMR, § 81 a, 106; *Kleinknecht*, § 81 a, 23; *Roxin*, § 33 A II 5; *Genzel* NJW 69, 1562 ff., 1564.

[101] So neuerdings auch *Löwe / Rosenberg / Meyer*, § 81 a, 67 und *Löwe / Rosenberg / Gollwitzer*, § 305, 19; hingegen trat die Vorauflage, *Löwe / Rosenberg / Sarstedt*, § 81 a, 10, für die unbeschränkte Zulässigkeit der Beschwerde ein.

[102] Vgl. nur OLG Celle NJW 71, 256.

[103] Das OLG Schleswig, a.a.O., verlangt gar einen körperlichen Eingriff erheblicher Art.

[104] Ebenso *Amelung*, S. 21 („unnötige und obendrein grundrechtsfeindliche Komplikation").

[105] Überzeugend *Amelung*, S. 21.

auf ihr beruht, über den Eingriff also keinen nachprüfbaren Ausspruch beinhaltet, so daß der Betroffene insoweit durch das Urteil nicht beschwert ist[106]. Die Rechtsprechung führt zu dem unhaltbaren Ergebnis, daß Entscheidungen wie etwa die Verfahrensaussetzung wegen ihrer eigenständigen Auswirkungen auf die verfahrensrechtliche Stellung des Betroffenen der Beschwerde unterliegen, hingegen weit schwerer wiegende Grundrechtseingriffe trotz ihrer materiellen Bedeutung einer Anfechtung, sei es durch Beschwerde, sei es durch Berufung oder Revision, entzogen sind. Sie bewirkt damit einen Instanzenverlust des Betroffenen, den der Gesetzgeber gerade nicht beabsichtigte[107].

Selbst wenn man aber der Rechtsprechung folgt und bei dem Eingriff nach § 81 a die gleiche Intensität wie bei den in § 305, S. 2 aufgeführten Maßnahmen fordert[108], so wären doch die Anordnungen sogar an Schwere miteinander vergleichbar. Das läßt sich anhand der Strafandrohungen des StGB belegen. Handlungen, die einen nur vorübergehenden Entzug des Eigentums bewirken und sich insofern mit der in der § 305, S. 2 genannten Beschlagnahme vergleichen lassen, sind nur in dem engen Rahmen der §§ 248 b, 290 StGB strafbar; demgegenüber ist der Eingriff in die Privatsphäre, wie ihn auch die Maßnahme nach § 81 a darstellt, in weit umfangreicherem Maße pönalisiert, § 203 StGB[109]. Auch dies zeigt, daß die von der Rechtsprechung vorgenommene Einschränkung des Rechtsschutzes in die Irre führt. Vielmehr ist gegen die Anordnung der körperlichen Untersuchung die Beschwerde auch dann unbegrenzt zuzulassen, wenn sie vom erkennenden Gericht stammt[110].

ee) Zusammenfassend ist festzustellen: Alle Entscheidungen des erkennenden Gerichts, die in Grundrechte eingreifen, unterliegen wegen ihrer über die reine Urteilsvorbereitung hinausgehenden selbständigen materiell-rechtlichen Bedeutung der Beschwerde. Das ergibt sich bereits aus der zweckentsprechenden Auslegung des § 305, S. 1, weshalb der Vorschrift des § 305, S. 2 keinerlei Bedeutung zukommt.

[106] Vgl. OLG Celle, a.a.O., S. 256.

[107] Vgl. Motive, oben bei Anm. 52.

[108] Was, wie gezeigt, wegen § 305, S. 1 überflüssig ist.

[109] Vgl. dazu *Amelung*, S. 22.

[110] Im Ergebnis wie hier BayObLG NJW 57, 272; *Amelung*, S. 21 f.; *Gössel*, § 36 A I 64; widersprüchlich *Kleinknecht*, der bei § 305, 4 die Beschwerde gegen Grundrechtseingriffe zuläßt, sie aber bei § 81 a, 23 grundsätzlich ablehnt; wie hier auch *Dzendzalowski*, S. 44, 102, der diese Auffassung allerdings zu Unrecht als h. M. ausgibt und sich dabei fälschlicherweise auf *Eb. Schmidt* und KMR beruft.

### c) *Versuch eines Reformvorschlags*

Die obigen Ausführungen haben gezeigt, daß der Wortlaut des § 305, S. 1 , soweit er „die der Urteilsfällung vorausgehenden“ Entscheidungen betrifft, zu weit ist. Zwar können durch eine einschränkende Auslegung, die sich am Willen des Gesetzgebers und an dem Zweck der Vorschrift orientiert, sachgerechte Ergebnisse gewonnen werden. Jedoch zieht die Rechtsprechung bei der Anwendung des § 305, S. 2 nicht alle Konsequenzen aus ihren Thesen zu § 305, S. 1, was, vor allem bei Grundrechtseingriffen, zu einer Verminderung des Rechtsschutzes des Betroffenen führt. De lege ferenda erscheint deshalb eine klarstellende Korrektur des Wortlauts wünschenswert. Dabei ist davon auszugehen, daß die Beschwerde nur bei solchen Entscheidungen ausgeschlossen sein soll, die die Urteilsfällung vorbereiten, also ausschließlich urteilsfördernden Charakter haben und die darüber hinaus der Nachprüfung durch das Berufungs- oder Revisionsgericht unterliegen. Gegen weitergehende Entscheidungen, die entweder andere prozessuale oder gar materiell-rechtliche Auswirkungen haben, sollte die Beschwerde zulässig sein, weil diese eigenständigen Auswirkungen ansonsten gar keiner gerichtlichen Kontrolle unterlägen. Eine solche Korrektur des § 305, S. 1 würde den S. 2 überflüssig machen; denn bereits aus § 305, S. 1 ergäbe sich, daß die dort genannten Grundrechtseingriffe, aber auch alle Entscheidungen, die dritte Personen betreffen, der Beschwerde fähig wären, weil sie entweder nicht reine urteilsvorbereitende Maßnahmen darstellen oder aber nicht mit dem Rechtsmittel gegen das Urteil angreifbar sind. Dasselbe würde für die in § 305, S. 2 nicht genannten Grundrechtseingriffe gelten.

§ 305 könnte deshalb folgende Fassung erhalten:

„Entscheidungen der erkennenden Gerichte, die ausschließlich die Urteilsfällung vorbereiten und mit dem Rechtsmittel gegen das Urteil nachprüfbar sind, unterliegen nicht der Beschwerde.“

Satz 2 wäre ersatzlos zu streichen[111].

---

[111] *Amelung*, S. 70, Fußnote 247, schlägt vor, § 305 nach dem Vorbild des § 146 II VwGO zu ändern. § 146 II VwGO zählt die Fälle auf, in denen die verwaltungsprozessuale Beschwerde nicht eröffnet ist. Jedoch erscheint im Bereich der StPO wegen der Vielzahl der in Betracht kommenden Entscheidungen eine enumerative Aufzählung nicht wünschenswert. Diese müßte ja z. B. die folgenden Fälle, die alle allein der Urteilsvorbereitung dienen, erfassen: Zulässigkeit und Umfang der Beweisaufnahme; Auswahl und Ablehnung eines Sachverständigen; Beeidigung von Zeugen; die Ablehnung einer beantragten Verweisung; die Verwerfung des Einwands der örtlichen Unzuständigkeit; die Verbindung und Trennung von Sachen; die Ablehnung des Antrags, vom Erscheinen in der Hauptverhandlung entbunden zu werden; die Anordnung des persönlichen Erscheinens des Angeklagten, aber auch des Privatklägers, u. v. a. m. Hinzu kämen die das Verfahren aussetzenden Beschlüsse, die nach richtiger Auffassung nur der Beschwerde unterliegen,

## III. Die Beschwerde gegen sitzungspolizeiliche Maßnahmen und Ordnungsmittel

### 1. Die herrschende Meinung

Die §§ 176 ff. GVG enthalten die auch für das Strafverfahren geltende Regelung der sitzungspolizeilichen Maßnahmen[112]. Die Statthaftigkeit von Rechtsmitteln gegen diese Maßnahmen ist in § 181 GVG normiert. Der Wortlaut dieser Vorschrift gibt die sofortige Beschwerde[113] nur gegen Ordnungsmittel, die gem. §§ 178[114], 180 GVG angeordnet werden[115]. Maßnahmen auf der Grundlage der §§ 176, 177 GVG nennt § 181 GVG hingegen nicht. Demgemäß lassen Rechtsprechung[116] und h. M.[117] eine Anfechtung dieser Anordnungen nicht zu. Sie orientiert sich dabei streng am Wortlaut des § 181 GVG, der nicht etwa

---

soweit sie sachlich nicht geboten sind, nicht aber, soweit sie notwendigen Beweiserhebungen dienen. Auch diese Differenzierung müßte bei der Aufzählung berücksichtigt werden. Dasselbe würde bei der Vertagung oder der Nichtanberaumung des Hauptverhandlungstermins gelten. Dabei ist festzustellen, daß der in § 146 II VwGO verwendete Begriff der „Vertagung" im verwaltungsprozessualen Schrifttum durchaus nicht unstreitig ist. So fällt nach *Eyermann / Fröhler,* § 146 VwGO, 14, die Nichtanberaumung eines Termins hierunter, so daß die Beschwerde ausgeschlossen ist und nur die Dienstaufsichtsbeschwerde bleibt. *Redeker / v. Oertzen,* § 94 VwGO, 4 und *Martens* JuS 73, 699 hingegen lassen in diesem Fall die Beschwerde entgegen § 146 II VwGO zu.

Es ist dies nur ein Beispiel für die Schwierigkeiten, die eine Aufzählung der Ausschlußfälle nach sich zöge. Demgegenüber werden von der hier vorgeschlagenen Formulierung alle genannten Fälle ohne weiteres erfaßt, weil ihnen allen die beiden entscheidenden Kriterien — ausschließliche Urteilsvorbereitung, Überprüfbarkeit mit dem Urteilsmittel — gemeinsam sind. Diese Gesichtspunkte sind der gemeinsame Nenner derjenigen Entscheidungen, die nach § 305 einer Anfechtung mittels Beschwerde entzogen sein sollen.

[112] Zum Umfang der sitzungspolizeilichen Befugnisse vgl. *Seibert* NJW 73, 127 f.

[113] Um eine solche handelt es sich, siehe oben C, bei Fußnote 21.

[114] Ein Beispiel für die sofortige Beschwerde gegen eine Ordnungsstrafe wegen Ungebühr vor Gericht, §§ 178, 181 GVG, bietet die Entscheidung des OLG Stuttgart NJW 72, 967.

[115] Das Verfahren nach eingelegter sofortiger Beschwerde richtet sich wegen der Natur des Rechtsmittels, siehe oben Fußnote 113, nach § 311. So ist eine Abhilfe durch das Erstgericht nur im Rahmen des § 311 III S. 2 zulässig, vgl. nur OLG Neustadt MDR 53, 555; *Kleinknecht,* § 181 GVG, 1. Zu beachten ist, daß die Beschwerde im Fall des § 180 GVG aufschiebende Wirkung hat, § 181 II GVG.

[116] Vgl. OLG Hamburg NJW 76, 1987; OLG Hamm NJW 72, 1246; OLG Nürnberg MDR 69, 600; OLG Köln NJW 63, 1508; OLG Koblenz HESt 3, 59; OLG Dresden GA 39, 377 und im Grundsatz auch OLG Karlsruhe NJW 77, 309.

[117] Vgl. *Löwe / Rosenberg / Schäfer,* § 176 GVG, 2 b; § 177 GVG, 9; *Eb. Schmidt,* § 176 GVG, 13; KMR, § 176 GVG, 36; *Dünnebier* NJW 76, 1 ff., 2; auch *Kleinknecht* vertritt bei § 181 GVG, 5 diese Auffassung; da er sich hier ausdrücklich auf die Anm. 15 zu § 177 GVG bezieht, stellt die dort vertretene gegenteilige Ansicht wohl ein Redaktionsversehen dar.

eine Lücke im Gesetz darstelle, sondern eine eindeutige gesetzgeberische Maßgabe enthalte[118]. Auch die Entstehungsgeschichte dieser Vorschrift lasse keinen Zweifel daran, daß der Gesetzgeber die sitzungspolizeilichen Maßnahmen gem. §§ 176, 177 GVG bewußt einer Anfechtung entzogen habe[119]. Der Rechtsschutz des Betroffenen soll also in diesen Fällen allein durch die präventive Einschaltung des Richters gewährleistet sein.

### 2. Die Kritik: Der Ausschluß der Beschwerde und die Rechtsweggarantie

Erst in neuerer Zeit sind dagegen in der Literatur[120] einige kritische Stimmen laut geworden[121]. Dabei wird der Ausschluß der Beschwerde gegen Maßnahmen nach §§ 176, 177 GVG insbesondere im Hinblick auf die Rechtsweggarantie des Art. 19 IV GG untersucht.

a) Zum einen wird auf die funktionelle Bedeutung der sitzungspolizeilichen Maßnahmen abgestellt. Es handele sich bei ihnen nicht um funktionell richterliche Tätigkeit, sondern um Exekutivakte[122].

Sie dienten dem Hauptzweck des Prozesses, der Urteilsfindung, nur mittelbar; ihnen fehle insofern eine prozessuale Funktion, als sie auf den Gang des Verfahrens und auf den Urteilsinhalt keinen Einfluß hätten. Auch der in der Überschrift des 14. Titels verwendete Begriff „Sitzungspolizei" zeige, daß diese dem Richter nur wegen der besonderen Verfahrenssituation anvertraut sei[123]. Der Richter werde daher bei der Aufrechterhaltung der Ordnung nicht als „Gericht", sondern als vollziehende Gewalt tätig[124]. Handele es sich aber funktionell um Verwaltungstätigkeit, so müsse wegen Art. 19 IV GG der Rechtsweg offenstehen[125]; denn die Rechtsweggarantie des Art. 19 IV GG erfordere ja bekanntlich bei beeinträchtigenden Maßnahmen der vollziehenden Gewalt die Möglichkeit, ein Gericht anzurufen[126].

---

[118] Vgl. OLG Köln NJW 63, 1508.

[119] Vgl. OLG Nürnberg, MDR 69, 600, unter Hinweis auf die Materialien, *Hahn*, S. 340, 841, 882.

[120] Vgl. *Amelung*, S. 22 f.; *Hofmann*, S. 68 ff., 75; *Baumbach / Lauterbach / Albers*, § 177 GVG, 2 C; § 181 GVG, 1; vgl. auch *Fuhrmann* GA 63, 65 ff., 71 und neuerdings *Krekeler* NJW 79, 185 ff., 189, 190.

[121] Jedoch hat bereits *v. Hippel*, S. 345, die Nichterwähnung des § 177 GVG unter rechtspolitischem Aspekt als „offenbar unbillige Regelung" kritisiert.

[122] So vor allem *Hofmann*, S. 68, 74; vgl. auch *Krekeler*, a.a.O. („funktionell Verwaltungstätigkeit").

[123] Vgl. *Hofmann*, S. 68, 74.

[124] Vgl. *Hofmann*, a.a.O.; vgl. auch *Kniestedt* MDR 60, 197; 61, 25 und *Röhl* NJW 64, 273 ff., 275.

[125] Vgl. *Hofmann*, S. 75; *Krekeler*, NJW 79, 185 ff.

[126] Die Reichweite der Rechtsweggarantie ist bereits oben, A I 2, dargestellt

Diese Auffassung vermag jedoch nicht überzeugen. Zwar ist die Schlußfolgerung, die sie aus ihrer Qualifizierung der sitzungspolizeilichen Maßnahmen im Hinblick auf Art. 19 IV GG zieht, als solche nicht zu beanstanden. Nur geht bereits die Einordnung dieser Maßnahmen als Exekutivakte und damit die Prämisse der These fehl. Denn auch die Wahrnehmung sitzungspolizeilicher Befugnisse stellt einen Akt prozessualer Natur dar[127]. Auch sie dient letztlich der Erreichung des Prozeßziels, weil sie den störungsfreien äußeren Ablauf des Verfahrens ermöglicht. Gerade deshalb ist sie dem Gericht als eine Aufgabe der richterlichen Gewalt in richterlicher Unabhängigkeit anvertraut[128]. Demgegenüber ist der Begriff „Sitzungspolizei" im Ausdruck nicht korrekt[129]. Die Anordnungen gem. §§ 176 ff. GVG haben mit der Ausübung polizeilicher Gewalt im technischen Sinne nichts zu tun. Dies zeigt sich besonders anhand eines Vergleichs mit der Ausübung des Hausrechts[130]. Die Sitzungspolizei obliegt dem Gerichtsvorsitzenden als Ordnungsmittel der eigentlichen rechtsprechenden Gewalt; das Hausrecht wird hingegen regelmäßig vom Gerichtspräsidenten in seiner Eigenschaft als Gerichtsbehörde in verwaltender Tätigkeit ausgeübt. Der Gerichtspräsident hat die Möglichkeit, das Hausrecht zu übertragen und diesbezügliche Weisungen zu erteilen[131], eine Befugnis, die ihm im Hinblick auf sitzungspolizeiliche Akte nicht zusteht. Dies zeigt, daß die hier in Frage stehenden Anordnungen als Ausfluß unabhängiger richterlicher Gewalt ergehen, ist doch die Weisungsungebundenheit wesentliches Merkmal richterlicher Tätigkeit[132] und eines der Abgrenzungskriterien von Verwaltung und Rechtsprechung[133, 134].

Die Anordnungen gem. §§ 176, 177 GVG lassen sich daher nicht als Bestandteil verwaltender Tätigkeit qualifizieren. Unter diesem Aspekt kann Art. 19 IV GG nicht fruchtbar gemacht werden.

---

worden. Danach gilt, daß behördliche Akte von Art. 19 IV GG erfaßt werden. Hingegen ist gegenüber Akten der Rechtsprechung eine richterliche Kontrolle nicht gewährleistet („Schutz durch den Richter, nicht gegen ihn").

[127] So auch die ganz h. M., vgl. OLG Hamburg NJW 76, 1987; BGH NJW 72, 1144 = JZ 72, 663 mit zustimmender Anmerkung von *Stürner;* BGH NJW 62, 1260; OLG Karlsruhe NJW 77, 309; OLG Köln NJW 63, 1508; BVerfG NJW 70, 851; *Löwe / Rosenberg / Schäfer,* § 176 GVG, 1; *Baumbach / Lauterbach / Albers,* 3 vor § 169 GVG; *Leinius* NJW 73, 448 f.; *Röhl* NJW 64, 273 ff., 275.

[128] Vgl. BGH NJW 62, 1260; OLG Hamburg NJW 76, 1987.

[129] Vgl. *Löwe / Rosenberg / Schäfer,* § 176 GVG, 1.

[130] Zum Unterschied zwischen Sitzungspolizei und Hausrecht vgl. BGH NJW 72, 1144; *Willms* JZ 72, 654; *Leinius* NJW 73, 448.

[131] Vgl. *Kleinknecht,* § 176 GVG, 3; *Willms* JZ 72, 654.

[132] Vgl. BVerfG NJW 67, 1123.

[133] Vgl. *Kollnig* NJW 67, 2045 f.

[134] Handelt der Richter bei der Anordnung sitzungspolizeilicher Maßnahmen frei von Weisungen, so ist damit seine „äußere Unabhängigkeit" festgestellt; zur ebenfalls erforderlichen „inneren Unabhängigkeit" des Richters, vgl. BVerfG, a.a.O., ist damit noch nichts gesagt, vgl. dazu weiter im Text.

b) Stellt demnach auch die Ausübung sitzungspolizeilicher Befugnisse einen Akt rechtsprechender Gewalt dar und scheinen deshalb die Voraussetzungen des Art. 19 IV GG auf den ersten Blick nicht erfüllt, so bleibt dennoch zu untersuchen, ob die Einschränkung des Art. 19 IV GG auch die Herausnahme gerade dieser Anordnungen aus der Rechtsweggarantie deckt. Es fragt sich, ob der durch „teleologische Reduktion"[135] gewonnene Sinn des Art. 19 IV GG auf die Maßnahmen gem. §§ 176, 177 GVG zutrifft. Dabei ist davon auszugehen, daß der Rechtsweg gegen richterliche Anordnungen doch nur deswegen ausgeschlossen sein soll, weil bereits eine „neutrale Instanz" das erste Wort gehabt hat[136]. Diese Voraussetzung ist nur dann erfüllt, wenn der Richter aus der distanzierten Stellung eines unbeteiligten Dritten entscheidet[137]. Gerade dies ist aber bei sitzungspolizeilichen Maßnahmen keineswegs gewährleistet; denn der Richter hat hier am Vollzug seiner Entscheidung u. U., das gleiche Interesse wie eine Verwaltungsbehörde[138]. Er ist durch die abzuwehrenden Verfahrensstörungen direkt betroffen[139]; die psychologische Belastung bei außergewöhnlichen Vorkommnissen kann den Verlust seiner distanzierten Position nach sich ziehen; Folge ist die Beeinträchtigung der Fähigkeit zur Neutralität, d. h. eine einseitige Parteinahme. Dann aber entfällt der durch einschränkende Auslegung ermittelte Zweck des Art. 19 IV und damit „jeder Anlaß, ihn nicht anzuwenden"[140]. Vielmehr ist die Einbeziehung der Maßnahmen nach §§ 176, 177 GVG in den Anwendungsbereich der Art. 19 IV GG geboten, obwohl ein Richter bereits präventiv eingeschaltet war. Unter verfassungsrechtlichen Gesichtspunkten ist die Eröffnung des Rechtsweges zu fordern.

c) Für die Zulässigkeit eines Rechtsmittels spricht ferner die Reichweite der sitzungspolizeilichen Anordnungen. Zwar sollen die Maßnahmen gem. §§ 176, 177 GVG den Zweck erfüllen, die Aufrechterhaltung der äußeren Ordnung der Verhandlung sicherzustellen[141]. Dies zeigt bereits der Wortlaut des § 177 GVG. Zumeist äußern diese Anordnungen jedoch weitergehende Wirkungen: Sie greifen in Grundrechte des

---

[135] *Amelung*, S. 23.

[136] Siehe dazu oben, A I 2.

[137] Vgl. BVerfGE 21, 139 ff., 145, 146; *Lorenz*, S. 242; *Kollnig* NJW 67, 2045 f. („Nur der völlig unabhängige Richter kann gerechter Richter sein").

[138] Grundlegend *Amelung*, S. 22 f.; a. A. *Schenke* NJW 76, 1816 ff.; vgl. auch *Krekeler*, NJW 79, 185 ff.

[139] Vgl. *Amelung*, S. 22: „Der Richter (handelt) nicht als neutraler Dritter, sondern zum Schutz ‚seines' Verfahrens, ja u. U. seiner eigenen Person."

[140] *Amelung*, S. 22 f.; Amelung weist zu Recht darauf hin, daß eine teleologische Reduktion streng auf ihren Zweck zu begrenzen ist.

[141] Vgl. nur OLG Hamburg NJW 76, 1987; *Kleinknecht*, § 176 GVG, 4; *Stürner* JZ 72, 665.

Betroffenen ein[142]. Diese Auswirkungen konnte der Gesetzgeber jedoch noch gar nicht erkennen, weshalb der Hinweis, er habe die §§ 176, 177 GVG bewußt von der Anfechtung ausgespart[143], nicht stichhaltig ist. Vielmehr fordern die über den gesetzgeberischen Zweck hinausgehenden Auswirkungen die Möglichkeit einer gerichtlichen Überprüfung.

In diesem Zusammenhang ist ein kürzlich ergangener Beschluß des OLG Karlsruhe[144] ausdrücklich zu begrüßen. Zur Entscheidung stand die Beschwerde eines Rechtsanwalts, der gem. § 176 GVG als Verteidiger zurückgewiesen wurde, weil er in der Hauptverhandlung ohne Robe auftrat[145]. Das Gericht hält die Beschwerde trotz der Regelung des § 181 GVG für zulässig. Zwar ergebe sich aus der Nichterwähnung der §§ 175 bis 177 GVG, daß nur die Festsetzung von Ordnungsmitteln anfechtbar sein soll. Der Ausschluß der Anfechtbarkeit in den Fällen des § 176 GVG gelte jedoch nur insoweit, als die getroffenen Maßnahmen sich in der Aufrechterhaltung der äußeren Ordnung der Verhandlung erschöpften. Äußerten sie dagegen „weitergehende Wirkungen, so lebe die Anfechtungsmöglichkeit wieder auf". Dies sei gerade hier der Fall. Der Zurückweisung des Verteidigers komme eine Wirkung zu, die über die Aufrechterhaltung der äußeren Ordnung in der Sitzung hinausgehe: Die Maßnahme berühre den Verteidiger in seiner Berufsstellung als Rechtsanwalt. Diese weitergehende Wirkung stehe dem Ausschluß der Beschwerde nach § 181 GVG entgegen. — Das OLG Karlsruhe ist damit zu Recht davon ausgegangen, daß § 181 GVG den Fall einer Grundrechtsverletzung nicht erfaßt. Die damit verbundene schwerwiegende und vom Gesetzgeber noch gar nicht zu erkennende materielle Beeinträchtigung muß deshalb einer Anfechtung unterliegen. Dies gilt um so mehr, als die Anordnung möglicherweise von einem beeinflußten Richter erlassen worden ist[146]. Der Betroffene hätte ansonsten nicht die von Art. 19 IV GG geforderte Garantie zumindest einmaliger unabhängiger richterlicher Kontrolle.

d) Zuletzt sei noch ein formeller Gesichtspunkt erwähnt, der die hier vertretene Auffassung stützt. § 182 GVG schreibt vor, daß auch der Beschluß, der gem. § 177 GVG ein Ordnungsmittel festsetzt, in das Proto-

---

[142] Vgl. *Löwe / Rosenberg / Schäfer*, § 177 GVG, 8 („Freiheitsentziehung"); vgl. aber auch *Löwe / Rosenberg / Schäfer*, § 176 GVG, 5 („Sitzungspolizeiliche Maßnahmen haben keine über die Dauer der Sitzung hinausgehende Wirkung").

[143] Vgl. nur OLG Köln NJW 63, 1508.

[144] NJW 77, 309 ff.

[145] § 176 GVG ist in diesem Fall nach wohl überwiegender Auffassung die gesetzliche Grundlage für die Verteidigerzurückweisung, vgl. nur BVerfGE 28, 21; BayVerfGH, AnwBl. 72, 228 f.; *Baumbach / Lauterbach / Albers*, § 176 GVG, 3; *Wolf*, Anmerk. zu BGH NJW 77, 1063.

[146] Siehe oben b.

koll aufzunehmen ist. Es fragt sich, welchen Sinn diese vorgeschriebene Protokollierung erfüllt, wenn eine Anfechtung nicht zulässig ist[147].

### 3. Zusammenfassung

Zusammenfassend ist festzustellen, daß der Ausschluß der Beschwerde gegen sitzungspolizeiliche Anordnungen nach §§ 176, 177 GVG vor allem unter verfassungsrechtlichen Aspekten auf erhebliche Bedenken stößt. Art. 19 IV GG fordert selbst bei seiner von der Rspr. und Lehre vorgenommenen einschränkenden Auslegung eine Instanz[148], da eine unabhängige neutrale richterliche Entscheidung nicht gewährleistet ist. Die in § 181 I GVG enthaltene Beschränkung auf die Fälle der §§ 178, 180 GVG verstößt gegen die verfassungsrechtliche Rechtsschutzgarantie und ist damit verfassungswidrig. Da Art. 19 IV GG auch den einfachen Gesetzgeber bindet, hat dieser hier nicht die Möglichkeit, auf Grund eigener Wertentscheidung die Notwendigkeit einer gerichtlichen Überprüfung zu verneinen. Vielmehr eröffnet in den Fällen, in denen der Rechtsschutz lückenhaft ist, die verfassungsrechtliche Vorschrift des Art. 19 IV GG den Rechtsweg unmittelbar[149]. Die Verfassung erschließt selbst den Weg zu einem Gericht, indem sie die unter dem Blickwinkel des Art. 19 IV GG unvollständig gebliebene Verfahrensordnung erweitert[150]. Im Bereich der sitzungspolizeilichen Maßnahmen bedeutet dies, daß der von einer Anordnung gem. §§ 176, 177 GVG Betroffene direkt aus Art. 19 IV GG gerichtlichen Schutz erlangen kann. Fraglich bleibt dann nur noch, ob hinsichtlich der Zuständigkeit von Art. 19 IV S. 2 GG zugunsten des Beschwerderechtswegs abgewichen werden kann. Dies ist jedoch zu bejahen. Die h. M. erblickt nämlich in Art. 19 IV GG nicht nur die Eröffnung des Rechtswegs schlechthin, sondern zu Recht die Eröffnung des Rechtswegs zu denjenigen Gerichten, die nach ihrem allgemeinen Aufgabenkreis, nach ihrer Sachkunde und nach ihrer Besetzung als die zuständigen Gerichte anzusehen sind[151]. Gem. § 181 III GVG gehört die Entscheidung über Beschwerden gegen sitzungspolizeiliche Maßnahmen zum Aufgabenkreis der Oberlandes-

---

[147] Darauf weisen *Baumbach / Lauterbach / Albers,* § 177 GVG, 2 C zu Recht hin.

[148] Grundlegend *Amelung,* S. 22 f.; im Ergebnis ebenso (für § 177 GVG); *Hofmann,* S. 75 f.; vgl. auch *Baumbach / Lauterbach / Albers,* § 177 GVG, 2 C; § 181 GVG, 1, die eine Anfechtbarkeit der Maßnahmen nach § 177 GVG in erweiternder Anwendung des § 181 GVG bejahen; ihnen folgend *Wolf,* Anmerk. zu BGH NJW 77, 1063.

[149] So die ganz einhellige Meinung, vgl. nur BVerfGE 1, 332 ff., 344; 27, 297 ff., 311; *Maunz / Dürig / Herzog,* Art. 19 IV, 58; *Lorenz,* S. 247 m. w. N.

[150] Vgl. *Lorenz,* S. 247.

[151] Vgl. BVerwGE 6, 86 ff., 92; OVG Lüneburg, OVGE 6, 286; OVG Münster, OVGE 6, 58; *Maunz / Dürig / Herzog* Art. 19 IV, 60; *Lorenz,* S. 251; ebenso neuerdings *Krekeler,* NJW 79, 185 ff.

gerichte. Zwecks Vereinheitlichung des Instanzenwegs sollten die Oberlandesgerichte dann auch zur Entscheidung über Anordnungen gem. §§ 176, 177 GVG zuständig sein.

Ergebnis der vorstehenden Überlegungen ist danach: Gegen Maßnahmen gem. §§ 176, 177 GVG ist in unmittelbarer Anwendung des Art. 19 IV GG die Beschwerde zulässig. Über das Rechtsmittel entscheidet das Oberlandesgericht. Dem Gesetzgeber sollte Art. 19 IV Anlaß dafür bieten, den Wortlaut des § 181 GVG und die Rechtsweggarantie miteinander in Einklang zu bringen[152].

## IV. Die Beschwerde gegen erledigte Entscheidungen

Hier liegt eines der Hauptprobleme der Arbeit. Der Frage des Rechtsschutzes bei vollständig durchgeführten richterlichen Anordnungen ist in Literatur und Rechtsprechung bislang nicht die gebührende Beachtung zuteil geworden. Zumeist erfolgt eine undifferenzierte Gleichsetzung der reinen Prozeßhandlungen mit den strafprozessualen Grundrechtseingriffen, die allerdings, wie schon bei § 305, die aufgezeigte Doppelfunktionalität[153] derjenigen Maßnahmen, die Grundrechte beeinträchtigen, übersieht. Überkommenen Vorstellungen aus vorkonstitutioneller Zeit folgend werden die materiellen Auswirkungen der Grundrechtseingriffe bei der Frage des Rechtsschutzes nicht beachtet, wodurch die gewonnenen Lösungen der Bedeutung der durch den Grundrechtskatalog geschützten Position nicht gerecht weren[154]. Unter diesem Aspekt haben erst in neuerer Zeit vereinzelte Stimmen in der Literatur den Rechtsschutz bei erledigten Maßnahmen näher beleuchtet[155].

### 1. Die Problematik

Die Frage der Zulässigkeit, bzw. Unzulässigkeit der Beschwerde wurde bisher ausschließlich im Hinblick auf solche Entscheidungen gestellt, die im Moment ihrer Anfechtung noch nicht oder nicht vollständig vollzogen waren. Diese Entscheidungen werden dem Betroffenen vor Beendigung ihres Vollzuges bekanntgemacht; er erfährt von ihrem Erlaß und hat die Möglichkeit, sich gegen ihren Vollzug durch

---

[152] Ebenso *Amelung*, S. 70; ihm folgend *Krekeler*, a.a.O. für grundrechtsbeeinträchtigende Maßnahmen nach § 176 GVG.

[153] Siehe dazu oben B I 1 b.

[154] Auch *Kallmann* NJW 72, 1478 f. beklagt die Abneigung der Gerichte, Rechtsnormen am Grundgesetz zu messen. Zu den Beeinträchtigungen der Persönlichkeitssphäre, die jedes Strafverfahren mit sich bringt, vgl. *Achenbach* ZStW 87, 74 ff.

[155] Vor allem *Amelung*, S. 40 ff.; 52 ff.; *Peters*, Anmerkung zu OLG Celle JR 73, 341 ff.

Einlegung der Beschwerde zu wehren. Dies gilt etwa bei der Anordnung einer Beschlagnahme, einer körperlichen Untersuchung oder bei der Festsetzung einer Ordnungsstrafe durch den Ermittlungsrichter. Der Betroffene kann versuchen, mittels Beschwerde den Eintritt der Wirkungen der noch nicht (vollständig) durchgeführten Anordnung zu vereiteln. Das gleiche Recht steht ihm nach der hier vertretenen Auffassung trotz § 305 zu, wenn die Entscheidung erst im Hauptverfahren ergeht und einen Grundrechtseingriff darstellt[156].

Hingegen hat der Betroffene in den nun zu erörternden Fällen gerade nicht mehr die Möglichkeit, den Vollzug der in Frage stehenden Anordnung zu hemmen. Der Eingriff ist nämlich bereits vollständig durchgeführt, bevor der Betroffene Rechtsschutz erlangen kann. Gerade eine solche Fallgestaltung kommt im Verlauf eines Strafverfahrens häufig vor[157]. Bestimmte Eingriffe, etwa die Verhaftung, die Beschlagnahme, die Hausdurchsuchung oder die Überwachung des Fernmeldeverkehrs, müssen vielfach überraschend erfolgen, weil derjenige, gegen den ein Verdacht besteht, daran gehindert sein muß, die Überprüfung dieses Verdachtes durch geeignete Gegenmaßnahmen zu vereiteln. Dies ist z. B. der Fall, wenn der Ermittlungsrichter eine Hausdurchsuchung anordnet, weil der Verdacht der Lagerung von Diebesgut besteht, § 102. Diese Anordnung wird ohne vorherige Anhörung des Verdächtigen vollzogen, um ihm die Möglichkeit des Vernichtens oder Beiseiteschaffens zu nehmen. § 33 IV erklärt eine solche Einschränkung des präventiven Rechtsschutzes unter den dort genannten Voraussetzungen ausdrücklich für statthaft[158]. Fraglich bleibt aber, ob dem Betroffenen nachträglich Rechtsschutz gewährt werden kann. Da es sich um erledigte Eingriffe handelt, kommt eine nachträgliche Aufhebung der Anordnung nicht mehr in Betracht[159]. Die unmittelbaren typischen Wirkungen der Maßnahme — in unserem Fall: die Hausrechtsverletzung — sind nicht mehr existent, können also durch ein gegen sie zielendes Rechtsmittel nicht mehr beseitigt werden.

Was jedoch beseitigt werden kann, sind die weitergehenden Beeinträchtigungen der Eingriffe. Diese bestehen, wie oben aufgezeigt[160], in der fortwirkenden Diskriminierung, in der Lädierung des guten Rufs des Betroffenen und dem daraus folgenden Stigmatisierungseffekt. Das dagegen gerichtete Rehabilitationsinteresse des Betroffenen kann durch eine die Rechtswidrigkeit der Maßnahme feststellende gerichtliche

[156] Siehe dazu oben, II.

[157] Vgl. *Amelung*, S. 52.

[158] Sie wurde von BVerfGE 9, 89 ff., 94 f. auch ausdrücklich für verfassungsmäßig erklärt.

[159] Vgl. *Welp*, Post, S. 116, für den Sonderfall der Post- und Fernmeldeüberwachung; *Amelung*, Anm. zu BGH NJW 78, 1013.

[160] Siehe oben B II 2 b cc.

Entscheidung befriedigt werden. §§ 113 I 4 VwGO, 28 I 4 EGGVG zeigen, daß eine feststellende Entscheidung dazu taugt, dem Wunsch des Betroffenen nach Beseitigung der Diskriminierung und Wiederherstellung seines guten Rufs gerecht zu werden. Nur sieht die StPO an keiner Stelle eine solche feststellende Entscheidung vor. Es fragt sich also, ob der durch den Eingriff Überraschte dennoch die Möglichkeit hat, die Maßnahme wenigstens nachträglich auf ihre Rechtmäßigkeit hin überprüfen lassen. Ist die Beschwerde zur nachträglichen Feststellung der Rechtswidrigkeit eines bereits erledigten Eingriffs zulässig?

### 2. Die Lösung der Rechtsprechung und h. M.

Rechtsprechung[161] und Literatur[162] lehnen die aufgezeigte Möglichkeit nachträglichen Rechtsschutzes im Bereich der StPO weithin ab. Es wird darauf abgestellt, daß der Betroffene durch die bereits in der Vergangenheit vollzogene Entscheidung nicht mehr in seinen Rechten beeinträchtigt sei, die Beschwer als Zulässigkeitsvoraussetzung des Rechtsmittels also fehle[163]. Die Erledigung des Eingriffs bewirke wie seine Aufhebung durch das anordnende Gericht den Wegfall der zunächst existenten Beschwer. Diese bestehe nämlich nur, solange der Eingriff noch andauere. Mit seinem Abschluß entfalle aber die möglicherweise mit ihm verbundene Rechtsverletzung[164].

Zur Begründung des Wegfalls der Beschwer wird zumeist auf den Gesichtspunkt der prozessualen Überholung verwiesen[165]. Durch den

[161] Vgl. BGH NJW 73, 2035; OLG Celle NJW 73, 863 = JR 73, 339; KG NJW 75, 354; BGH NJW 78, 1013 mit insoweit ablehnender Anmerk. von Amelung. Diese Auffassung ist neuerdings wieder von BGH NJW 78, 1815 im Grundsatz bestätigt und von BVerfG NJW 79, 154 f. für verfassungsgemäß erklärt worden. Allerdings halten sich beide Entscheidungen für den Fall richterlicher „Willkür" ein Hintertürchen offen. So läßt der BGH, a.a.O., „dahinstehen, ob für den Fall einer schlüssigen Behauptung, der Richter habe im Sinne der Willkür ermessensfehlerhaft gehandelt", etwas anderes gelte; auch das BVerfG, a.a.O., stellt fest, daß „die erheblichen Folgen eines Eingriffs oder die Gefahr einer Wiederholung — möglicherweise auch die Schwere der Rechtsverletzung — ein nachwirkendes Bedürfnis für eine richterliche Überprüfung auch dann begründen können, wenn die angefochtene Maßnahme inzwischen vollständig durchgeführt ist." Diese Auffassung führt jedoch zu erheblichen Unsicherheiten bei der Frage der Zulässigkeit einer feststellenden Entscheidung; denn im Ergebnis bedeutet dieser Vorbehalt nichts anderes, als daß in Fällen extremer Begründetheit plötzlich doch die Zulässigkeit der Beschwerde gegeben sein soll — eine dogmatisch sicherlich zweifelhafte Konstruktion.

[162] Vgl. *Löwe / Rosenberg / Gollwitzer,* § 304, 37; *Kleinknecht,* 18 vor § 296; KMR, § 304, 1 d; *Röhl* MDR 55, 522 ff.

[163] Vgl. BVerfG, a.a.O.; OLG Celle, a.a.O.; *Löwe / Rosenberg / Gollwitzer,* a.a.O.; *Kleinknecht,* a.a.O.

[164] Zum Ganzen, siehe oben B II 2 b.

[165] So neuerdings wieder BVerfG, a.a.O.; ebenso OLG Celle, a.a.O.; KG JR 72, 297; *Löwe / Rosenberg / Gollwitzer,* a.a.O.; KMR, a.a.O.; *Kleinknecht,* a.a.O. und § 304, 6.

Fortgang des Verfahrens, hier: durch die Erledigung des Eingriffs, werde dieser unanfechtbar, weil er keine fortdauernden Wirkungen mehr entfalte; durch den Abschluß der Zwangsmaßnahme werde ein Verfahrensstand erreicht, der automatisch den Verlust zuvor bestehender Rechte des Betroffenen zur Folge habe[166].

Auch lasse sich die zunächst vorhandene Beeinträchtigung durch ein nachträgliches Feststellungsverfahren nicht mehr rückgängig machen[167]. Die Beschwerde sei „sinnlos"[168], sie könne an dem Vollzug des Eingriffs „nichts mehr ändern"[169].

Nach dieser Auffassung ist nicht nur die Beschwerde unzulässig, sondern auch ein Verfahren zur Nachholung des rechtlichen Gehörs gem. § 33 a[170]. Dieses setzte nämlich einen „Nachteil" voraus. Da dieser „Nachteil" im Sinne des § 33 a aber mit dem Beschwerbegriff im Sinne des Rechtsmittelrechts identisch sei[171], entfalle auch er mit dem Abschluß der Maßnahme[172]. Der mit Anordnung des Eingriffs entstandene „Nachteil" sei prozessual überholt und lasse sich durch die Nachholung des rechtlichen Gehörs nicht mehr beseitigen[173]. Die daraus folgende praktische Unanfechtbarkeit dieser Entscheidungen ergebe sich aus der „Natur der Maßnahme"[174].

### 3. Der eigene Lösungsansatz

#### *a) Das Fortbestehen der Beschwer bei Grundrechtseingriffen mit diskriminierender Wirkung*

Kernpunkt der h. M. ist der Wegfall der Beschwer des Betroffenen durch die Erledigung des Eingriffs; durch den Fortgang des Verfahrens soll die zunächst entstandene Beeinträchtigung nachträglich aufgehoben, d. h. prozessual überholt worden sein. Jedoch wurde oben bereits dargelegt[175], daß der Gesichtspunkt des Fortfalls der Beschwer durch prozessuale Überholung nur bei der Beeinträchtigung rein prozessualer Rechte wesentlich werden kann. Die Weiterführung des Verfahrens

---

[166] Siehe dazu oben B II 2 b.

[167] Vgl. OLG Celle, a.a.O.; KG, a.a.O.

[168] *Budach*, S. 185.

[169] *Budach*, S. 186; vgl. auch *Riedel*, S. 118 („funktionslos") und schon *Oetker*, WürzAbh 2, 15 („bloße Rechthaberei").

[170] Vgl. OLG Celle, a.a.O.; *Löwe / Rosenberg / Wendisch*, § 33 a, 17, *Kleinknecht*, § 33 a, 7.

[171] Siehe oben B II 2 a dd.

[172] Vgl. nur *Kleinknecht*, § 33 a, 7.

[173] Vgl. nur *Löwe / Rosenberg / Wendisch*, § 33 a, 17.

[174] OLG Celle NJW 73, 863.

[175] B II 2 b.

kann allein die Geltendmachung der durch reine Prozeßhandlungen berührten Rechte ausschließen, weil die Beeinträchtigung dieser Rechte, also die Beschwer, mit dem Erreichen des neuen Verfahrensstadiums entfällt. Bei diesen ist dann auch die Möglichkeit eines Rechtsmittels nicht mehr gegeben[176].

Hingegen verkennt die Anwendung dieser Gesichtspunkte auch auf die Grundrechtseingriffe die Doppelfunktionalität dieser Maßnahmen[177]. Ihre materiellen Auswirkungen entstehen unabhängig vom Verfahren und bleiben als zumindest mittelbare Beeinträchtigung von Positionen des materiellen Rechts auch nach Fortgang des Verfahrens bestehen. Grundrechtseingriffe, insbesondere Beeinträchtigungen des durch Art. 1 I / 2 I GG geschützten allgemeinen Persönlichkeitsrechts[178], erschöpfen sich eben nicht in ihrer Erledigung. Sie ziehen, indem sie die „Sozialstellung"[179] des Betroffenen tangieren, zumindest ideelle Auswirkungen auf seine Rechtssphäre, seinen gesellschaftlichen Ruf, sein Ansehen nach sich, wirken also als rechtsbeständige Maßnahmen fort[180]. Auf die Gefahr des darin zum Ausdruck kommenden Diskriminierungs- und Stigmatisierungseffekts wurde bereits hingewiesen[181]. Sie können deshalb auch nicht überholt werden; die durch den Eingriff ausgelöste Beschwer bleibt über seine Erledigung hinaus bestehen, und zwar solange, wie der Betroffene ein Rehabilitationsinteresse hat[182].

### *b) Die Feststellungsbefugnis des Gerichts*

Ist bei den erledigten Grundrechtseingriffen demnach das Fortbestehen der Beschwer zu bejahen, so ergeben sich Schwierigkeiten für die Zulassung der Beschwerde nur noch daraus, daß die StPO eine feststellende Entscheidung an keiner Stelle ausdrücklich vorsieht. Jedoch zeigt ein Blick auf den Verwaltungsprozeß, § 113 I 4 VwGO, und auf andere Verfahrensrechte, § 28 I 4 EGGVG, daß die Befugnis zur Aufhebung einer Maßnahme auch stets die Befugnis zur Feststellung ihrer Rechtswidrigkeit beinhaltet. Dieser Satz kann auch für das Rechts-

176 Grundlegend *Amelung,* S. 55 f.

177 Siehe dazu oben B I 1 b.

178 Zu den durch strafprozessuale Zwangsmaßnahmen tangierten Grundrechten, s. bereits o., 1. Teil, B I 1 b; vgl. in diesem Zusammenhang auch *Frotscher,* JuS 78, 505 ff.

179 *Peters,* JR 72, 301; vgl. auch *Eb. Schmidt* I, 36 f.; II, 5 vor § 94.

180 Siehe oben, B I 1 b.

181 Siehe oben, B I 1 b.

182 Vgl. auch BVerfG NJW 79, 154 f.: „Besteht in Ausnahmefällen das Interesse des Betroffenen fort, die Rechtswidrigkeit der Maßnahme feststellen zu lassen, so ist das Rechtsmittel nicht prozessual überholt." Trotz dieses ausbaufähigen Ansatzes versäumt es das BVerfG, das „Interesse des Betroffenen" an den oben geschilderten Auswirkungen erledigter Grundrechtseingriffe zu messen.

schutzverfahren im Sinne der §§ 304 ff., 33 a fruchtbar gemacht werden[183]; denn in der Sache ist doch die Aufhebung eines Eingriffs nichts anderes als die Feststellung, er sei zu Unrecht erfolgt[184]. Deshalb ist auch der Einwand der h. M. hinfällig, die Feststellung der Rechtswidrigkeit sei von dem Beschwerdeverfahren der StPO nicht zugelassen[185], es handele sich daher um „rein theoretische Überlegungen"[186]. Eine aufhebende Entscheidung des Beschwerdegerichts gem. § 309 I erfolgt nämlich nur, wenn zuvor die Unrechtmäßigkeit der angefochtenen Maßnahme konstatiert worden ist[187].

Allerdings ist der h. M. insoweit Recht zu geben, als ein direkter Rückgriff auf die §§ 113 I 4 VwGO, 28 I 4 EGGVG[188] nicht möglich ist[189]. Diese Vorschriften verfolgen eine andere Zielrichtung: Sie haben den Rechtsschutz bei nichtgerichtlichen (Justiz-)Verwaltungsakten im Auge, während die Beschwerde der innerjustiziellen Kontrolle dient. Alle unmittelbar der Durchführung des Strafverfahrens dienenden richterlichen Maßnahmen fallen deshalb aus ihrem Anwendungsbereich heraus[190]. Jedoch ist eine analoge Anwendung der genannten Vorschriften auch gar nicht erforderlich. Jede aufhebende Entscheidung umfaßt ja ihrer Natur nach auch die Feststellung der Rechtswidrigkeit[191]. Es bedarf deshalb nicht einer Kompetenzerweiterung des Beschwerdegerichts, sondern lediglich des Ausnutzens vorhandener Kompetenzen.

Der h. M. kann deshalb nur für den Bereich der Verletzung rein prozessualer Rechte zugestimmt werden; denn bei diesen entfällt durch den Fortgang des Prozesses die Beeinträchtigung und damit die Beschwer als Rechtsmittelvoraussetzung[192]. Bei den erledigten Grund-

---

[183] Grundlegend *Amelung*, S. 40 ff., 45, 51; zustimmend *Hermann* ZStW 1977, 183.

[184] Vgl. *Amelung*, S. 40 ff.; ebenso *Welp*, Post, S. 116, Fußnote 101.

[185] Vgl. OLG Celle, a.a.O.; KG, a.a.O.; *Kleinknecht*, 18 vor § 296.

[186] OLG Köln NJW 63, 1508.

[187] Auch in der allgemeinen Verfahrenslehre ist anerkannt, daß die Befugnis zur Aufhebung einer Entscheidung die Befugnis zur Feststellung ihrer Rechtswidrigkeit beinhaltet, vgl. *Blomeyer*, S. 497; *Bruns* ZZP 78, 282 ff.; *Bötticher* ZZP 75, S. 43.

[188] Die Zulässigkeit einer feststellenden Erscheinung in Analogie zu § 28 I 4 EGGVG wird vorgeschlagen von *Peters* JR 73, 341 ff.; ebenso *Welp*, Post, S. 116; *Haffke* NJW 74, 1983; *Gössel*, § 36 A IV.

[189] Vgl. *Amelung*, S. 57, 58 f.; OLG Celle, a.a.O.; *Welp*, StA, S. 15 und neuerdings BVerfG NJW 79, 154 f.

[190] Vgl. auch *Henkel*, S. 363, Fußnote 1 (zu § 28 EGGVG).

[191] Siehe oben bei Anm. 176 ff.

[192] Dabei hat sich die Entscheidung des Beschwerdegerichts im Hinblick auf die Kostenfolge an dem Vertrauen des Beschwerdeführers zu orientieren: Die Beschwerde ist gegenstandslos, wenn der die prozessuale Überholung ausmachende Umstand erst nach ihrer Einlegung eingetreten ist; es entfällt eine Kostenentscheidung, weil der Beschwerdeführer auf den Umstand der Überholung keinen Einfluß ausüben konnte. Ist die Überholung hingegen

rechtseingriffen muß hingegen die Beschwerde zur nachträglichen Feststellung ihrer Rechtswidrigkeit zulässig sein[193]. Die für eine feststellende Entscheidung notwendigen Voraussetzungen sind erfüllt: Der Betroffene ist, sofern diskriminierende Wirkungen mit dem Eingriff verbunden sind, weiterhin beschwert; die Feststellungsbefugnis des Beschwerdegerichts ist gegeben.

### *c) Die Feststellungsbefugnis bei der Nachholung des rechtlichen Gehörs gem. § 33 a*

Das zur Zulässigkeit der Beschwerde Gesagte gilt in gleichem Maße für die Nachholung des zunächst unterbliebenen rechtlichen Gehörs gem. § 33 a: Auch das dort vorgesehene Nachverfahren muß bei erledigten richterlichen Grundrechtseingriffen zulässig sein. Jedoch gilt § 33 a nur subsidiär („... keine Beschwerde und kein anderer Rechtsbehelf ...“). Die Vorschrift kommt nur dort zur Anwendung, wo das Gesetz die Beschwerde schon bei nichtvollzogenen richterlichen Maßnahmen ausschließt[194]. Da dies nur bei wenigen Grundrechtseingriffen der Fall ist, so etwa bei den §§ 161 a III 4, 163 a III, 3, steht dem Betroffenen zur Verwirklichung seines Rehabilitationsinteresses zumeist die Beschwerde zu.

### *d) Feststellende Entscheidung und Rehabilitationsinteresse des Betroffenen*

Allein die hier vertretene Auffassung wird den Interessen des Betroffenen gerecht und tut seinem Rechtsschutz genüge. So führt die h. M. zu dem merkwürdigen Ergebnis, daß bei erledigten behördlichen Grundrechtseingriffen die nachträgliche Überprüfung durch ein Gericht erlangt werden kann, §§ 113 I 4 VwGO, 28 I 4 EGGVG, dies jedoch bei den besonders schwerwiegenden und deshalb dem Richter vorbehaltenen Maßnahmen nicht der Fall ist. Zwar ist der h. M. zuzugeben, daß in diesen Fällen ein nachträgliches Feststellungsverfahren verfassungsrechtlich nicht geboten ist[195]. Denn Art. 19 IV GG garantiert ja

---

bereits zum Zeitpunkt der Beschwerdeeinlegung eingetreten, so ist die Beschwerde mit der sich aus § 473 ergebenden Kostenfolge als unzulässig zu verwerfen; ebenso *Eb. Schmidt* JZ 68, 354 ff., 363; *Budach*, S. 255 f.; *Kleinknecht*, 17 vor § 296.

[193] Grundlegend *Amelung*, S. 58 f.; im Ergebnis ebenso *Roxin*, § 29 D II 1; *Gössel*, § 36 A IV; *Peters*, JR 73, 341; *Welp*, Post, S. 116 f.; *Welp* GA 77, 124 f.; *Haffke* NJW 74, 1983 ff., 1985; neuerdings bejaht auch *Göhler*, 11G vor § 59 OWiG, § 54 OWiG, 9, § 62 OWiG, 7 C die Zulässigkeit eines Antrages auf gerichtliche Entscheidung bei abgeschlossenen Grundrechtseingriffen im Bußgeldverfahren; ihm folgt *Bode* NJW 77, 1232, der dies auch für die Beschwerde nach § 304 bejaht.

[194] Vgl. *Amelung*, S. 58.

[195] Vgl. *Welp*, StA, S. 17; *Schenke* NJW 76, 1816 ff.

lediglich den „Schutz durch den Richter, nicht aber gegen den Richter", so daß die präventive Einschaltung des Richters der in Art. 19 IV GG postulierten Rechtsweggarantie entspricht[196]. Jedoch ist zu berücksichtigen, daß auch durch die Möglichkeit der Berufung oder Revision zusätzlich zum vorherigen rechtlichen Gehör ein Instanzenzug eröffnet ist, der durch Art. 19 IV GG nicht gefordert wird, eine spektakuläre Hausdurchsuchung[197] aber u. U. durchaus eine größere Stigmatisierungswirkung haben kann als eine geringe Geldstrafe wegen eines Straßenverkehrsdelikts. Auch sollte nicht übersehen werden, daß Art. 19 IV GG den Betroffenen bei richterlichen Grundrechtseingriffen in praxi nicht so schützt, wie von dem Grundgesetzgeber geplant: Der Richter soll zwar als neutrale Instanz bei der Anordnung schwerwiegender und notwendig überraschender Maßnahmen eine präventive Kontrolle ausüben und so das fehlende rechtliche Gehör des Betroffenen ausgleichen. Er wird jedoch zumeist bei der Anordnung die vielleicht wesentlichen Argumente des Betroffenen nicht berücksichtigen können, weil er allein aufgrund der ihm von den Ermittlungsbehörden unterbreiteten Tatsachen entscheidet. Dabei kann nicht ausgeschlossen werden, daß vielfach eine durchaus einseitige Information erfolgt[198], so daß die Gewähr, ja schon die Möglichkeit einer rechtmäßigen Entscheidung nicht immer gegeben ist. Gegen diese ohne eigene Ermittlungstätigkeit erfolgende und allein an den Ermittlungen von Staatsanwaltschaft und Polizei orientierte Anordnung des Richters stünde dem Betroffenen keinerlei Rechtsschutz zu, wenn nicht die Beschwerde oder wenigstens die Nachholung des rechtlichen Gehörs möglich wäre. Die richterliche Präventivkontrolle wird dem Dilemma zwischen notwendig überraschenden Eingriffen einerseits und fehlendem nachträglichen Rechtsschutz andererseits eben nicht gerecht[199]. Ihre fehlende Effektivität führt vielmehr bei der Masse der typischerweise schon erledigten Eingriffe zu einer wesentlichen Einschränkung, wenn nicht zu einer Abschaffung des Rechtsschutzes[200]. Es ist nicht einzusehen, daß dies aus der „Natur der Maßnahme"[201] folgen soll oder gar „eben Pflicht des Staatsbürgers (sei), ebenso wie etwa die Pflicht, ... Steuern zu zahlen"[202].

---

[196] Siehe dazu oben A I 2.

[197] In dem der Entscheidung des KG JR 72, 297 ff. zugrunde liegendem Fall war die Wohnung der Antragstellerin im Laufe eines Jahres fünfmal durchsucht worden, ohne daß dabei „Verdachtsmaterial" gefunden worden wäre.

[198] Diese Befürchtung ist auch in der Diskussion um die Verschärfung des Verteidigerausschlusses geäußert worden, vgl. Justizsenator *Baumann* im Spiegel, Nr. 7/78, S. 38.

[199] Vgl. *Amelung*, S. 54; *Welp*, StA, S. 25.

[200] Ebenso *Welp*, Post, S. 117.

[201] So aber OLG Celle JR 73, 339 ff., 341.

[202] So tatsächlich *Röhl* MDR 55, 522 f.

Auch der vielfach gefundene Hinweis, eine nachträgliche feststellende Entscheidung könne den Eingriff „nicht mehr ungeschehen machen“[203], vermag nicht zu überzeugen. Wenn die Feststellung der Rechtswidrigkeit im Bereich der VwGO und des EGGVG zur Rehabilitation des Betroffenen taugt, so schafft sie bei strafprozessualen Eingriffen die gleiche Genugtuung. Dies scheint auch die Rechtsprechung zu sehen, wenn sie den Betroffenen auf die Verfassungsbeschwerde verweist[204]. Denn welche andere Funktion sollte die Verfassungsbeschwerde haben, wenn nicht die Rehabilitation des Betroffenen[205]?

Unerheblich sind schließlich auch die angemeldeten Zweifel an der praktischen Durchführbarkeit der vorgeschlagenen Lösung[206]. Es ist nämlich zu beobachten, daß die Ermittlungsbehörden bei vielen Eingriffen die ihnen zugestandene Notzuständigkeit weit häufiger in Anspruch nehmen, als daß sie den Richter hinzuziehen[207]. Wenn aber schon gegen die quantitativ häufigeren Eingriffe der Strafverfolgungsorgane gerichtlicher Rechtsschutz zu erlangen ist, Art. 19 IV GG, so sollte dies auch bei den selteneren aufgrund richterlicher Anordnung vollzogenen Maßnahmen möglich sein. Gerade nach Abschaffung der richterlichen Voruntersuchung sollte dieses für den Einzelnen so wichtige Rechtsschutzverfahren von den Gerichten bearbeitet werden können.

#### *e) Reformvorschlag*

Die §§ 309 I, 33 a sollten nach dem Vorbild der §§ 113 I 4 VwGO, 28 I 4 EGGVG geändert werden, d. h. die Befugnis nachträglicher Feststellung sollte ausdrücklich aufgenommen werden[208]. Dies sollte auch dann gelten, wenn sich der angefochtene Eingriff vor Beschwerdeeinlegung erledigt hat. Zwar ergibt sich diese Befugnis bereits aus dem Aufhebungsrecht des Gerichts. Die positive Normierung durch den Gesetzgeber erscheint aber wünschenswert, weil Art. 19 IV GG eine feststellende Entscheidung nicht unbedingt fordert.

---

[203] KMR, § 33 a, 26; *Welp*, StA, S. 14; *Eb. Schmidt* JZ 68, 354 ff., 363.

[204] Vgl. OLG Celle, a.a.O.

[205] Vgl. dazu BVerfGE 21, 378 ff., 383; 32, 87 ff., 92; dabei ist der Verweis auf die Verfassungsbeschwerde oder gar die Aufsichtsbeschwerde dem Betroffenen ansonsten jedoch wenig hilfreich; denn auch eine offensichtlich begründete Verfassungsbeschwerde kann zurückgewiesen werden, wenn von ihr nicht die Klärung einer verfassungsrechtlichen Frage zu erwarten ist oder dem Betroffenen kein schwerer und unabwendbarer Nachteil droht, § 93 a IV BVerfGG; vgl. dazu *Amelung*, S. 46 ff., mit weiteren Nachweisen.

[206] Vgl. *Herrmann* ZStW 1977, S. 183 ff., 186.

[207] *Neidhard* DRZ 49, 204 f. hat dies für die Haussuchung nachgewiesen; auch die von Strafverfolgungsorganen getroffenen Anordnungen gem. §§ 81 a, 81 c sind in der Praxis zur Regel geworden, vgl. *Dzendzalowski*, S. 33; KMR, § 81 a, 7; *Sarstedt* NJW 68, 177.

[208] Ebenso *Amelung*, S. 70 f.; ihm folgend *Welp* GA 77, 124 f.

*Zweiter Teil*

# Das Beschwerdeverfahren

## A. Die Einlegung der Beschwerde; Zurücknahme und Verzicht. Die Wirkungen der Einlegung

### I. Die Einlegung der Beschwerde

Vor Einlegung der Beschwerde ist zunächst zu prüfen, ob die Entscheidung überhaupt mit diesem Rechtsmittel angefochten werden kann und wer zur Einlegung der Beschwerde berechtigt ist. Diese Fragen sind bereits im einzelnen erörtert worden[1].

Bei der Wahl des zu ergreifenden Rechtsmittels ist allerdings zu berücksichtigen, daß sich dieses allein nach dem sachlichen Inhalt der anzufechtenden Entscheidung, nicht aber nach ihrer Bezeichnung richtet[2]. Maßgeblich ist nicht die äußere Form der tatsächlich ergangenen Entscheidung, sondern die Gestalt, in der die Entscheidung richtigerweise hätte ergehen müssen[3]. Jedoch erwächst dem Beschwerdeführer aus der von ihm gewählten fehlerhaften Bezeichnung des Rechtsmittels kein Nachteil. Dies zeigt § 300, wonach ein Irrtum in der Bezeichnung des zulässigen Rechtsmittels unschädlich ist. Es gilt das zulässige Rechtsmittel als eingelegt, sofern in der Erklärung nur der Anfechtungswille zum Ausdruck kommt[4]. § 300 ist Ausdruck eines allgemeinen Rechtsgedankens, der sich aus der Rechtsweggarantie des Art. 19 IV GG ableiten läßt[5]. Der Betroffene hat einen Anspruch auf möglichst wirksame gerichtliche Kontrolle in allen von der Verfahrensordnung vorgesehenen Instanzen[6]. Dieser Grundsatz des effektiven Rechtsschutzes

---

[1] Siehe oben 1. Teil, B bis G.

[2] Vgl. BGHSt 25, 242 = NJW 74, 154 f.; *Löwe / Rosenberg / Gollwitzer*, 56 vor § 296; § 300, 1; KMR, 12 vor § 296; *Eb. Schmidt*, 11 vor § 296; *Kleinknecht*, § 296, 2; *Gössel*, § 35 B II a 2; *Roxin*, § 52 B I 3; *Henkel*, S. 367; *Meyer-Goßner* NJW 76, 977; siehe dazu oben, 1. Teil, A II 1 a mit Nachweisen aus der älteren Rechtsprechung und Literatur, die überwiegend die gegenteilige Auffassung vertrat.

[3] Vgl. *Roxin*, § 52 B I 3. (Maßgeblich ist die „Sollentscheidung" und nicht die „Ist-Entscheidung").

[4] Vgl. BGHSt 8, 383 ff., 390; *Kleinknecht* JZ 60, 672 ff., 674.

[5] Siehe dazu oben 1. Teil, A I 2.

[6] Grundlegend BVerfGE 40, 272 ff., 275 = NJW 76, 141; ihm folgend *Kleinknecht*, § 300, 1.

ist daher auch der bei der Einlegung des Rechtsmittels anzulegende Maßstab[7]. Die Regeln über die Beschwerdeeinlegung haben sich wie die gesamte Ausgestaltung des Rechtsmittelverfahrens am Gedanken der Effektivität des Rechtsschutzes zu orientieren[8].

### 1. Die Frist für die Einlegung

a) Die einfache Beschwerde ist nicht an eine Frist gebunden. Sie kann daher eingelegt werden, solange der Betroffene durch die anzufechtende Entscheidung beschwert ist. Allerdings kann die Beschwer bei der Beeinträchtigung rein prozessualer Rechte durch den Verfahrensfortgang überholt werden und damit entfallen, so daß die Beschwerde gegenstandslos, bzw. unzulässig wird[9]. Bei Grundrechtseingriffen ist dies hingegen nicht möglich, solange die Maßnahme diskriminierende Wirkungen zeitigt[10].

Die unbefristete Beschwerde kann darüber hinaus trotz Fortbestehens der Beschwer durch Verwirkung unzulässig werden. Dies ist der Fall, wenn der Berechtigte über längere Zeit untätig geblieben ist, obwohl er die Rechtslage kannte und sein Recht in zumutbarer Weise hätte verfolgen können[11]. Die richterliche Überprüfbarkeit tritt dann gegenüber den Gesichtspunkten der Rechtssicherheit und des Rechtsfriedens zurück[12]. Auch im Strafverfahren darf ein an sich fristloser Rechtsbehelf nicht nach Belieben hinausgezogen werden, ohne daß dies auf seine Zulässigkeit von Einfluß bliebe[13]. Allerdings bedarf es stets des ausdrücklichen Nachweises, daß die Interessen des Beschwerdeführers infolge des Zeitablaufs nicht mehr schutzwürdig sind[14].

b) Die sofortige Beschwerde ist gem. § 311 II 1 binnen einer Woche einzulegen[15]. Für die Bestimmung der Wochenfrist gelten die Berechnungsgrundsätze des § 43.

c) Die Einlegung der einfachen oder der sofortigen Beschwerde setzt voraus, daß die Entscheidung, gegen die sie sich richtet, erlassen ist[16].

---

7 Siehe ausführlich oben, 1. Teil, A I 2.

8 Auch *Löwe / Rosenberg / Gollwitzer*, § 300, 7; *Eb. Schmidt*, § 300, 6; KMR, § 300, 5, sehen in § 300 den Ausdruck eines allgemeinen Rechtsgedankens, ohne dabei jedoch auf Art. 19 IV GG Bezug zu nehmen.

9 Siehe oben, 1. Teil, G IV 3 a; vgl. auch *Löwe / Rosenberg / Gollwitzer*, § 306, 5; *Eb. Schmidt*, § 306, 2; *Kleinknecht*, § 306, 3.

10 Siehe oben, 1. Teil, A I 2.

11 Vgl. BVerfG NJW 72, 675 f.; *Löwe / Rosenberg / Gollwitzer*, 48 vor § 296.

12 Vgl. OLG Köln NJW 66, 2230.

13 Vgl. BVerfGE 4, 31 ff., 37 = NJW 54, 1601.

14 Zur Verwirkung, vgl. auch *Dütz* NJW 72, 1025; *Fuhrmann* NJW 63, 1230; *Jescheck* JZ 52, 400.

15 In der kurzen Frist liegt nach BVerfG NJW 76, 34 ff., 37 keine unzumutbare Erschwerung des Zugangs zu Gericht.

Dafür spricht neben dem Wortlaut der §§ 304 I, 306 I, 310 I, der die Beschwerde gegen „erlassene" Beschlüsse und Verfügungen gewährt, auch die Abhilfemöglichkeit des Erstgerichts. Das Gericht kann von seiner Entscheidung begrifflich erst abrücken, sobald sie existiert. Zudem überzeugt der Hinweis, daß erst die erlassene Entscheidung eine Beschwer bewirkt[17, 18]. Hingegen kommt es auf die Kenntnis des Rechtsmittelführers von der Existenz der Entscheidung nicht an[19]. Er kann gegen einen in seiner Abwesenheit ergangenen Beschluß auch dann Beschwerde einlegen, wenn er von dessen Erlaß mangels Zustellung nicht wußte[20]. Die §§ 304, 310 zeigen, daß das Gesetz die Anfechtbarkeit eines Beschlusses allein von seiner Existenz, nicht aber von der Kenntnis des Beschwerdeführers abhängig macht. Das Gesetz stellt damit aus Gründen der prozessualen Rechtssicherheit zu Recht auf objektive Gesichtspunkte ab. Der maßgebliche Zeitpunkt muß eindeutig erkennbar sein, ohne daß es erst weiterer Ermittlungen und Feststellungen bedarf. Die Berücksichtigung subjektiver Momente würde dazu führen, daß die Wirksamkeit oder Unwirksamkeit der Rechtsmitteleinlegung möglicherweise von Beweisfragen abhinge[21].

Kann demnach von einem Rechtsmittel bereits vor Beginn der formellen Rechtsmittelfrist wirksam Gebrauch gemacht werden, so hat die Frist des § 311 II 1 nur noch Bedeutung für die Frage, bis wann die sofortige Beschwerde eingelegt sein muß. Die Beschwerdefrist beginnt mit der Bekanntmachung der anzufechtenden Entscheidung; im Falle der Verkündung in Anwesenheit des Betroffenen setzt sie sofort ein, § 35 I, anderenfalls wird sie durch Zustellung in Gang gesetzt, § 35 II[22]. Dies zeigt, daß die Frist für die von der Entscheidung betroffenen Personen je nach Art der Bekanntmachung verschieden sein kann; so etwa,

---

[16] Vgl. BGH JR 74, 295; *Löwe / Rosenberg / Gollwitzer*, 43 vor § 296; KMR, 2 b vor § 296; *Kleinknecht*, 10 vor § 296; a. A. *Bennecke / Beling*, S. 447.

[17] Vgl. BVerwGE 25, 20; *Löwe / Rosenberg / Gollwitzer*, 43 vor § 296; *Kleinknecht*, § 304, 1.

[18] Eine andere Frage ist, ob das vorsorglich eingelegte und daher zunächst unwirksame Rechtsmittel mit dem Erlaß der Entscheidung Wirksamkeit erlangt. Dies sollte jedenfalls dann bejaht werden, wenn am Fortbestand des zum Ausdruck gebrachten Anfechtungswillens kein Zweifel besteht und Unsicherheiten über die Eröffnung des Rechtsmittelwegs daher nicht aufkommen können, vgl. *Hanack*, Anm. zu BGH JR 74, 295 f.; *Erdsiek* NJW 61, 1637; *Grunsky* DÖV 75, 382.

[19] Vgl. BGH JR 74, 295; BGH JR 74, 249; OLG Hamm NJW 57, 883; *Löwe / Rosenberg / Gollwitzer*, 43 vor § 296; *Kleinknecht*, 10 vor § 296.

[20] a. A. OLG Hamm VRS 37, 61 für den Fall einer sofortigen Beschwerde.

[21] Die gleichen Gesichtspunkte gelten beim Rechtsmittelverzicht; auch dort kann die mögliche Kenntnis des Verzichtenden nicht entscheidend sein, siehe dazu unten, II.

[22] § 35 II 2 zeigt zugleich, daß die bloße formlose Mitteilung nicht ausreicht, um die Rechtsmittelfrist in Gang zu setzen.

wenn der Beschluß gem. § 138 a in Anwesenheit des ausgeschlossenen Verteidigers, siehe § 138 d II 1, aber in Abwesenheit des Beschuldigten, siehe § 138 d II 3, ergeht. Anders hingegen beim gesetzlichen Vertreter, § 298 I: Da dieser die Sache des Beschuldigten vertritt, ist für ihn stets die für diesen laufende Frist maßgebend.

Die Beschwerdefrist endet gem. § 43 I mit dem Ablauf des Tages der auf die Bekanntmachung folgenden Woche, der durch seine Benennung dem Tage entspricht, an dem die Frist begonnen hat. Davon soll nach Ansicht des BayObLG[23] dann eine Ausnahme zulässig sein, wenn die Kosten- und Auslagenentscheidung angefochten wird. Die sofortige Beschwerde gem. § 464 III 1 sei, wenn rechtzeitig Revision eingelegt worden ist, auch dann fristgerecht, wenn sie zwar nach Ablauf der Wochenfrist, aber vor Ablauf der Revisionsbegründungsfrist, § 345 I, eingelegt werde. Jedoch erscheint dies mit dem eindeutigen Wortlaut des § 311 II 1 unvereinbar. Der Richter darf sich auch aus Billigkeitserwägungen nicht über eine vom Gesetzgeber vorgeschriebene Frist hinwegsetzen. Deshalb ist auch bei der sofortigen Beschwerde gegen selbständig anfechtbare Entscheidungsteile die Einhaltung der Wochenfrist zu fordern[24].

### 2. Der Ort der Einlegung

a) Die einfache Beschwerde kann gem. § 306 I beim Erstgericht und in „dringenden Fällen“ auch bei dem Beschwerdegericht eingelegt werden; hingegen darf die sofortige Beschwerde nach § 311 II stets bei jedem der beiden Gerichte angebracht werden. Die Möglichkeit der Einlegung bei dem judex a quo wiederholt sich zwar bei den beiden anderen Rechtsmitteln, §§ 314 I, 341 I; gerade bei der Beschwerde jedoch erscheint sie besonders zweckmäßig[25]. Dem Erstgericht wird dadurch Gelegenheit gegeben, der Beschwerde abzuhelfen, § 306 II; es kann die Vollziehung der angefochtenen Entscheidung aussetzen, § 307 II, und sich zum Inhalt der Beschwerde dem judex ad quem gegenüber äußern[26]. Erforderlichenfalls hat es die Akten dem Beschwerdegericht vorzulegen. Demgegenüber ist die Einlegung unmittelbar beim Beschwerdegericht nur dann angebracht, wenn der Beschwerdeführer von diesem die Aussetzung der Vollziehung erhofft, die vom Erstgericht ebenso wenig zu erwarten ist wie eine Abhilfe[27]. Wenn auch die Einle-

[23] MDR 72, 534; 72, 887; ebenso OLG München NJW 72, 2277; *Göhler* MDR 71, 621 ff., 623.

[24] Ebenso BGH NJW 73, 336 f.; OLG Hamm NJW 71, 444; OLG Stuttgart Justiz 71, 270; *Löwe / Rosenberg / Gollwitzer*, § 311, 9; *Kleinknecht*, § 464, 11.

[25] Vgl. *Löwe / Rosenberg / Gollwitzer*, § 306, 1; *Eb. Schmidt*, § 306, 1; *Kleinknecht*, § 306, 1.

[26] Diese Gesichtspunkte lagen auch der gesetzgeberischen Regelung zugrunde, siehe die Motive, S. 210.

[27] Vgl. *Kleinknecht*, § 306, 1; § 311, 3.

gung bei dem judex ad quem nur in den genannten Fällen sinnvoll sein wird, so ist sie trotz § 306 I 2 auch bei der einfachen Beschwerde stets zulässig. Die Formulierung dieser Vorschrift ist so allgemein gehalten, daß sich ihr eine unerläßliche Formvorschrift nicht entnehmen läßt. Dem Beschwerdeführer erwächst deshalb kein Nachteil daraus, daß das Beschwerdegericht seinen case nicht für dringend erachtet[28].

b) Die Einlegung bei einer sachlich oder örtlich unzuständigen Stelle hilft dem Beschwerdeführer nur, wenn sein Rechtsmittel innerhalb der Frist an das zuständige Gericht gelangt[29]. Zwar wird ein in den §§ 306, 311 nicht genanntes Gericht oder die Staatsanwaltschaft die Beschwerde an das Erst- oder Beschwerdegericht weiterleiten. Da dann aber die Wochenfrist des § 311 II 1 leicht überschritten sein kann, ist gerade der Adressierung der sofortigen Beschwerde besondere Aufmerksamkeit zu widmen.

c) Eine Ausnahme von der allgemeinen Regel der §§ 306, 311 wird in § 299 normiert. Der auf behördliche Anordnung Verwahrte kann die Beschwerde auch zu Protokoll der Geschäftsstelle des Amtsgerichts des Verwahrungsortes einlegen[30]. Die wesentliche Bedeutung dieser Vorschrift ergibt sich aus Abs. II: Die Einlegung wird bereits mit ihrer Abgabe bei der in Abs. I genannten Geschäftsstelle wirksam; auf den Eingang bei dem nach §§ 306, 311 zuständigen Gericht kommt es nicht an. Dies gilt allerdings nach dem klaren Wortlaut des § 299 nur, wenn der Verwahrte die Beschwerde zu Protokoll der Geschäftsstelle einlegt. Entschließt er sich hingegen zu der in § 306 vorgesehenen weiteren Möglichkeit der schriftlichen Einlegung, so greift § 299 nicht ein. Die schriftliche Beschwerde muß bei dem zuständigen Erst- oder Beschwerdegericht angebracht werden[31]; denn sie kann ohne weiteres auch in kurzer Frist durch die Post übermittelt werden[32].

### 3. Die Form der Einlegung

Zunächst ist festzustellen, daß eine ausdrückliche Bezeichnung der Rechtsmittelerklärung nicht erforderlich ist[33]. Es genügt in jedem Fall,

---

[28] Dies entspricht der h. M., vgl. OLG Bremen MDR 51, 56 mit zustimmender Anmerkung von *Dallinger; Löwe / Rosenberg / Gollwitzer*, § 306, 2; *Eb. Schmidt*, § 306, 6; KMR, § 306, 1 b; *Kleinknecht*, § 306, 1; *Erbs*, § 306, II.

[29] Vgl. nur *Löwe / Rosenberg / Gollwitzer*, 55 vor § 296; § 306, 4, 7.

[30] Er kann sich dann allerdings nicht vor den gem. §§ 306, 311 zuständigen Urkundsbeamten vorführen lassen, vgl. *Löwe / Rosenberg / Gollwitzer*, § 299, 1.

[31] Vgl. OLG Düsseldorf NJW 70, 1890.

[32] Vgl. OLG Düsseldorf, a.a.O.; § 299 will vermeiden, daß der Inhaftierte bei dem zuständigen, möglicherweise weit entfernt liegenden Gericht vorgeführt werden muß. Dieser Zweck greift aber bei der schriftlichen Rechtsmitteleinlegung nicht ein.

daß der Anfechtungswille in der Erklärung eindeutig zum Ausdruck kommt. Auch dies ist Ausfluß des bereits mehrfach herangezogenen Gedankens des effektiven Rechtsschutzes[34]. Durch das Erfordernis einer korrekten Benennung würde das formelle Recht des Betroffenen, Rechtsmittel einzulegen, in einer aus Sachgründen nicht mehr zu rechtfertigenden Weise erschwert. Der dem Rechtsmittelführer vom BVerfG[35] ausdrücklich zugebilligte Anspruch auf möglichst wirksame gerichtliche Kontrolle in allen ihm von der Verfahrensordnung zur Verfügung gestellten Instanzen erfordert, daß die Gerichte der Rechtsmittelerklärung das „vernünftigerweise Gewollte"[36] unterstellen. Die Kundgabe des Beschwerdeführers, sich bei der Entscheidung „nicht beruhigen"[37] zu wollen, ist daher so auszulegen, daß der von ihm erstrebte Erfolg nach Möglichkeit erreicht wird[38]. Wird also z. B. gegen einen der einfachen Beschwerde unterliegenden Beschluß „Einspruch", „sofortige Beschwerde" oder gar „Berufung" eingelegt, so steht dies der Wirksamkeit der Beschwerde nicht entgegen[39, 40].

a) Die Beschwerde ist gem. § 306 I schriftlich oder zu Protokoll der Geschätfsstelle des Erst- oder Beschwerdegerichts einzulegen. Allerdings muß die Erklärung in jedem Fall den inhaltlichen Mindestanforderungen genügen, die an jede gerichtliche Eingabe zu stellen sind[41]. Sie darf sich nicht in Beleidigungen oder unflätigen Beschimpfungen ergehen[42] und auch keinen herausfordernd erpresserischen Inhalt haben[43]. Das Gesetz gibt dem Betroffenen durch die Eröffnung des Rechtswegs die Gelegenheit, eigene Rechte wahrzunehmen. Es gestattet ihm aber nicht, unter dem Vorwand eigener Rechtsverfolgung den rechtlich geschützten Bereich anderer, insbesondere ihre Ehre, zu be-

---

33 Vgl. BGH 2, 63 ff., 67; *Löwe / Rosenberg / Gollwitzer*, § 300, 2: *Eb. Schmidt*, § 300, 2; KMR, § 300, 3 b; *Kleinknecht* JZ 60, 673 f.

34 Siehe oben 2. Teil, A I, bei Anmerkung 7; zur Ableitung dieses Grundsatzes aus Art. 19 IV GG, siehe oben 1. Teil, A I 2.

35 E 40, 272 ff., 275 = NJW 76, 141; siehe dazu oben 1. Teil, A I 2.

36 *Kleinknecht*, JZ 60, 673 f.

37 *Löwe / Rosenberg / Gollwitzer*, § 300, 2; *Ferdinand*, S. 214.

38 Vgl. OLG Hamburg NJW 70, 1467; BayObLG JR 69, 470 mit zustimmender Anmerkung von *Göhler;* RGSt 67, 125; *Eb. Schmidt*, § 300, 2; KMR, § 300, 3 b.

39 Die fehlerhafte Bezeichnung der Beschwerde ist ein in der Praxis häufiger Fall, vgl. nur OLG Karlsruhe NJW 77, 309; BGH NJW 74, 154 f.; BayObLG NJW 73, 1293; OLG Hamm NJW 72, 1725 f.; NJW 71, 444 f.; OLG Hamburg NJW 70, 1467 f.

40 Zur Abgrenzung von Beschwerde und Gegenvorstellung in der Praxis, s. o. 1. Teil, A I 3 c.

41 Vgl. nur OLG Hamm NJW 76, 978; *Kleinknecht*, 9 vor § 33.

42 Vgl. die lesenswerten Entscheidungen des OLG Hamm, a.a.O.; OLG Karlsruhe NJW 74, 915; KG NJW 69, 151.

43 Vgl. OLG Karlsruhe NJW 73, 1658.

einträchtigen[44]. Die beleidigenden Eingaben stellen sich damit letztlich als Problem des Mißbrauchs von Verfahrensbefugnissen dar.

Es ist im Bereich der StPO anerkannt, daß der Mißbrauch prozessualer Befugnisse ihre Nichtgewährung rechtfertigen kann[45]. So sieht § 241 I die Entziehung der Befugnis zum Kreuzverhör beim Mißbrauch vor. Ausfluß dieses Rechtsgedankens sind ferner die §§ 26 a I Nr. 3, 244 III, 245, wonach die Absicht der Prozeßverschleppung oder die Verfolgung verfahrensfremder Zwecke zur Unzulässigkeit des gestellten Antrags führt. Auch Rspr. und Lehre[46] haben diesen Gedanken aufgegriffen und verallgemeinert, so daß er über die gesetzlich normierten Fälle hinaus Geltung beansprucht. Er kann dann aber auch zur Begründung der Unzulässigkeit beleidigender und damit mißbräuchlicher Rechtsbehelfe herangezogen werden[47], wobei allerdings eine wesentliche Einschränkung zu machen ist: Die Eingabe ist nur dann unzulässig, wenn sich der Mißbrauch eindeutig als ihr einziger Zweck darstellt.

Verfolgt das Rechtsmittel hingegen trotz beleidigender Ausführungen zugleich auch ein sachliches Anliegen, so ist dieser sachliche Kern sine ira et studio zu prüfen[48]. Nur die ausschließlich beleidigende Eingabe darf vom Rechtsmittelgericht unter Heranziehung des Mißbrauchgedankens verworfen werden.

Ähnliche Gesichtspunkte greifen ein, wenn die Beschwerde nicht ernsthaft die Verfolgung von Verfahrensrechten betreibt[49]. Dient sie allein der Verzögerung des Verfahrens, ohne dabei ein sachliches Anliegen zum Inhalt zu haben, so fehlt ihr jedes rechtlich anzuerkennende Interesse[50]. Das Rechtsmittel ist wie die beleidigende Eingabe unzulässig und sachlich nicht zu bescheiden[51].

Auch die Beschwerdeeinlegung unter einer Bedingung ist nach einhelliger Auffassung[52] unzulässig. Die Abhängigkeit von einem zukünf-

---

[44] Vgl. KG, NJW 69, 151.

[45] Vgl. hierzu *Weber* GA 75, 295; *Rüping / Dornseifer* JZ 77, 418.

[46] Vgl. z. B. KG JR 71, 388 mit Anm. von *Peters* (zum Mißbrauch des unmittelbaren Landesrechts); *Löwe / Rosenberg / Gollwitzer*, § 238, 3 (zur Wortentziehung); *Miebach* DRiZ 77, 140 (zur Entziehung des Fragerechts).

[47] Ebenso BVerfGE 2, 229 = NJW 53, 817; *Löwe / Rosenberg / Gollwitzer*, 51 vor § 296.

[48] Vgl. *Löwe / Rosenberg / Gollwitzer*, 51 vor § 296.

[49] Vgl. *Löwe / Rosenberg / Gollwitzer*, 51 vor § 296.

[50] Vgl. *Meyer* MDR 76, 629 ff., 631 für den Fall einer Berufung.

[51] Vgl. BVerfG NJW 53, 817; OLG Karlsruhe NJW 73, 1658 f.; KG NJW 69, 151.

[52] Vgl. BGH JR 74, 295; *Löwe / Rosenberg / Gollwitzer*, 53 vor § 296; § 304, 40; *Eb. Schmidt*, 12 vor § 296; KMR, 11 vor § 296; *Kleinknecht*, 19 vor § 296; *Roxin*, § 22 B III; *Gössel*, § 19 B V.

tigen, ungewissen Ereignis würde Unklarheit über die Lage und das Ende des Verfahrens herbeiführen und damit eine nicht hinzunehmende Beeinträchtigung der Rechtssicherheit nach sich ziehen[53]. Jedoch ist zu beachten, daß der Erlaß der anzufechtenden Entscheidung keine Bedingung, sondern gesetzliche Voraussetzung für die Anfechtbarkeit ist[54]. Daher ist die Beschwerde gegen einen Beschluß „für den Fall, daß dieser bereits ergangen ist" zulässig, wenn die Entscheidung tatsächlich schon existiert[55].

aa) Die Einlegung der Beschwerde zu Protokoll der Geschäftsstelle ist nur wirksam, wenn sie bei der Geschäftsstelle des gem. §§ 299, 306 zuständigen Gerichts erfolgt. Diese hat ein formgerechtes Protokoll anzufertigen, das Ort und Tag der Erklärung, die Bezeichnung des Beschwerdeführers, des Erklärenden und des Urkundsbeamten, sowie die Erklärung selbst enthalten muß[56]. Der Protokollierung durch einen Urkundsbeamten gleich steht die Aufnahme in das Protokoll der Hauptverhandlung[57] oder zur Niederschrift durch einen Richter[58]. Diesen Beurkundungen ist derselbe öffentliche Glaube beizumessen wie denen eines Urkundsbeamten[59].

Die zuständige Geschäftsstelle ist zur Entgegennahme der Rechtsmittelerklärung verpflichtet[60]. Sie darf die Aufnahme des Protokolls nicht mit dem Hinweis verweigern, daß die Beschwerdeeinlegung auch schriftlich erfolgen könne. Hingegen kann ein unzuständiger Urkundsbeamter es ablehnen, die Beschwerdeerklärung zu protokollieren[61]. Nimmt er die Erklärung dennoch entgegen, so wird sie erst mit Eingang beim zuständigen Gericht wirksam[62].

bb) Im Fall der schriftlichen Rechtsmitteleinlegung muß die Erklärung nicht notwendig handschriftlich unterzeichnet sein[63]. Die fehlende Unterschrift steht der Zulässigkeit der Beschwerde dann nicht entgegen, wenn der Wille zur Anfechtung und die Person des Erklärenden zweifelsfrei aus dem Schriftstück hervorgehen[64].

---

[53] Vgl. OLG Hamm NJW 73, 257 für den Fall eines Einspruchs.

[54] Vgl. BGH JR 74, 295 mit zustimmender Anmerkung von *Hanack; Kleinknecht*, 10 vor § 296; der BGH, a.a.O., spricht hier von einer „bloßen Rechtsbedingung".

[55] Auf die Kenntnis vom Erlaß der Entscheidung kommt es nicht an, siehe oben 1 c bei Anmerkung 19.

[56] Vgl. OLG Düsseldorf NJW 69, 1361 f.

[57] Vgl. nur *Kleinknecht*, Einleitung 132.

[58] Vgl. *Eb. Schmidt*, § 306, 3.

[59] H. M., vgl. nur *Löwe / Rosenberg / Gollwitzer*, § 306, 10.

[60] Vgl. OLG Bremen RPfl. 56, 240; *Kleinknecht*, Einleitung 128 f.

[61] Vgl. *Löwe / Rosenberg / Gollwitzer*, § 306, 9; KMR, § 306, 1 a.

[62] Siehe oben bei Anmerkung 29.

[63] Vgl. nur *Eb. Schmidt*, § 306, 4; *Gössel*, § 19 B V c.

[64] Vgl. BGHSt 2, 77 f.; OLG Düsseldorf NJW 62, 551.

b) Eine zulässige Sonderform der schriftlichen Erklärung ist die Beschwerdeeinlegung per Telegramm[65]. Erforderlich ist allerdings, daß das Ankunftstelegramm mit ausreichendem Erklärungsinhalt und mit Urheberangabe bei dem Gericht eingeht. In dem Fall genügt selbst die telefonische Aufgabe des Telegramms bei dem Fernmeldeamt[66]. Dieselben Grundsätze gelten bezüglich des Fernschreibens[67]. Auch dieses entspricht der Schriftform, wenn es die genannten inhaltlichen Merkmale aufweist.

Hingegen ist umstritten, ob die Beschwerde auch telefonisch wirksam eingelegt werden kann. Dies ist mit der wohl h. M.[68] zu bejahen. Zwar entspricht die telefonische Erklärung nicht den Erfordernissen der Schriftform[69]. Sie ist jedoch als Sonderform der Einlegung zu Protokoll der Geschäftsstelle zuzulassen. Wenn, wie gezeigt, die Benutzung des Telefons bei Teilakten der telegrafischen Erklärung statthaft ist, so erscheint es nur folgerichtig, sie auch bei Erklärungen zu Protokoll der Geschäftsstelle für zulässig zu erachten[70]. Dort vermag der Urkundsbeamte die Identität des Erklärenden nicht nachzuprüfen; hier kann er sich hingegen durch geeignete Rückfragen Aufklärung über die Person des Beschwerdeführers verschaffen, so daß die diesbezügliche Unsicherheit sogar geringer ist[71]. Allerdings ist auch hier die formgerechte Aufnahme eines Protokolls erforderlich, das die oben bezeichneten Punkte enthalten muß[72]. Sind diese Voraussetzungen erfüllt, so ist dem Erfordernis der Rechtssicherheit Genüge getan.

## II. Verzicht und Zurücknahme

### 1. Der Verzicht

Der Verzicht beinhaltet die verbindliche Erklärung, kein Rechtsmittel einzulegen. Er ist nach dem Wortlaut des § 302 nicht an eine besondere Form gebunden. Wegen der großen Bedeutung, die dem Verzicht auf

[65] Vgl. nur BGHSt 8, 174; *Roxin*, § 22 B II 3 c.

[66] Vgl. BGH, a.a.O., S. 174.

[67] Vgl. BayObLG MDR 67, 689; *Kleinknecht*, Einleitung 136.

[68] Vgl. OLG Celle NJW 70, 107; OLG Düsseldorf NJW 69, 1361; *Löwe / Rosenberg / Gollwitzer*, § 314, 2 c; KMR, § 314, 2 c; *Kleinknecht*, Einleitung 137; *Roxin*, § 22 B II 3 c; *Gössel*, § 19 B V e; *Dahs*, Revision, Rdz. 295; *Dahs* NJW 52, 276. a. A. sind aus Gründen der Rechtssicherheit OLG Hamm NJW 52, 276; OLG Frankfurt NJW 51, 1118; *Eb. Schmidt*, § 314, 6; *Sarstedt*, S. 50; *Seibert*, DRiZ 52, 8.

[69] Vgl. BGH bei *Dallinger*, MDR 71, 547.

[70] Vgl. OLG Düsseldorf, a.a.O., S. 1361.

[71] Vgl. OLG Düsseldorf, a.a.O.; *Roxin*, a.a.O.; das OLG Düsseldorf weist zudem darauf hin, daß die Beschwerdeeinlegung durch einen Unbefugten praktisch kaum vorkommen dürfte.

[72] Siehe oben bei Anmerkung 56.

ein Rechtsmittel zukommt, geht die h. M.[73] aber zu Recht davon aus, daß er hinsichtlich der Form und des Adressaten der Rechtsmitteleinlegung entspricht. Der Verzicht auf eine Beschwerde kann demnach, den oben[74] dargestellten Grundsätzen folgend, schriftlich oder zu Protokoll der Geschäftsstelle der in § 306 bezeichneten Gerichte erklärt werden.

a) Gem. § 302 I 1 kann der Verzicht schon vor Ablauf der Rechtsmittelfrist wirksam erfolgen. Die Vorschrift macht zugleich deutlich, daß er jedenfalls vom Beginn der Rechtsmittelfrist an zulässig ist[75]. Bei der fristlosen einfachen Beschwerde ist danach ebenfalls die Verkündung oder Zustellung der Entscheidung maßgeblich[76]. Nach h. M.[77] soll nun allerdings der Verzicht des bei der Verkündung abwesenden Betroffenen schon vor Beginn der Rechtsmittelfrist, d. h. der Zustellung, zulässig sein, wenn er „zuvor Gelegenheit hatte, sich über den Inhalt der verkündeten Urteilsgründe zuverlässig zu unterrichten"[78]. Der BGH läßt den Verzicht damit bereits dann zu, wenn sich der Betroffene zuverlässig Kenntnis von dem Entscheidungsinhalt verschaffen konnte; nicht erforderlich ist, daß er sich diese Kenntnis tatsächlich verschafft hat. Der Betroffene bringe durch den frühzeitigen Verzicht zum Ausdruck, daß er unabhängig von den Entscheidungsgründen und den sich aus ihnen ergebenden Aussichten von einem Rechtsmittel Abstand nehme. Ein solcher Verzicht sei als wirksam anzusehen.

Dieser Auffassung kann jedoch wegen des Schutzzwecks des § 302 I und aus Gründen der prozessualen Rechtssicherheit nicht zugestimmt werden[79]. Die Frage der Wirksamkeit des Verzichts darf nicht von subjektiven Elementen wie der (möglichen) Kenntnis des Betroffenen abhängig sein. Vielmehr bedarf es insoweit einer objektiven Regelung, die den maßgeblichen Zeitpunkt eindeutig erkennen läßt. Würde die mögliche Kenntnisnahme des Betroffenen entscheiden, so hinge die Wirksamkeit des Verzichts u. U. von Beweisfragen ab[80], ein Ergebnis, das der Rechtssicherheit nicht förderlich wäre. Zudem spricht der Schutz des Betroffenen dafür, allein auf den Zeitpunkt der Zustellung

---

[73] Vgl. BGHSt 18, 257 ff., 260 = JZ 64, 263 mit z. T. ablehnender Anmerkung von *Stratenwerth; Löwe / Rosenberg / Gollwitzer*, § 302, 11; KMR, § 302, 2 a; *Kleinknecht*, § 302, 8; *Roxin*, § 52 B V 1; *Gössel*, § 35 D I a 1; *Dahs*, Revision, Rdz. 297; *Hanack* JZ 73, 660.

[74] Siehe oben I 2, 3.

[75] Vgl. *Löwe / Rosenberg / Gollwitzer*, § 302, 6; *Eb. Schmidt*, § 302, 4; § 302, 2 d.

[76] Vgl. *Löwe / Rosenberg / Gollwitzer*, § 302, 6.

[77] Grundlegend BGHSt 25, 234 = JR 74, 249; ihm folgend *Kleinknecht*, § 302, 5; *Roxin*, § 52 B V 1; *Gössel*, § 35 D I a 2.

[78] BGH, a.a.O., S. 234.

[79] Vgl. *Peters*, Anmerkung zu BGH, a.a.O., S. 249.

[80] *Peters*, a.a.O., S. 249.

abzustellen. Er muß selbständig in der Lage sein, über den Rechtsmittelverzicht zu befinden. Dazu bedarf es einer genauen Kenntnis des Entscheidungsinhalts. Diese ist nicht gewährleistet, wenn er sich auf die möglicherweise unvollständige Information durch einen Dritten verlassen muß[81]. Die dabei nicht auszuschließende Einflußnahme widerspricht dem Schutzzweck des § 302. Ein Rechtsmittelverzicht des bei der Verkündung Abwesenden ist daher erst ab Zustellung der Entscheidung an ihn zuzulassen[82].

b) Der Verzicht ist nach seinem Eingang bei Gericht nicht mehr frei widerruflich und grundsätzlich unanfechtbar[83]. Dies folgt aus der öffentlichen Natur des Strafprozesses, der einen Schwebezustand und die daraus folgende Ungewißheit über den Fortgang des Verfahrens nicht duldet. Der Verzicht kann jedoch als unwirksam behandelt werden, wenn ein Festhalten des Betroffenen zu unbilligen Ergebnissen führen würde[84]. Dies ist etwa der Fall, wenn er durch Drohung oder Täuschung veranlaßt worden ist[85]. Aber auch der durch eine objektiv unrichtige Erklärung des Gerichts, der Staatsanwaltschaft und auch des Verteidigers herbeigeführte Verzicht wird zunehmend für unwirksam erachtet[86]. Dabei ist die dogmatische Begründung der Ausnahmen im einzelnen sehr umstritten[87]. Im Vordergrund steht jedoch stets das Bedürfnis, den Betroffenen vor grob unbilligen Ergebnissen zu schützen.

In diesem Zusammenhang erscheint auch der Verzicht im unmittelbaren Anschluß an die verkündete Entscheidung bedenklich[88]. Gerade diese Erklärungen unterliegen im hohen Maße der Gefahr eines Mißverständnisses oder Irrtums[89]. Vor allem der nichtverteidigte Betroffene handelt unüberlegt und vorschnell und vermag die Folgen eines Verzichts noch gar nicht zu übersehen. Die in der Praxis gern versuchte

---

[81] *Peters*, a.a.O.

[82] Ebenso die ältere Rechtsprechung, vgl. RGSt 2, 78 ff.; KG JW 1930, 2079; wie hier auch *Eb. Schmidt*, § 302, 4; skeptisch gegenüber dem BGH auch *Löwe / Rosenberg / Gollwitzer*, § 302, 7.

[83] Vgl. nur BGHSt 10, 245; *Eb. Schmidt*, § 302, 3; *Sarstedt*, S. 57.

[84] Vgl. OLG Hamm NJW 76, 1952; BGHSt 18, 257; *Hanack* JZ 73, 660 und vor allem *Dencker*, S. 42 ff. und *Schulze*, S. 28 ff.

[85] Vgl. *Löwe / Rosenberg / Gollwitzer*, § 302, 44 ff. mit weiteren Nachweisen; *Eb. Schmidt* JR 62, 290 ff.

[86] Vgl. OLG Hamm NJW 76, 1952; OLG Frankfurt NJW 71, 949; OLG Hamburg NJW 69, 1976; OLG Düsseldorf NJW 60, 210 mit zustimmender Anmerkung von *Mölders* und ablehnender Anmerkung von *Feldmann;* OLG Bremen JZ 55, 680 mit zustimmender Anmerkung von *Eb. Schmidt;* Roxin, § 52 B V 36; *Robert Schmidt* JuS 67, 158.

[87] Vgl. dazu ausführlich *Dencker*, a.a.O.; *Schulze*, a.a.O.

[88] Ebenso *Hanack* JZ 73, 660; *Dahs*, Revision, Rdz 300.

[89] Vgl. *Löwe / Rosenberg / Gollwitzer*, § 302, 48 mit weiteren Nachweisen.

„Hervorlockung“[90] eines Verzichts sollte deshalb, so wie es Nr. 142 II 1 RiStBV vorsieht, unterbleiben[91].

### 2. Die Zurücknahme

Für die Zurücknahme eines Rechtsmittels gelten die gleichen Grundsätze wie beim Verzicht[92]. Zu beachten ist, daß eine von der Staatsanwaltschaft zugunsten des Betroffenen eingelegte Beschwerde ohne dessen Zustimmung nicht zurückgenommen werden kann, § 302 I 2. Diese Regelung ist erforderlich, weil der Betroffene u. U. im Vertrauen auf die Beschwerde der Staatsanwaltschaft von einer eigenen Rechtsmitteleinlegung abgesehen hat[93]. Da dieselben Gesichtspunkte beim Rechtsmittel des gesetzlichen Vertreters eingreifen, ist § 302 I 2 hier entsprechend anzuwenden[94].

§ 302 II zeigt, daß die Erklärung des Betroffenen derjenigen des Verteidigers stets vorgeht. Dieser bedarf zur Zurücknahme einer ausdrücklichen Ermächtigung. Eine vielfach vertretene Auffassung läßt es genügen, wenn diese Ermächtigung in der allgemeinen Verteidigervollmacht im voraus erteilt wird[95]. Jedoch ist zweifelhaft, ob dies dem Schutz des Betroffenen, den § 302 II doch zweifellos bewirken will, gerecht wird. Die Ermächtigung zur Zurücknahme wird so in einem Zeitpunkt erteilt, in dem die Frage der Rechtsmitteleinlegung noch gar nicht aktuell ist. Der Betroffene kann jetzt die Tragweite seiner Ermächtigung noch gar nicht abschätzen. Dies ist erst möglich, wenn er mit dem in Frage stehenden Rechtsmittel unmittelbar befaßt wird. Erst dann kann er sinnvoll entscheiden, ob er auf die Erreichung des mit seiner Beschwerde erstrebten Zieles verzichten will. Entgegen der Rechtsprechung erscheint die zudem noch meist formularmäßig erteilte Vorausermächtigung daher fragwürdig. Wegen der Bedeutung der Zurücknahme sollte vielmehr feststehen, um welches konkrete Rechtsmittel es sich handelt[96].

---

[90] *Dahs*, a.a.O., Rdz. 300.

[91] Es mehren sich die Entscheidungen, in denen ein unter Umgehung des Verteidigers erwirkter Verzicht als unzulässig angesehen wird, vgl. BGHSt 19, 101; 18, 257; OLG Karlsruhe Justiz 67, 56; OLG Frankfurt NJW 66, 1376; vgl. auch *Hanack* JZ 71, 218; a. A. *H. W. Schmidt* NJW 65, 1211.

[92] Vgl. *Eb. Schmidt*, § 302, 9; *Roxin*, § 52 B V 2 a; *Dahs*, Revision, Rdz. 302.

[93] Vgl. *Löwe / Rosenberg / Gollwitzer*, § 302, 52.

[94] Vgl. nur *Kleinknecht*, § 298, 6.

[95] Vgl. OLG Braunschweig JZ 53, 343; OLG Celle MDR 64, 864; OLG Köln MDR 59, 780; OLG Celle Nds. Rpfl. 73, 132; *Kleinknecht*, § 302, 16; *Erbs*, § 302, V C.

[96] So *Löwe / Rosenberg / Gollwitzer*, § 302, 63; *Eb. Schmidt*, § 302, 10; KMR, § 310, 8 b; *Roxin*, § 52 B V 2 b.

## III. Die Wirkungen der Beschwerdeeinlegung

### 1. Der grundsätzlich fehlende Suspensiveffekt. Die Ausnahmen der §§ 81 V, 231 a III 3, 454 II 2 StPO, 180, 181 II GVG, 65 II 3 JGG

Die Einlegung der Beschwerde hat im Gegensatz zu den beiden anderen Rechtsmitteln, §§ 316 I, 343 I, grundsätzlich nicht die Hemmung des Vollzugs der angefochtenen Entscheidung zur Folge, § 307 I. Sie äußert also regelmäßig keinen Suspensiveffekt[97]. Während bei angefochtenen Urteilen zunächst die Entscheidung des Rechtsmittelgerichts abgewartet werden muß, § 449, sind die der Beschwerde unterliegenden Entscheidungen prinzipiell mit ihrem Erlaß vollstreckbar. Der Grund für diese Regelung liegt in dem Gebot der Verfahrensbeschleunigung. Da die mit der Beschwerde anfechtbaren Entscheidungen zumeist im Laufe des Verfahrens ergehen, würde ein Abwarten der Beschwerdeentscheidung zu „den bedenklichsten Verzögerungen“ führen und „der Untersuchungszweck nicht selten geradezu gefährdet sein“[98]. Hätte etwa die Beschwerde gegen einen Haftbefehl oder die Anordnung der Haussuchung oder der Beschlagnahme aufschiebende Wirkung, so könnte der Betroffene den mit der Maßnahme verfolgten Zweck unterlaufen[99]. Peters[100] spricht in diesem Zusammenhang anschaulich von einer „Lahmlegung der Justiz“.

Der Grundsatz des fehlenden Suspensiveffekts erfährt nur dort eine Ausnahme, wo das Gesetz der Beschwerde ausdrücklich die aufschiebende Wirkung beilegt. Dies gilt ausschließlich bei einigen wenigen Fällen der sofortigen Beschwerde, weil bei ihnen das durch die Entscheidung tangierte Schutzgut ein Abwarten der Beschwerdeentscheidung erforderlich macht. Im Bereich der StPO trifft dies bei den sofortigen Beschwerden gem. §§ 81 V, 231 a III 3, 454 II 2 zu. Aus anderen Verfahrensordnungen seien die bedeutsamen Fälle der §§ 180, 181 II GVG, 65 II 3 JGG genannt. Hinzu kommt nach richtiger Auffassung[101] die sofortige Beschwerde gem. § 464 III, weil die Vollstreckung der Kosten- und Auslagenentscheidung von dem Ergebnis der Beschwerde abhängig ist. Der Eintritt des Suspensiveffekts ist in den genannten Fällen nicht an die Zulässigkeit der Beschwerde gebunden. Die Einlegung der sofortigen Beschwerde führt hier auch dann die aufschiebende Wirkung herbei, wenn sie im Einzelfall wegen örtlicher oder sachlicher Unzu-

---

[97] Vgl. *Gössel*, § 36 B I; siehe auch schon oben, 1. Teil, A I 1 b.

[98] So die Motive zu § 307 I (früher § 349 I), *Hahn*, S. 248.

[99] Vgl. *Peters*, S. 544; allerdings gilt dies nur, wenn der Betroffene rechtzeitig von der Anordnung erfährt; das wird aber zumeist nicht der Fall sein, siehe oben 1. Teil, G IV 1.

[100] a.a.O., S. 544.

[101] Siehe oben 1. Teil, C II 4; vgl. auch *Löwe / Rosenberg / Gollwitzer*, § 307, 2; *Kleinknecht*, § 307, 1.

ständigkeit oder wegen fehlender Beschwerdebefugnis nicht statthaft sein sollte[102]; denn es darf nicht vom Ausgang eines etwaigen Streits über die Zulässigkeit der Beschwerde abhängen, ob dem Betroffenen die Vorteile der aufschiebenden Wirkung zugute kommen[103]. Erforderlich ist allerdings, daß der Beschwerdeführer die Wochenfrist des § 311 II eingehalten hat[104]. Andere Gesichtspunkte, die möglicherweise die Unzulässigkeit der Beschwerde begründen können, stehen dem Eintritt der aufschiebenden Wirkung indes nicht entgegen[105].

### 2. Die Aussetzungsbefugnis gem. § 307 II

Hat die Einlegung der Beschwerde danach regelmäßig keine Suspensivwirkung, so ist doch das Erst- und auch das Beschwerdegericht grundsätzlich befugt, die sofortige Vollziehung der angefochtenen Entscheidung auszusetzen, § 307 II. Dieses Recht ist nur im Fall des § 120 II ausgeschlossen: Wird der Haftbefehl gem. § 120 I aufgehoben, so darf die Freilassung des Beschuldigten auch dann nicht unterbleiben, wenn gegen die Aufhebung ein Rechtsmittel eingelegt worden ist[106]. Der Grund für die generelle Aussetzungsbefugnis der Gerichte liegt in der Vielfalt der in Betracht kommenden Beschwerdefälle. Es war dem Gesetzgeber nicht möglich, alle die Fälle vorauszusehen, in denen sich eine Aussetzung rechtfertigen läßt[107]. Er hat es daher den Gerichten überlassen, den sofortigen Vollzug der Entscheidung zu unterbinden und auf diese Weise etwaige Härten zu vermeiden[108].

---

[102] Dies entspricht der herrschenden Auffassung zum verwaltungsprozessualen Widerspruch und zur Anfechtungsklage gem. § 80 I VwGO, vgl. *Ule*, S. 284 f. mit weiteren Nachweisen.

[103] Ist z. B. unklar, ob die sofortige Beschwerde gegen den Beschluß gem. § 81 formgerecht eingelegt worden ist, so darf dem Beschwerdeführer daraus kein Nachteil erwachsen. § 81 V wäre ausgeschaltet, wenn sich später die Einhaltung der Formerfordernisse herausstellte.

[104] So auch die h. M. zu §§ 316, 343, vgl. BGHSt 22, 213 = NJW 68, 2253; *Löwe / Rosenberg / Gollwitzer*, § 316, 1; *Eb. Schmidt*, § 316, 1; *Kleinknecht*, § 316, 1; *Küper* GA 69, 364; *Niese* JZ 57, 76.

[105] Allerdings erscheint zweifelhaft, ob auch ein ganz offensichtlich unzulässiges Rechtsmittel die aufschiebende Wirkung herbeiführen kann. Soll tatsächlich das von einem gar nicht am Verfahren Beteiligten und damit eindeutig nicht Anfechtungsbefugten eingelegte Rechtsmittel den Eintritt der Rechtskraft verhindern? Vgl. dazu (zu § 316 II) *Löwe / Rosenberg / Gollwitzer*, § 316, 2 a.

[106] Vgl. KMR, § 307, 2 a.

[107] So die Motive, *Hahn*, S. 248.

[108] Vgl. OLG Frankfurt NJW 76, 303: Das Gericht hat die Vollziehung der Ordnungshaft gem. § 178 GVG ausgesetzt, weil es ansonsten erst nach vollständiger Verbüßung der Ordnungshaft über die Beschwerde hätte entscheiden können; zudem hätte dem Beschwerdeführer kein Anspruch auf Entschädigung nach dem StrEG zugestanden, wenn die Maßnahme erst nachträglich aufgehoben worden wäre.

Das Gericht hat nach pflichtgemäßem Ermessen, sei es auf Antrag oder von Amts wegen[109], zu prüfen, ob der Vollzug der angefochtenen Entscheidung auszusetzen ist[110]. Es hat dabei das öffentliche Interesse an der mit dem Vollzug verbundenen Verfahrensbeschleunigung ebenso zu berücksichtigen wie die daraus folgenden möglichen Nachteile des Beschwerdeführers und die Erfolgsaussichten der Beschwerde[111]. Bei der vorzunehmenden Abwägung können die zu § 80 VwGO entwickelten Kriterien[112] herangezogen werden. Dann entspricht die sofortige Vollziehung sicherlich dem öffentlichen Interesse, wenn die Beschwerde offensichtlich aussichtslos ist. Anders hingegen, wenn das Rechtsmittel offensichtlich begründet ist; denn der sofortige Vollzug einer schon „auf den ersten Blick" rechtswidrigen Entscheidung kann niemals im öffentlichen Interesse liegen. Insbesondere ist die Aussetzung stets geboten, wenn das Erstgericht die Unrichtigkeit seiner Entscheidung erkennt, an einer Abhilfe aber durch § 311 III 1 gehindert ist[113].

### 3. Die Anhörung des Beschwerdegegners im Falle der Aussetzung

Entschließt sich das Gericht aufgrund vorstehender Erwägungen, den sofortigen Vollzug der angefochtenen Entscheidung zu hemmen, so fragt sich, ob es zuvor dem Gegner des Beschwerdeführers Gelegenheit zur Äußerung geben muß. § 308 I 1 normiert für bestimmte Fälle die Pflicht des Beschwerdegerichts, dem Gegner die Beschwerde „zur Gegenerklärung" mitzuteilen. Es stellt sich die Frage, ob auch bei der Außervollzugsetzung gem. § 307 II eine Mitteilungspflicht nach § 308 I 1 besteht. Dies ist jedoch mit der h. M.[114] zu verneinen. Zum einen macht der Wortlaut des § 308 I 1 in diesem Fall eine Anhörung nicht erforderlich. Die Vorschrift besagt lediglich, daß die angefochtene Entscheidung nicht ohne Anhörung des Gegners zu seinem Nachteil geändert werden darf. Gemeint ist damit ausschließlich die Entscheidung in der Sache selbst, d. h. die Entscheidung über die Beschwerde. Die Außervollzugsetzung stellt aber keine solche Entscheidung in der Sache dar; sie betrifft nicht unmittelbar die Beschwerde, sondern ergeht aufgrund eines besonderen Antrags oder von Amts wegen. Der Beschwerdegegenstand wird durch die Anordnung gem. § 307 II nicht berührt; vielmehr wird

---

[109] Vgl. *Löwe / Rosenberg / Gollwitzer*, § 307, 8.

[110] Vgl. OLG Karlsruhe NJW 76, 2274; *Löwe / Rosenberg / Gollwitzer*, § 307, 5; *Kleinknecht*, § 307, 2.

[111] Vgl. OLG Karlsruhe, a.a.O.; OLG Frankfurt, a.a.O.; *Löwe / Rosenberg / Gollwitzer*, a.a.O.; *Kleinknecht*, a.a.O.

[112] Vgl. dazu BVerwG DÖV 66, 134; 65, 61; *Eyermann / Fröhler*, § 80 VwGO, 47 ff.; *Ule*, S. 288 f.

[113] Vgl. *Kleinknecht*, § 307, 2.

[114] Vgl. *Löwe / Rosenberg / Gollwitzer*, § 307, 7; KMR, § 308, 2; *Kleinknecht*, § 307, 2; *Rahn* NJW 59, 1167 f.

lediglich der bisherige Zustand aufrechterhalten[115]. Wird aber die erstgerichtliche Entscheidung als solche nicht zum Nachteil des Beschwerdegegners geändert, so ist § 308 I 1 nicht anzuwenden.

Hinzu kommt, daß auch der Zweck des § 307 II gegen eine Anhörung spricht. Die Vorschrift will dem Gericht ermöglichen, den Beschwerdeführer vor drohenden Nachteilen zu bewahren[116]. Nicht wieder gut zu machende Folgen lassen sich aber nur dann vermeiden, wenn über die Aussetzung rasch entschieden wird. Bedarf es aber erst der Mitteilung der Beschwerdeschrift, der Anhörung des Gegners und der möglicherweise dann nötigen erneuten Anhörung des Beschwerdeführers[117], so liefe § 307 II leer. Das zeitraubende Verfahren gem. § 308 I 1 würde dem mit der Aussetzungsbefugnis verfolgten Ziel geradezu entgegenwirken[118].

[115] Vgl. *Rahn*, a.a.O., S. 1167 f.

[116] Vgl. die Motive, *Hahn*, S. 248.

[117] Diese wäre gem. § 33 III erforderlich, wenn der Beschwerdegegner neue Tatsachen oder Beweisergebnisse vorträgt.

[118] Die Frage der vorherigen Anhörung wird auch bei der Abhilfeentscheidung gem. § 306 II diskutiert; vgl. dazu unten, C I 1 c.

## B. Der Instanzenzug

### I. Allgemeines

Ist festgestellt, daß die Beschwerde von einer rechtsmittelberechtigten Person[1] unter Beachtung der Verfahrensvorschriften[2] eingelegt worden ist, so ist im folgenden zu untersuchen, welche Gerichte über die wirksam eingelegte Beschwerde im Instanzenzug zu entscheiden haben. Dabei soll nur die sachliche Zuständigkeit geprüft werden; örtlich zuständig ist das nach dem Gerichtsverfassungsgesetz übergeordnete Gericht, auch wenn das Erstgericht zur Entscheidung örtlich nicht zuständig war[3].

Das Beschwerdeverfahren sieht, von der Ausnahme des § 310 I abgesehen[4], grundsätzlich nur zwei Rechtszüge vor, davon einen Rechtsmittelzug zum Beschwerdegericht. Dieser Rechtsmittelzug ist unabhängig von dem Instanzenzug gegen das in der Sache ergehende Urteil. So geht etwa die Revision gegen ein erstinstanzliches Strafkammerurteil zum BGH, § 135 I GVG, während zur Erledigung von Beschwerden das OLG in Betracht kommt, § 121 I Nr. 2 GVG. Auch kann mit einer schöffengerichtlichen Strafsache nicht nur das LG und das OLG, sondern im Fall des § 159 GVG auch der BGH befaßt werden. Darüber hinaus ist festzustellen, daß sich die Zuständigkeit des Beschwerdegerichts allein danach richtet, welches Gericht die angefochtene Entscheidung tatsächlich erlassen hat und nicht, welches Gericht zuständigkeitshalber hätte entscheiden müssen[5].

Nach dem im GVG festgelegten Instanzenzug treten als Beschwerdegerichte ausschließlich die Strafkammern, die Oberlandesgerichte, die zentralen Oberlandesgerichte des § 120 GVG und der BGH in Erscheinung. Hingegen entscheiden der Strafrichter, das Schöffen- und das

---

[1] Siehe oben 1. Teil, F.

[2] Siehe oben 2. Teil, A.

[3] Vgl. BGHSt 10, 177; 11, 62; 18, 261 = NJW 63, 965; KMR, § 304, 5. Eine Ausnahme gilt allerdings bei Maßnahmen im Vorverfahren, wenn sich nach Anklageerhebung die Zuständigkeit des Gerichts eines anderen Bezirks ergibt. In diesem Fall ist stets die diesem Gericht übergeordnete Instanz örtlich zuständig, vgl. LG Dortmund MDR 73, 870.

[4] Siehe oben 1. Teil, D.

[5] Vgl. BGH NJW 73, 477 f.; NJW 68, 952; LG Verden NJW 74, 759 f.; *Löwe / Rosenberg / Gollwitzer*, 57 vor § 296.

Schwurgericht niemals über eine Beschwerde; sie können im Beschwerdeverfahren allein als Erstgericht tätig werden[6].

## II. Die Beschwerdegerichte

### 1. Die Gerichte im einzelnen

a) Die Strafkammern entscheiden gem. § 73 I GVG über Beschwerden gegen Entscheidungen des Strafrichters, des Schöffengerichts und dessen Vorsitzenden, sowie des Richters im Vorverfahren. Ihre Besetzung richtet sich nach § 76 I GVG: Sie werden in der Besetzung von drei Mitgliedern unter Einschluß des Vorsitzenden tätig. Allerdings ist bei der Besetzung des Spruchkörpers die Vorschrift des § 23 I zu beachten, nach der ein Richter, der bei der angefochtenen Entscheidung mitgewirkt hat, von der Mitwirkung bei der Entscheidung über das Rechtsmittel kraft Gesetzes ausgeschlossen ist. So darf etwa der Richter am Amtsgericht, der einen Haftbefehl erlassen hat, nach seiner Berufung zum Landgericht nicht über die gegen den Haftbefehl eingelegte Beschwerde mitentscheiden. Praktisch bedeutsam kann § 23 I vor allem in den Fällen der §§ 22 II, 59 II, 78 GVG werden. Ist ein Richter am Amtsgericht zugleich Mitglied einer auswärtigen Strafkammer, § 78 II GVG, so ist besonders zu prüfen, ob der von § 23 I erfaßte Fall des gesetzlichen Ausschlusses vom Richteramt vorliegt.

b) Die Senate der Oberlandesgerichte entscheiden gem. § 121 I Nr. 2 GVG über Beschwerden gegen Entscheidungen der Strafkammern oder ihres Vorsitzenden. Erfaßt werden alle Entscheidungen der Strafkammern in erster Instanz, sowie diejenigen Entscheidungen in der Berusungsinstanz, die aus Anlaß der Berufung ergehen. Ergeht die Entscheidung bereits aus Anlaß einer Beschwerde, so müssen für eine Anfechtung die zusätzlichen Voraussetzungen des § 310 I erfüllt sein[7]. Eine besondere Zuweisung enthält § 181 III GVG: Die sofortige Beschwerde gegen die von § 181 I GVG erfaßten sitzungspolizeilichen Maßnahmen[8] geht auch dann zum OLG, wenn die Anordnung vom Strafrichter oder vom Schöffengericht erlassen worden ist.

Auch die OLG-Senate entscheiden als Beschwerdegericht grundsätzlich in der Besetzung von drei Mitgliedern mit Einschluß des Vorsitzenden, § 122 I GVG.

c) Die zentralen Oberlandesgerichte des § 120 I GVG sind gem. § 120 IV GVG zuständig für Beschwerden gegen Entscheidungen der besonderen Strafkammern im Sinne des § 74 a GVG. Sind diese Ober-

---

[6] Zum Verfahren des Erstgerichts, siehe unten 2. Teil, C.

[7] Siehe dazu oben, 1. Teil, D I.

[8] Siehe dazu oben, 1. Teil, G III.

landesgerichte gem. § 120 I, II GVG in den genannten Strafsachen bereits erstinstanzlich zuständig, so treffen sie auch die sonst den Strafkammern nach § 73 I GVG obliegenden Beschwerdeentscheidungen, § 120 III 1 GVG. Hinzu kommt der Fall des § 120 III 2 GVG: Richtet sich die Beschwerde gegen eine Entscheidung des als Ermittlungsrichter tätig gewordenen Strafrichters, § 162, oder des gem. §169 I 1 zuständigen Ermittlungsrichters des OLG, so ist die Beschwerdezuständigkeit des Oberlandesgerichts gegeben[9].

d) Der BGH entscheidet gem. § 135 II GVG über Beschwerden gegen Entscheidungen der Oberlandesgerichte aufgrund der §§ 138 d VI 1[10], 304 IV 2, 310 I. Die Bezugnahme auf § 304 IV 2 macht deutlich, daß es sich in diesen Fällen um Beschlüsse und Verfügungen handeln muß, die das OLG als Gericht des ersten Rechtszuges in Staatsschutz-Strafsachen nach § 120 I, II GVG erlassen hat[11]. Auch die Beschwerden gegen Verfügungen des Ermittlungsrichters am BGH, § 169 I 2, gehen gem. § 135 II GVG zum BGH[12]. Zu beachten ist allerdings, daß die Zuständigkeit des BGH als Beschwerdegericht entfällt, wenn der Generalbundesanwalt die Sache gem. § 142 a II, IV GVG an die Landesstaatsanwaltschaft abgibt[13]. Dasselbe gilt, wenn der Generalbundesanwalt Anklage vor dem Oberlandesgericht erhebt[14]. Da in diesen Fällen die Zuständigkeit des bundesgerichtlichen Ermittlungsrichters entfällt, ist auch die Entscheidungsbefugnis des Bundesgerichtshofes nicht mehr gegeben. Diese kann nur solange bestehen, wie sich die Beschwerde gegen die Entscheidung eines Bundesorgans, des Ermittlungsrichters am BGH, wendet[15]. Zudem würde die fortbestehende Entscheidungsbefugnis des BGH zu einem Nebeneinander von Zuständigkeiten zur Entscheidung derselben Sache und damit möglicherweise zu einander widersprechenden Entscheidungen führen[16], ein unter dem Aspekt der Rechtssicherheit nicht wünschenswertes Ergebnis.

Zu erwähnen bleibt die speziell normierte Zuständigkeit des BGH in den Fällen der §§ 159 I 3 GVG, 5 IV 1 RHilfeG.

---

[9] Vgl. dazu BGH NJW 73, 477 f.; *Kleinknecht* § 169, 7.

[10] Hingegen ist die Zuständigkeit des BGH zur Überprüfung seiner eigenen Entscheidungen gem. § 138 c, I, S. 2 u. 3 nicht gegeben, s. dazu o. 1. Teil, C II 2.

[11] Vgl. *Kohlhaas* NJW 70, 20 ff., 21.

[12] Die Beschwerdemöglichkeit gegen Maßnahmen des Ermittlungsrichters am BGH ist allerdings seit dem 1. 1. 1979 weitgehend eingeschränkt. § 304 V i. V. m. § 135 II GVG, eingefügt durch Art. 1, Nr. 11 des StVÄG 1979 (BGBl. 1978, I, S. 1645 ff.), gewährt jetzt nur noch Rechtsschutz gegen die dort aufgezählten Grundrechtseingriffe.

[13] Vgl. BGH NJW 73, 477 f.; *Löwe / Rosenberg / Gollwitzer*, § 304, 66; *Kleinknecht*, § 169, 7.

[14] Vgl. BGH NJW 77, 2175.

[15] Vgl. BGH, a.a.O., S. 2175.

[16] Vgl. BGH, a.a.O., S. 2175.

### 2. Insbesondere: Entscheidungen des ersuchten und des beauftragten Richters

Einer gesonderten Behandlung bedarf die Beschwerde gegen Entscheidungen des ersuchten und des beauftragten Richters. Der Rechtsweg bei der Anfechtung dieser Beschlüsse und Verfügungen ist im Gesetz nicht ausdrücklich vorgeschrieben. Jedoch zeigen die §§ 304 I, 306 III, daß auch gegen diese Entscheidungen die Beschwerde möglich ist.

a) Der ersuchte Richter erledigt als außerhalb des ersuchenden Gerichts stehender Richter diejenigen nach der StPO erforderlichen richterlichen Handlungen, die ihm im Wege des Ersuchens übertragen werden[17]. In der Praxis wird er zumeist im Rahmen der Beweisaufnahme tätig; er kann etwa diejenigen Zeugen oder Sachverständigen, die in der Hauptverhandlung voraussichtlich nicht erscheinen können, vorweg vornehmen[18].

Der ersuchte Richter ist gem. § 157 I GVG stets ein Richter des Amtsgerichts. Beschwerdegericht ist daher grundsätzlich die Strafkammer, § 73 GVG. Dies gilt jedoch nur, soweit sich die Beschwerde gegen sein Verfahren wendet[19]. Da der ersuchte Richter regelmäßig an das Ersuchen gebunden ist[20], ist eine gegen ihn gerichtete Beschwerde nur zulässig, wenn er nicht dem Ersuchen entsprechend verfährt oder das ihm eingeräumte Ermessen oder sein selbständiges Entscheidungsrecht überschreitet[21]. Setzt er etwa gegen den nicht erschienenen Sachverständigen entgegen § 77 eine Ordnungshaft fest, so entscheidet über die dagegen gerichtete Beschwerde die ihm vorgesetzte Strafkammer. Gleiches gilt, wenn der in Ordnungsgeld genommene Zeuge, § 51, die Rechtsmäßigkeit der Maßnahme beanstandet. In diesen Fällen steht das dem ersuchten Richter eingeräumte selbständige Entscheidungsrecht in Frage, so daß die ihm vorgesetzte Beschwerdeinstanz, das Landgericht, zur Kontrolle berufen ist.

Richtet sich die Beschwerde jedoch in Wahrheit gegen den Inhalt des Ersuchens, so ist die dem ersuchenden Gericht vorgeordnete Beschwerdeinstanz zuständig; denn dann wird nicht das Verfahren des ersuchten Richters, sondern die Entscheidung des ersuchenden Gerichts angefochten[22]. Dies ist z. B. er Fall, wenn sich der Zeuge unter Berufung

---

[17] Vgl. nur *Baumbach / Lauterbach / Hartmann*, Einleitung III 7 C.

[18] *Roxin*, § 42 C; siehe auch § 362 ZPO.

[19] Vgl. *Löwe / Rosenberg / Gollwitzer*, § 304, 19; *Eb. Schmidt*, § 304, 14; KMR, § 304, 5.

[20] Vgl. aber § 158 GVG.

[21] Vgl. *Löwe / Rosenberg / Gollwitzer*, § 304, 19.

[22] Vgl. *Löwe / Rosenberg / Gollwitzer*, a.a.O.; *Eb. Schmidt*, a.a.O.; KMR, a.a.O.

auf § 63 gegen die vom ersuchenden Gericht angeordnete eidliche Vernehmung beschwert oder geltend macht, ihm stünde gem. §§ 52, 53 ein Zeugnisverweigerungsrecht zu. Hier wäre es wenig sinnvoll, die dem ersuchten Richter vorgesetzte Instanz entscheiden zu lassen und den Amtsrichter so mit der Verantwortung für eine Entscheidung zu belasten, auf die er keinen Einfluß hat nehmen können. Beschwerdegericht ist daher der dem ersuchenden Gericht übergeordnete Spruchkörper.

b) Der beauftragte Richter erfüllt im wesentlichen die gleichen Aufgaben wie der ersuchte Richter[23]. Allerdings wird er im Gegensatz zu diesem stets als Mitglied des beauftragenden Kollegialgerichts tätig[24]. Da er als Mitglied des Kollegiums an dessen Weisungen gebunden ist, kann das beauftragende Gericht niemals Beschwerdegericht sein. Das gilt auch dann, wenn sich die Beschwerde allein gegen das Verfahren des beauftragten Richters wendet. Dieser könnte wegen § 23 I an der Beschwerdeentscheidung des Kollegiums nicht mitwirken[25]. Zudem kann auch das Schwurgericht einen Auftrag erteilen; als Beschwerdegericht kommt es jedoch nie in Betracht[26].

Die Beschwerde gegen Verfügungen des beauftragten Richters ist daher ebenso zu behandeln wie das gegen den Auftrag gerichtete Rechtsmittel. Beschwerdegericht ist stets die dem beauftragenden Gericht übergeordnete Instanz. Da der beauftragte Richter in der Regel ein Mitglied des Landgerichts ist, entscheidet zumeist das OLG über Beschwerden gegen den Auftrag und seine Ausführung[27].

---

[23] *Roxin*, § 42 C.

[24] Vgl. auch § 361 ZPO.

[25] Vgl. *Löwe / Rosenberg / Gollwitzer*, § 304, 22.

[26] Vgl. *Eb. Schmidt*, § 304, 13.

[27] Ebenso *Löwe / Rosenberg / Gollwitzer*, a.a.O.; *Eb. Schmidt*, a.a.O.; KMR, a.a.O.

## C. Das Verfahren des Erstgerichts

Das Erstgericht wird nur dann nicht mit der Beschwerde befaßt, wenn diese gem. § 306 I 2 unmittelbar beim Beschwerdegericht eingelegt wird[1], das Beschwerdegericht die Akten anfordert und selbst über das Rechtsmittel entscheidet[2]. Zwar hat das Erstgericht die Möglichkeit, sich bei Übersendung der Akten dem Beschwerdegericht gegenüber zu äußern und diesem so die Orientierung über den Sach- und Streitgegenstand im Interesse einer möglichst raschen Erledigung zu erleichtern[3]. Eine eigene Entscheidungsbefugnis steht ihm aber in keiner Richtung zu[4].

Zumeist wird die Beschwerde jedoch aus den genannten Zweckmäßigkeitserwägungen[5] beim Erstgericht eingelegt. Der Ablauf des Verfahrens weist dann erhebliche Unterschiede zum Verfahren nach eingelegter Berufung oder Revision auf. Während der judex a quo dort gem. §§ 319 I, 346 I die Prüfung bestimmter Formalien vornimmt[6], die materielle Begründetheit des Rechtsmittels jedoch nicht untersuchen darf[7], verhält es sich bei der Beschwerde gerade umgekehrt: Dem Erstgericht ist die Möglichkeit der Abhilfe gegeben[8], die gerade eine sachliche Prüfung des Rechtsmittels erforderlich macht[9]. Hingegen werden die Zulässigkeitsvoraussetzungen der Beschwerde nicht kontrolliert[10]. Das Erstgericht darf die Beschwerde daher nicht zurückweisen, weil

---

[1] Siehe oben 2. Teil, A I 2 a.

[2] Das Beschwerdegericht darf die Sache nur ausnahmsweise an die Vorinstanz zurückverweisen, vgl. *Löwe / Rosenberg / Gollwitzer*, § 309, 12; *Gollwitzer*, Anm. zu OLG München JR 74, 204 ff., 207; zur eigenen Entscheidung des Beschwerdegerichts und zu den zulässigen Fällen der Zurückverweisung, siehe unten D II 2 a, b.

[3] So die Motive, *Hahn*, S. 248; vgl. auch *v. Kries*, Lehrbuch, S. 699.

[4] Vgl. *Ferdinand*, S. 240.

[5] Insbesondere wegen der Abhilfemöglichkeit des § 306 II, siehe dazu oben, 2. Teil, A I 2 a.

[6] Bei der Berufung darf das Erstgericht die Verwerfung wegen der Versäumung der Berufungsfrist, § 314 I, beschließen; bei der Revision darf es darüber hinaus die Beachtung der in § 345 II vorgeschriebenen Form überprüfen, vgl. dazu *Foth* JR 76, 254; BGH MDR 59, 507; BayObLG NJW 63, 63.

[7] Diese Prüfung obliegt allein dem Berufungs- bzw. Revisionsgericht, vgl. §§ 328, 353.

[8] Bei der sofortigen Beschwerde ist dies wegen § 311 III nur ausnahmsweise der Fall, siehe dazu unter I 2.

[9] Vgl. nur KMR, § 306, 2 b.

[10] Vgl. nur *Kleinknecht*, § 306, 12.

sie seiner Ansicht nach wegen §§ 304 III, IV, 305 unzulässig ist, weil bei der Einlegung die Form des § 306 I nicht eingehalten oder der Beschwerdeführer nicht nach den §§ 296 bis 298, 304 II legitimiert ist. Die Entscheidung darüber steht stets nur dem Beschwerdegericht zu[11].

Wie schon bei Beschwerdeeinlegung[12] bestehen auch im Hinblick auf das Verfahren vor dem Erstgericht Unterschiede zwischen der einfachen und der sofortigen Beschwerde. § 306 II, 1. Halbsatz bestimmt für die einfache Beschwerde die Möglichkeit der Abhilfe, während das Erstgericht im Fall der sofortigen Beschwerde gem. § 311 III 1 grundsätzlich nicht zu einer Abänderung seiner Entscheidung befugt ist. Diese differenzierende gesetzliche Regelung folgt, wie gezeigt[13], aus dem unterschiedlichen Charakter der der jeweiligen Beschwerdeart unterliegenden Entscheidungen. Allein bei Nichtgewährung des rechtlichen Gehörs zum Nachteil des Beschwerdeführers läßt § 311 III 2 auch bei der sofortigen Beschwerde eine Abhilfe durch den judex a quo zu. (Dazu I.).

Hilft das Erstgericht der Beschwerde nicht ab, so hat es diese dem Beschwerdegericht vorzulegen, § 306 II, 2. Halbsatz. Bei der sofortigen Beschwerde ist dies wegen des aus § 311 III 1 folgenden regelmäßigen Abhilfeverbots zumeist der Fall. Die Vorlage hat nach dem Wortlaut des § 306 II, 2. Halbsatz „sofort, spätestens vor Ablauf von drei Tagen", zu erfolgen. In der Praxis bereitet diese kurze Frist allerdings Schwierigkeiten; insbesondere fragt es sich, ob das Erstgericht durch die Frist an der Vornahme eigener Ermittlungen zwecks Aufhellung des Sachverhalts dann gehindert ist, wenn dies nicht innerhalb von drei Tagen geschehen kann. (Dazu II.).

## I. Die Abhilfeentscheidung

### 1. Abhilfe bei einfacher Beschwerde

a) Die Abhilfemöglichkeit des § 306 II dient dem Zweck, den Fortgang des Verfahrens zu beschleunigen und den Prozeß damit wirtschaftlich zu gestalten[14]. Dem Beschwerdegericht bleibt die Behandlung und Entscheidung der Sache erspart, wenn das Erstgericht aufgrund nachträglich gewonnener Überzeugung die Möglichkeit der Korrektur seiner eigenen Entscheidung wahrnimmt[15]. Entspricht es daher dem

---

[11] So schon die ältere Literatur, vgl. *Bennecke*, S. 730; *Binding*, S. 267; *Ullmann*, S. 624; *v. Schwarze*, S. 259.

[12] Siehe oben 2. Teil, A.

[13] Siehe oben 1. Teil, C I 2 - 4.

[14] Vgl. OLG München JR 74, 204 f. mit zustimmender Anmerkung von *Gollwitzer*, § 306, 16; *Kleinknecht*, § 306, 7.

[15] Vgl. OLG München, JR 74, 204 f.; *Kleinknecht*, § 306, 7.

Grundgedanken des § 306 II, das Beschwerdeverfahren schnell und rationell abzuwickeln, so darf die erneute Prüfung und die bei begründeter Beschwerde vorgesehene Abhilfe nicht lediglich im Ermessen des Erstrichters stehen. Vielmehr normiert § 306 II die Amtspflicht des judex a quo, die als unrichtig erkannte Entscheidung aufzuheben oder zu ändern[16]. Dies gilt vor allem, wenn das in der Beschwerdeschrift enthaltene neue Vorbringen des Betroffenen ohne weiteres geeignet ist, die abhelfende Entscheidung zu begründen[17]. Hat etwa der gem. § 77 I mit einem Ordnungsgeld belegte Sachverständige sein Ausbleiben durch eine glaubwürdige Erklärung in der Beschwerdeschrift genügend entschuldigt[18], so widerspräche es dem Sinn des § 306 II, wenn der Erstrichter die Beschwerde ohne eigene Würdigung vorlegen und damit die Abwicklung des Beschwerdeverfahrens verzögern würde. Er hat vielmehr den eigenen Beschluß aufzuheben und dem Beschwerdegericht die Befassung mit der Sache zu ersparen. Allein dies entspricht der obligatorischen Fassung des § 306 II[19].

Das Erstgericht kann von der Abhilfemöglichkeit auch dann Gebrauch machen, wenn die Beschwerde formell zwar mangelhaft, sachlich aber begründet ist[20]. Dies folgt aus der fehlenden Rechtskraftfähigkeit der hier in Frage stehenden Entscheidungen[21]. Das Erstgericht könnte seinen der einfachen Beschwerde unterliegenden Beschluß ja auch auf Gegenvorstellung hin oder sogar von Amts wegen ändern oder aufheben[22]. Allerdings muß das Rechtsmittel überhaupt statthaft sein, d. h., die Entscheidung muß grundsätzlich mittels Beschwerde anfechtbar sein. Dies ist z. B. bei den §§ 28 I, 46 II nicht der Fall[23]. Auch bei den durch den Verfahrensfortgang prozessual überholten reinen Verfahrensrechten[24] scheidet eine Anfechtung und damit eine Änderung von Amts wegen aus. Der danach unzulässigen Beschwerde kann das Erstgericht dann auch nicht abhelfen.

---

[16] Vgl. *Löwe / Rosenberg / Gollwitzer*, § 306, 17; *Eb. Schmidt*, § 306, 7; *Gollwitzer*, Anmerkung zu OLG München, a.a.O.; dasselbe gilt für die zivilprozessuale Beschwerde, vgl. *Baumbach / Lauterbach / Albers*, § 571 ZPO, 1 A.

[17] So die Motive, *Hahn*, S. 248.

[18] Vgl. dazu *Kleinknecht*, § 77, 3 und § 51, 3 f.

[19] Vgl. *Eb. Schmidt*, § 306, 7.

[20] Vgl. *Löwe / Rosenberg / Gollwitzer*, § 306, 17; auch bei der zivilprozessualen Beschwerde entspricht dies der h. M., vgl. nur OLG Nürnberg MDR 61, 509; *Stein / Jonas*, § 571 ZPO, I.

[21] Siehe dazu oben 1. Teil, C I 3.

[22] Vgl. BGHSt 8, 194 = NJW 57, 997; *Löwe / Rosenberg / Gollwitzer*, a.a.O.; *Kleinknecht*, Einleitung, 110; § 306, 11.

[23] Die sonstigen unanfechtbaren Entscheidungen sind oben, 1. Teil, G I 1, genannt.

[24] Siehe dazu oben, 1. Teil, G IV 3 b.

b) § 306 II zeigt, daß zur Abhilfe derjenige befugt ist, der die angefochtene Entscheidung erlassen hat. Zwar nennt die Vorschrift ausdrücklich nur das Gericht oder den Vorsitzenden; jedoch ergibt sich aus § 306 III, daß auch der Richter im Vorverfahren und der beauftragte oder ersuchte Richter der Beschwerde abhelfen können, wenn sie ihre Entscheidung nicht mehr aufrechterhalten wollen[25].

Richtet sich die Beschwerde gegen eine Entscheidung des Schöffengerichts oder der Strafkammer, so ist bei der Besetzung des Gerichts zu beachten, ob über die Abhilfe während oder außerhalb der Hauptverhandlung entschieden wird. Gem. §§ 30 II, 76 I GVG wirken die Schöffen bei einer außerhalb der Hauptverhandlung zu treffenden Abhilfeentscheidung nicht mit.

c) Die Abhilfe ist ihrer Natur nach keine Entscheidung über die Beschwerde, sondern eine Entscheidung gleicher Art und gleicher Instanz wie der angefochtene Beschluß[26]. Sie ergänzt, ändert oder ersetzt die Erstentscheidung, bildet mit ihr eine Einheit und kann wie sie angefochten werden[27]. Sie ist daher wie die angefochtene Entscheidung bekanntzumachen, § 35[28]. Wird durch die Abhilfe der Beschwerdegrund vollständig beseitigt, so wird die Beschwerde gegenstandslos[29].

Hingegen stellt die Feststellung, daß der Beschwerde nicht abgeholfen werde, eine lediglich formlose Erklärung des Gerichts dar, durch die dem Beschwerdeverfahren Fortgang gegeben wird[30]. Als verfahrensinterne Feststellung[31] berührt sie die Verfahrensrechte der Beteiligten nicht. Daraus ergibt sich, daß der Abhilfebeschluß von den Betroffenen nicht angefochten werden kann[32]; er braucht daher weder begründet noch bekanntgemacht zu werden, §§ 34, 35[33]. Bedenken erweckt allerdings die vielfach vertretene Auffassung, der judex ad quem könne auch dann über die Beschwerde entscheiden, wenn das Erstgericht bei der Prüfung der Abhilfe nicht ordnungsgemäß verfahren

---

[25] Bei einem Wechsel der Zuständigkeit obliegt die Abhilfe dem Gericht, das nunmehr zum Erlaß der angefochtenen Entscheidung zuständig wäre, vgl. *Löwe / Rosenberg / Gollwitzer*, § 306, 19.

[26] Vgl. *Löwe / Rosenberg / Gollwitzer*, § 306, 20, 24; *Gollwitzer*, Anmerkung zu OLG München, JR 74, 205 f.

[27] Vgl. *Gollwitzer*, a.a.O.

[28] Vgl. *Kleinknecht*, § 306, 8; ebenso (für § 571 ZPO) *Baumbach / Lauterbach / Albers*, § 571 ZPO, 1 A.

[29] Vgl. *Gollwitzer*, a.a.O. und schon *Ferdinand*, S. 234.

[30] Vgl. *Löwe / Rosenberg / Gollwitzer*, § 306, 21; *Gollwitzer*, a.a.O., S. 206.

[31] Dabei braucht nur das Ergebnis der Prüfung, nicht aber die Gründe für die Nichtabhilfe in den Akten vermerkt zu werden, vgl. *Kleinknecht*, § 306, 9.

[32] Vgl. OLG München, a.a.O.; KG VRS 38, 127; *Kleinknecht*, a.a.O.

[33] Ebenso (für § 571 ZPO) *Baumbach / Lauterbach / Albers*, § 571 ZPO, 2.

sei, ja selbst die vollständige Unterlassung des Abhilfeverfahrens sei für den Fortgang des Beschwerdeverfahrens unschädlich[34]. Gemessen am Sinn und Zweck des Abhilfeverfahrens ist diese Ansicht zumindest nicht durchgehend haltbar. Die Abhilfemöglichkeit des Erstgerichts dient der Prozeßwirtschaftlichkeit, sie hat sich an dem in § 306 II zum Ausdruck kommenden Gebot der Verfahrensbeschleunigung auszurichten[35]. Dann kommt eine Zurückweisung zwecks Nachholung des Abhilfeverfahrens sicherlich nicht in Betracht, wenn das Beschwerdegericht trotz mangelhaften erstrichterlichen Verfahrens selbst sofort in der Sache entscheiden kann[36]. Dies hat insbesondere in dringenden Fällen zu gelten. Anders jedoch, wenn die Richtigkeit des Beschwerdevorbringens vom örtlich näheren Erstgericht leichter und damit schneller festgestellt werden kann. Hier schließt die Pflicht zur zügigen Abwicklung des Beschwerdeverfahrens eine eigene Entscheidung des Rechtsmittelgerichts aus, da tatsächliche Feststellungen des der Sache ferner stehenden Gerichts zu Verzögerungen führen. Liegt zudem noch die Vermutung nahe, daß sich die Beschwerde nach Durchführung der Ermittlungen durch Abhilfe erledigt, so entspricht allein eine Entscheidung des Vorderrichters der Struktur des Abhilfeverfahrens[37]. In diesen Fällen sollte das Beschwerdegericht die Sache stets zurückverweisen und dem Erstgericht so Gelegenheit geben, die unterbliebene oder nicht sachgerecht getroffene Abhilfeentscheidung ordnungsgemäß nachzuholen.

d) Die Aufhebungsmöglichkeit des § 306 II wirft die Frage auf, ob das Erstgericht vor Erlaß der abhelfenden Entscheidung dem Gegner des Beschwerdeführers gem. § 308 I 1 rechtliches Gehör zu gewähren hat. Das wird von einem Teil der Literatur[38] unter Hinweis auf den Wortlaut des § 308 I 1 verneint. Die Vorschrift spreche nur vom Beschwerdegericht; allein dieses, nicht aber der judex a quo sei deshalb zu einer Anhörung des Beschwerdegegners verpflichtet[39]. Auch die Vorlegungsfrist des § 306 II gebe hierfür ein Indiz: Müsse das Erstgericht zunächst die Erklärung des Gegners abwarten, so trete eine Verzögerung der Vorlage an das Beschwerdegericht ein, die der Verpflichtung des § 306 II widerspreche[40].

---

[34] So OLG Bremen MDR 51, 56 mit zustimmender Anm. von *Dallinger;* KMR, § 306, 2 e; *Kleinknecht,* § 306, 12.

[35] Vgl. *Löwe / Rosenberg / Gollwitzer,* § 306, 27; *Gollwitzer,* a.a.O., S. 207.

[36] Vgl. *Kleinknecht,* § 306, 13.

[37] Ähnlich *Löwe / Rosenberg / Gollwitzer,* a.a.O.; *Gollwitzer,* a.a.O.

[38] Vgl. *Eb. Schmidt,* § 308, 6; *Röhl* MDR 55, 522; *Rahn* NJW 59, 1107; *Ulrich* NJW 60, 709 f.; *Ortlieb,* S. 177.

[39] So *Eb. Schmidt,* a.a.O.; *Röhl,* a.a.O., S. 522.

[40] Vgl. vor allem *Röhl,* a.a.O., S. 522.

Dieser Auffassung steht allerdings der in Art. 103 I GG manifestierte Grundsatz des rechtlichen Gehörs entgegen. Danach muß jeder Betroffene Gelegenheit erhalten, sich zu dem einer ihm nachteiligen gerichtlichen Entscheidung zugrunde liegenden Sachverhalt vor Erlaß der Entscheidung zu äußern[41]. Im Hinblick auf die Entscheidung des Beschwerdegerichts ist dies in § 308 I festgelegt. Ebenso wenig geht es aber an, daß der Beschwerdegegner durch eine für ihn negative Abhilfeentscheidung des Erstgerichts überrascht wird[42]. Er hat einen günstigen Ausspruch des Untergerichts erlangt und darf in seinem Vertrauen auf den Bestand dieses Ausspruchs nicht dadurch enttäuscht werden, daß dieser ohne sein Wissen aufgehoben wird. Anders als bei der Außervollzugsetzung gem. § 307 II[43] handelt es sich bei der Abhilfe um eine Entscheidung in der Sache selbst[44]. Sie stellt die Aufhebung einer dem Gegner günstigen Rechtsposition dar; der Gegner ist also zu hören, bevor das Erstgericht der Beschwerde abhilft[45]. Ohne seine Anhörung wäre Art. 103 I GG verletzt. Das Erstgericht darf danach z. B. nicht im Wege der Abhilfe die Eröffnung des Hauptverfahrens beschließen, ohne zuvor die Beschwerde der Staatsanwaltschaft gegen den die Eröffnung ablehnenden Beschluß dem Angeschuldigten mitgeteilt zu haben[46]. Gleiches gilt, wenn das Erstgericht der Beschwerde der Staatsanwaltschaft gegen den die Wiederaufnahme anordnenden Beschluß abhelfen will[47].

### 2. Abhilfe bei sofortiger Beschwerde

Im Gegensatz zur einfachen Beschwerde ist bei der sofortigen Beschwerde ein Abhilfeverfahren regelmäßig nicht zulässig, § 311 III 1. Der Grund für diese Regelung ergibt sich aus der Rechtsnatur der hier in Frage stehenden Entscheidungen: Die der sofortigen Beschwerde

---

41 Zum Umfang des Rechts auf Gehör und zu den Ausnahmen der vorherigen Anhörung, siehe oben 1. Teil, B III 5 b und unten, D I 1, 2.

42 Vgl. *Müller* NJW 60, 21; *Röhl* NJW 64, 273.

43 Siehe dazu oben, 2. Teil, A III 3.

44 Vgl. *Löwe / Rosenberg / Gollwitzer*, § 306, 24 („Sachentscheidung").

45 Im Ergebnis ebenso *Löwe / Rosenberg / Gollwitzer*, a.a.O.; KMR, § 308, 2; *Seidel*, S. 81; *Bröll*, S. 183; *Müller*, a.a.O.; *ders.*, in NJW 60, 710; *Röhl*, a.a.O.; *Rüping*, S. 173.

46 Vgl. BVerfGE 11, 29 = MDR 60, 469 für die Mitteilungspflicht des Beschwerdegerichts gem. § 308 I.

47 Vgl. BVerfGE 9, 123; auch diese Entscheidung bezieht sich auf die Anhörung durch das Beschwerdegericht; für den Gegner des Beschwerdeführers macht es jedoch keinen Unterschied, ob die ihm vorteilhafte Entscheidung durch das Erst- oder das Beschwerdegericht aufgehoben wird. Zwar steht ihm gegen den abhelfenden Beschluß des judex a quo die Beschwerde offen, siehe oben bei Fußnote 27. Kann aber diese Beschwerde durch seine rechtzeitige Anhörung vermieden werden, so ist dies der unter prozeßökonomischen Gesichtspunkten gebotene Weg, vgl. dazu *Müller* NJW 60, 21 f.

unterliegenden Beschlüsse sind stets der formellen Rechtskraft und in gewissem Umfang auch der materiellen Rechtskraft fähig, weil der Gesetzgeber die durch sie geregelte Frage einer schnellen und endgültigen Klärung bedürftig erachtet[48]. Das Erstgericht[49] darf daher nicht in eine sachliche Prüfung seines Beschlusses eintreten, wenn dieser mit der sofortigen Beschwerde angefochten worden ist. Es darf seine Entscheidung aber auch nicht auf eine Gegenvorstellung hin ändern oder von Amts wegen widerrufen[50]. Der Grund des Abhilfeverbots liegt nämlich nicht in der formellen Tatsache der Anfechtung, sondern in der dargestellten Rechtsnatur der Entscheidung[51]. Unzulässig ist daher auch eine Ergänzung des Beschlusses, die in Wirklichkeit eine Abänderung darstellt[52].

Ausnahmsweise läßt § 311 III 2 eine Abhilfe auch bei der sofortigen Beschwerde zu, wenn das Erstgericht „zum Nachteil des Beschwerdeführers Tatsachen oder Beweisergebnis verwendet hat, zu denen dieser noch nicht gehört worden ist". Bei einer derartigen Verletzung des rechtlichen Gehörs ist eine Abhilfe sogar dann zulässig, wenn bei Einlegung der sofortigen Beschwerde Zulässigkeitsvoraussetzungen nicht beachtet worden sind[53]. Wäre die Abhilfe an eine korrekte Beschwerdeeinlegung geknüpft, so könnte im umgekehrten Fall die Beeinträchtigung des Grundrechts aus Art. 103 I GG nicht mehr behoben werden; das Nachverfahren gem. §§ 311 a, 33 a findet nämlich nur bei unanfechtbaren Entscheidungen statt[54].

Wie bei der einfachen Beschwerde gilt auch im Bereich des § 311 III 2 der abhelfende Beschluß als erstrichterliche Entscheidung[55]. Er tritt an die Stelle des ursprünglichen Beschlusses und ist wie dieser mit der sofortigen Beschwerde anfechtbar[56].

---

[48] Siehe dazu a, 1. Teil, C I 2; vgl. auch *Löwe / Rosenberg / Gollwitzer*, § 311, 12.

[49] § 311 III 1 spricht zwar nur von dem „Gericht"; das Abhilfeverbot hat aber auch dann Gültigkeit, wenn die Entscheidung vom Vorsitzenden, vom Richter im Vorverfahren, vom beauftragten oder ersuchten Richter erlassen worden ist, vgl. *Löwe / Rosenberg / Gollwitzer*, § 311, 11.

[50] Vgl. *Kleinknecht*, § 311, 5.

[51] Siehe dazu oben, 1. Teil, C I 2 b cc.

[52] Vgl. OLG Hamm NJW 73, 1515; NJW 71, 1471; *Löwe / Rosenberg / Gollwitzer*, § 311, 10.

[53] Vgl. BGH NJW 75, 2211; OLG Karlsruhe Justiz 74, 269; *Löwe / Rosenberg / Gollwitzer*, § 311, 14.

[54] Siehe dazu unten, D I 1 c.

[55] Vgl. nur *Kleinknecht*, § 311, 6.

[56] Siehe oben bei Fußnote 26 ff.

## II. Die Vorlage an das Beschwerdegericht

### 1. Die sofortige Beschwerde

Die sofortige Beschwerde ist von dem Erstgericht immer vorzulegen, wenn ihr nicht ausnahmsweise gem. § 311 III 2 vollständig abgeholfen worden ist.

### 2. Die einfache Beschwerde

a) Die einfache Beschwerde ist dann vorzulegen, wenn die durch die angefochtene Entscheidung bewirkte Beschwer nicht gem. § 306 II, 1. Halbsatz völlig beseitigt wird[57]. Hilft das Erstgericht der Beschwerde nicht in allen Punkten oder nicht im beantragten Umfang ab, so hat es über diese Punkte die Entscheidung des Beschwerdederichts herbeizuführen. Auch die möglicherweise unzulässige Beschwerde darf der judex a quo nicht zurückweisen[58]. Es ist „nicht seine Sache, die Beschwerde als unzulässig zu verwerfen“[59]. Die Entscheidung über die Zulässigkeit steht vielmehr allein dem Beschwerdegericht zu[60]. Keine Vorlage erfolgt demnach ausschließlich im Falle vollständiger Abhilfe; ansonsten hat das Erstgericht die Beschwerde dem Rechtsmittelgericht unter Beifügung der Akten zuzuleiten[61].

b) § 306 II, 2. Halbsatz bestimmt für die Vorlage eine Frist von drei Tagen. Angesichts dieser gesetzgeberischen Maßgabe bedarf es der Klärung, ob das Erstgericht verpflichtet ist, neues erhebliches Vorbringen des Beschwerdeführers auch dann nachzuprüfen, wenn dadurch die Vorlagefrist nicht eingehalten werden kann.

Diese Frage wird mitunter verneint, wobei gerade auf den Wortlaut des § 306 II, 2. Halbsatz Bezug genommen wird[62]. Aus der gesetzlichen Normierung der Frist folge die Amtspflicht des Richters, sie einzuhalten. Könne sich der Richter einfach über sie hinwegsetzen, so wäre ihre gesetzliche Bestimmung nicht zu verstehen. Der Sinn der Frist liege in der Vermeidung von Verzögerungen. Diesem Sinn könne aber nur entsprochen werden, wenn die Vorlagefrist gewahrt werde. Maßnahmen, die der Einhaltung der Frist zuwiderliefen, seien deshalb nicht statthaft.

---

[57] Vgl. nur KMR, § 306, 2 c; *Kleinknecht*, § 306, 12.

[58] Vgl. RGSt 43, 180; *Löwe / Rosenberg / Gollwitzer*, § 306, 28; *Eb. Schmidt*, § 306, 7; KMR, § 306, 3 a.

[59] *Eb. Schmidt*, § 306, 7.

[60] Jedoch darf das Erstgericht im Falle offensichtlicher Unzulässigkeit dem Beschwerdeführer anheimstellen, das Rechtsmittel zurückzunehmen, vgl. *Kleinknecht*, a.a.O.

[61] Ebenso bei der zivilprozessualen Beschwerde, vgl. nur *Baumbach / Lauterbach / Albers*, § 571 ZPO, 1 B.

[62] Vgl. *Röhl* MDR 55, 522; *Ulrich* NJW 60, 709 f. für den entsprechenden Fall der Anhörung des Beschwerdegegners.

Dieser Auffassung kann jedoch nicht gefolgt werden. Zwar erblickt sie den Sinn der Frist zu Recht in der Verfahrensbeschleunigung. Gemessen an diesem Sinn erscheint die Überschreitung der Frist aber gerade dann unbedenklich, wenn dies aus Gründen der schnelleren Sacherledigung geschieht[63]. Die eigene Ermittlungstätigkeit des Erstgerichts beschleunigt nämlich das Verfahren, während solche Ermittlungen durch das der Sache und dem Ort ferner stehende Beschwerdegericht zu einer Verzögerung führen würden. Dies gilt jedoch nur bei erheblichem neuen Vorbringen; dieses muß, unterstellt es ist richtig, die Abhilfeentscheidung herbeiführen können[64]. Dann aber ist dem Regelungszweck des § 306 II, 2. Halbsatz Genüge getan, weil die Beschwerde im Wege der Abhilfe schneller und einfacher zu erledigen ist als durch Vorlage beim Beschwerdegericht[65].

Aus dem Gesagten ergibt sich, daß es sich bei der Vorlagefrist des § 306 II, 2. Halbsatz um eine bloße Ordnungsvorschrift, nicht aber um eine echte Frist handelt[66]. Ihre Überschreitung zieht keinerlei verfahrensrechtliche Konsequenzen nach sich. Auch hindert sie das Erstgericht nicht, die Vorlage auf dem üblichen Weg über die Staatsanwaltschaft zu vollziehen, obwohl dann die Frist ebenfalls kaum eingehalten werden kann[67].

---

[63] Vgl. *Gollwitzer*, Anmerkung zu OLG München JR 74, 205 f.

[64] Vgl. *Gollwitzer*, a.a.O., S. 205 f.

[65] Im Ergebnis wie hier OLG München mit zustimmender Anmerkung von *Gollwitzer*, a.a.O.; *Löwe / Rosenberg / Gollwitzer*, § 306, 18, 30 f.; *Kleinknecht*, § 306, 9. Dieses Ergebnis ist im übrigen auch in anderen Verfahrensordnungen anerkannt, vgl. die zahlreichen Nachweise bei OLG München, a.a.O., S. 205. Das OLG München erklärt diese Auffassung daher zu Recht zum allgemeinen Rechtsgedanken.

[66] So die h. M., vgl. OLG München, a.a.O.; *Gollwitzer*, a.a.O.; *Löwe / Rosenberg / Gollwitzer*, § 306, 29; *Eb. Schmidt*, § 306, 18; KMR, § 306, 3 a; *Kleinknecht*, § 306, 12.

[67] Vgl. *Kleinknecht*, § 306, 12.

## D. Das Verfahren und die Entscheidung des Beschwerdegerichts

Das Gesetz enthält im Hinblick auf die Ausgestaltung des Beschwerdeverfahrens nur wenige positive Vorschriften. Die §§ 307 II, 308, 309, 311 a enthalten lediglich einzelne Regeln, die das Beschwerdegericht zwingend zu beachten hat. Wie die §§ 308 I, 311 a zeigen, ist dies vor allem zur Wahrung des rechtlichen Gehörs der Fall. Im übrigen aber unterstellt die StPO das Beschwerdeverfahren im Gegensatz zum Berufungs- oder Revisionsverfahren weitgehend dem pflichtgemäßen Ermessen des Beschwerdegerichts[1]. Das Gericht kann die Vollziehung der angefochtenen Entscheidung aussetzen, § 307 II, und die Staatsanwaltschaft vor Erlaß der Beschwerdeentscheidung anhören, § 309 I. Insbesondere hat es gem. § 308 II die Möglichkeit, Ermittlungen anzuordnen oder selbst vorzunehmen; dabei sind dem Gericht entgegen § 244 die Art und die Mittel der erforderlichen Aufklärung überlassen[2], so daß die Grundsätze der Mündlichkeit und der Unmittelbarkeit im Verfahren vor dem Beschwergegericht aufgehoben sind[3]. Der Grund hierfür liegt in der Vielfalt und Verschiedenartigkeit der möglichen Beschwerdefälle[4]. So ist dieses Rechtsmittel z. B. zulässig gegen die Festsetzung einer geringen Ordnungsstrafe[5], aber auch gegen die Anordnung gem. § 81 in einem schwurgerichtlichen Verfahren, durch die zugleich ein „dringender Tatverdacht" bejaht wird, § 81 III 1[6]. Es wäre untunlich, dem Beschwerdegericht hier wie dort denselben Verfahrensgang vorzuschreiben. Ihm ist daher gestattet, die Abwicklung des Beschwerdeverfahrens unter Beachtung der geltenden Prozeßmaximen an dem jeweils Zweckmäßigen auszurichten[7]. (Dazu I.)

---

[1] Vgl. *Löwe / Rosenberg / Gollwitzer*, § 308, 1; *Eb. Schmidt*, § 308, 2.

[2] Allerdings gilt auch hier der Wahrheitsgrundsatz; nur kann das Beschwerdegericht frei entscheiden, wie es der Wahrheitsermittlungspflicht nachkommen will, vgl. BayObLGSt 52, 8; KMR, § 308, 5 a; *Peters*, S. 549.

[3] Vgl. *Eb. Schmidt*, § 308, 2; *v. Kries*, Lehrbuch, S. 258; *Ferdinand*, S. 207.

[4] Vgl. *Löwe / Rosenberg / Gollwitzer*, § 308, 1.

[5] Gem. Art. 6 I EGStGB kann ein Ordnungsgeld in Höhe von (mindestens) fünf DM festgesetzt werden; auch gegen diese Entscheidung ist die Beschwerde zulässig, da die Wertgrenze des § 304 III nur bei Anfechtung der Kosten- und Auslagenentscheidung eingreift; vgl. auch *Riess* NJW 75, 81 ff., 84, zur Möglichkeit des Gerichts, gegen den säumigen Sachverständigen gem. § 77 II ein Ordnungsgeld festzusetzen.

[6] Vgl. auch BGHSt 19, 325 = NJW 64, 1139, wo es immerhin um den Verdacht eines Meineides ging. Zur Reichweite der Anordnung gem. § 81, vgl. *Peters* JR 69, 233; Arzt, Anmerkung zu BGH JZ 69, 437 ff.; *Kühne* NJW 71, 224 ff., 227; *Herbst* NJW 69, 546.

Die Entscheidung über die Beschwerde ergeht gem. § 309 I grundsätzlich ohne mündliche Verhandlung; es wird also in der Regel nach Lage der Akten entschieden[8]. Allerdings hindert die Vorschrift das Gericht nicht, mündliche Erklärungen der Parteien entgegenzunehmen oder erforderlichenfalls herbeizuführen[9]. Nach Abschluß der für notwendig erachteten Ermittlungen hat das Beschwerdegericht regelmäßig eine eigene Sachentscheidung zu treffen; eine Zurückverweisung an das Gericht des ersten Rechtszuges darf nur in Ausnahmefällen erfolgen[10]. (Dazu II.)

## I. Das Verfahren

Wie bereits gezeigt[11], schreibt § 309 I dem Beschwerdegericht ein grundsätzlich schriftliches Verfahren vor. Lediglich bei der Haftbeschwerde, § 118 II, und bei der sofortigen Beschwerde gegen die Verfallerklärung einer Sicherheit, § 124 II 3, sieht das Gesetz eine mündliche Verhandlung vor. Jedoch ist auch in diesen Fällen die mündliche Erörterung keineswegs unabdingbare Voraussetzung für die Fortsetzung des Verfahrens oder den Erlaß der Entscheidung. Denn im Fall des § 118 II steht ihre Durchführung im Ermessen des Beschwerdegerichts; der Betroffene hat, anders als bei der Haftprüfung nach § 118 I, keinen Anspruch auf eine mündliche Darlegung seines Standpunkts[12]. Ähnliches gilt bei der sofortigen Beschwerde gem. § 124 II. Hier braucht den Betroffenen lediglich Gelegenheit gegeben zu werden, bereits durchgeführte Ermittlungen zu erörtern und ihre Anträge mündlich zu begründen. Nehmen sie diese Gelegenheit nicht wahr, so kann die Entscheidung gleichwohl ergehen[13]. Im Gegensatz zur Vorbereitung des Urteils ist die mündliche Verhandlung hier also nicht von Gesetzes wegen vorgeschrieben; sie ist keine mündliche Verhandlung im eigentlichen, technischen Sinne der Vorschriften über die Hauptverhandlung[14].

Die prinzipiell schriftliche Abwicklung des Beschwerdeverfahrens, die, wie gesehen, auch in den §§ 118 II, 124 II 3 keine zwingende Ausnahme erfährt, legt dem Gericht die Pflicht auf, in hohem Maße den

---

[7] Vgl. *Löwe / Rosenberg / Gollwitzer*, 19 vor § 304.

[8] Vgl. BayObLG NJW 54, 204; *Löwe / Rosenberg / Gollwitzer*, 20 vor § 304; § 309, 1; *Eb. Schmidt*, § 308, 2; *Roxin*, § 55 C III.

[9] Vgl. *Löwe / Rosenberg / Gollwitzer*, § 309, 1; *Kleinknecht*, § 309, 1; *Peters*, S. 549.

[10] Vgl. nur *Roxin*, § 55 C 3.

[11] Siehe oben Anmerkung 8.

[12] Vgl. OLG Celle, OLGSt § 118, 1; *Kleinknecht*, § 118, 2; *Roxin*, § 55 C III.

[13] Vgl. nur *Kleinknecht*, § 124, 4 (Die mündliche Erörterung ist „verzichtbar".)

[14] So auch die Motive, *Hahn*, S. 1483 f.

Grundsatz des rechtlichen Gehörs zu beachten. Alle Maßnahmen zur Verfahrensgestaltung haben sich an diesem Verfassungsgebot zu orientieren[15]. Das Gesetz entspricht dieser Forderung durch die Vorschriften der §§ 308, 311 a, 33, 33 a, die allesamt die Verwirklichung des Art. 103 I GG gewährleisten[16]. Im Grundsatz hat danach jeder Betroffene das Recht auf Gelegenheit zur Äußerung zu denjenigen Tatsachen oder Beweisergebnissen, die das Gericht bei seiner Entscheidung verwerten will[17]. Das Gesetz berücksichtigt damit die Grundsätze, die das Bundesverfassungsgericht in seiner Rechtsprechung zu Art. 103 I GG entwikkelt hat[18].

### 1. Die Anhörung des Beschwerdegegners gem. § 308 I

Das Beschwerdegericht darf gem. § 308 I 1 die angefochtene Entscheidung nicht zum Nachteil des Gegners des Beschwerdeführers ändern, ohne daß diesem die Beschwerde zur Gegenerklärung mitgeteilt worden ist (a). Dies gilt gem. § 308 I 2 nicht, wenn eine Anordnung im Sinne des § 33 IV 1 zu treffen ist und die vorherige Anhörung den Zweck der Anordnung gefährden würde (b). In diesen Fällen hat allerdings unter den Voraussetzungen der §§ 311 a, 33 a eine nachträgliche Anhörung des Beschwerdegegners und eine erneute Entscheidung zu erfolgen (c).

#### *a) Die Mitteilung der Beschwerde zur Gegenerklärung*

Die Mitteilung der Beschwerde zur Gegenerklärung muß erfolgen, wenn das Beschwerdegericht die angefochtene Entscheidung zum Nachteil des Gegners des Beschwerdeführers ändern will. Der Beschwerdegegner darf keinen Nachteil dadurch erleiden, daß er nicht zu allem, was tatsächlich oder rechtlich für die Beschwerdeentscheidung maßgebend ist, gehört worden ist[19]. Vor 1953 war die Anhörung nicht zwingend vorgeschrieben; sie stand im Ermessen des Beschwerdegerichts, wodurch das rechtliche Gehör des Gegners nicht ausreichend gewährleistet wurde[20]. Art. 103 I GG war denn auch Anlaß zur Änderung der

---

[15] Vgl. *Löwe / Rosenberg / Gollwitzer*, § 309, 2.

[16] Die Vorschriften wurden durch Art. 9 StPÄG 1964 eingefügt oder geändert, vgl. dazu *Löwe / Rosenberg / Wendisch*, § 33, 1; *Goerlich* NJW 76, 1526 ff., 1529.

[17] So die Gesetzesbegründung, BT Drucks. III 2037, S. 18; zur Begründung und zur Bedeutung des Rechts auf Gehör, vgl. *Dahs*, Gehör, S. 12 ff. und neuerdings *Rüping*, S. 112 ff., 136 ff., jeweils mit weiteren Nachweisen; vgl. auch BGH NJW 75, 2212.

[18] Grundlegend BVerfGE 9, 89 ff. = NJW 59, 427; vgl. auch BVerfGE 7, 275 ff., 278; 9, 303 ff., 304, 305; 17, 194 ff., 196; 20, 280 ff., 282.

[19] Vgl. KMR, § 308, 1 e; *Rüping*, S. 172 f.; *Röhl* MDR 55, 522.

[20] Vgl. *Löwe / Rosenberg / Gollwitzer*, § 308, 2; *Eb. Schmidt*, § 308, 2.

Vorschrift[21]. Allein die jetzige obligatorische Fassung[22] wird dem (prozessualen) Grundrecht auf Gehör[23] gerecht, so daß ein Verstoß gegen § 308 I 1 zumeist auch eine Verletzung des Art. 103 I GG enthält[24].

Die besondere praktische Bedeutung des § 308 I 1 liegt in der Gewährleistung des rechtlichen Gehörs des Beschuldigten bei Beschwerden der Staatsanwaltschaft[25]. Hingegen wird die Vorschrift im Hinblick auf die Anhörung der Staatsanwaltschaft weniger relevant; die Staatsanwaltschaft wird nämlich bereits nach § 309 I regelmäßig in das Verfahren eingeschaltet[26], weil die Gerichte alle Beschwerdefälle als „geeignet" im Sinne dieser Vorschrift erachten[27]. Der Beschuldigte wird demgegenüber allein durch § 308 I 1 geschützt; er darf deshalb grundsätzlich nicht mit einer ihm nachteiligen Beschwerdeentscheidung überrascht werden. Seine Anhörung ist nur dann nicht erforderlich, wenn die Beschwerde vollständig verworfen werden soll. Ergeht keine ihn belastende Entscheidung, so ist ein Verfahren gem. § 308 I 1 entbehrlich. Geschützt werden soll und braucht nur derjenige, der durch die Entscheidung beschwert würde[28].

Jedoch ist der Beschwerdegegner schon bei dem geringsten ihm drohenden Nachteil zu hören[29]. Jede Beeinträchtigung seiner sachlichen Interessen, seiner verfahrensrechtlichen Stellung, aber auch seiner wirtschaftlichen Position[30] begründet die Mitteilungspflicht zur Gegenerklärung[31]. Dies wird praktisch immer dann der Fall sein, wenn die Beschwerde nicht vollständig zurückgewiesen werden soll. Eine abändernde Entscheidung kann vor allem durch die Einführung neuer Tatsachen oder Beweisergebnisse veranlaßt werden[32]. Diese können

---

[21] So die Begründung in BTDrucks. II, 3713; vgl. auch BVerfG NJW 55, 1145.

[22] § 308 I 1 wurde durch Art. 4 Nr. 34 des 3. StrÄndG vom 4. 8. 1953 geändert.

[23] Vgl. BVerfGE 9, 89 ff., 95; *Hamann / Lenz*, Art. 103 GG, A 3; *v. Mangoldt / Klein*, Art. 103 GG. II 1; *Leibholz / Rinck*, Art. 103, 1; *Rüping*, S. 135; *Dahs*, Gehör, S. 4 ff.; *Hamann* AnwBl. 58, 142; *v. Winterfeld* NJW 61, 851; *Arndt* NJW 59, 6; abweichend *Röhl* NJW 53, 1531 u. *Peters* JZ 58, 435 („grundrechtsähnliches Recht").

[24] So bei BVerfGE 7, 111; 9, 124; 11, 30; 14, 56; 17, 198; vgl. auch KMR, § 308, 1 e.

[25] Vgl. *Röhl* MDR 55, 522.

[26] Vgl. nur *Kleinknecht*, § 309, 1.

[27] Zu § 309 I, siehe unter 2.

[28] Vgl. *Röhl* NJW 53, 1531 ff., 1533; *ders.* MDR 55, 522.

[29] Vgl. *Löwe / Rosenberg / Gollwitzer*, § 308, 4.

[30] Eine wirtschaftliche Belastung kann etwa in einer ungünstigen Kostenentscheidung liegen.

[31] Vgl. nur KMR, § 308, 1 e.

[32] Vgl. BVerfG JZ 57, 120; KMR, a.a.O.

durch den Beschwerdeführer beigebracht, durch Ermittlungen des Beschwerdegerichts gewonnen[33] oder als gerichtsbekannte Nova[34] verwertet werden. Über die Berücksichtigung neuer Tatsachen oder Beweisergebnisse hinaus ist die Anhörung aber auch dann erforderlich, wenn der Beschwerdeführer zur Begründung seines Rechtsmittels ausschließlich rechtliche Gesichtspunkte geltend macht oder das Beschwerdegericht die Entscheidung von sich aus auf andersartige Rechtsgründe als das Erstgericht stützen will[35]. Indem § 308 I 1 auch die abweichende Rechtsauffassung des Beschwerdegerichts erfaßt, erweitert er die Anhörung im Beschwerdeverfahren gegenüber der allgemeinen Regel des § 33 III[36].

aa) Das Beschwerdegericht hat das Rechtsmittel dem „Gegner des Beschwerdeführers" mitzuteilen, wenn es die angefochtene Entscheidung zu dessen Nachteil ändern will. Gemessen am Zweck der Vorschrift, Art. 103 I GG auszufüllen, ist es geboten, den Begriff des „Gegners" verfassungskonform weit auszulegen[37]. Da niemand durch die Beschwerdeentscheidung überrascht werden soll, ist jeder gemeint, der ohne Rücksicht auf seine sonstige Verfahrensstellung in seinen materiellen, verfahrensrechtlichen oder wirtschaftlichen Belangen beeinträchtigt sein kann[38]. Bei Beschwerden der Staatsanwaltschaft kommen danach vor allem der Beschuldigte und sein bevollmächtigter Verteidiger in Betracht[39]. Auch der gesetzliche Vertreter des Beschuldigten ist zu hören, da er ansonsten die Rechte des Vertretenen nicht ausreichend wahren könnte[40]. Legt der Beschuldigte Beschwerde ein, so ist diese

---

[33] Vgl. BVerfGE 15, 218; 32, 197.

[34] Die Pflicht zur Gehörgewährung besteht auch bei offenkundigen oder gerichtskundigen Tatsachen, vgl. BVerfGE 10, 183; 12, 113; *Löwe / Rosenberg / Gollwitzer*, § 308, 6; *Blomeyer*, § 16 II 2 a; *Kolb*, S. 51; *Rüping*, S. 153 f.; *Jagusch* NJW 62, 1646; *Lesser* DRiZ 60, 421.

[35] Vgl. BVerfGE 17, 188; *Löwe / Rosenberg / Gollwitzer*, § 308, 3; KMR, § 308, 1 e.

[36] Nach der Gesetzesbegründung, BT Drucks. III 2037, S. 18, will § 33 III den Anspruch auf rechtliches Gehör in Form einer „Generalklausel" gewährleisten. Selbstverständlich werden dadurch Vorschriften, die, wie § 308 I 1, die Anhörung der Beteiligten erweitern, nicht berührt. Dies stellt § 33 IV 2 — überflüssigerweise — ausdrücklich klar; vgl. dazu *Löwe / Rosenberg / Wendisch*, § 33, 49 f.

[37] Ebenso *Löwe / Rosenberg / Gollwitzer*, § 308, 7; vgl. auch *Löwe / Rosenberg / Wendisch*, § 33, 8.

[38] Vgl. KMR, § 308, 1 d.

[39] Der Verteidiger kann darüber hinaus auch dann „Gegner" sein, wenn er durch die Entscheidung selbständig betroffen würde, etwa bei Entscheidungen gem. §§ 143, 145, 146, 148; vgl. dazu oben, 1. Teil F III 2.

[40] Vgl. *Löwe / Rosenberg / Gollwitzer*, § 308, 8; nach *Eb. Schmidt*, Nachtrag I, § 308, 2 und KMR, § 308, 1 a soll dies beim gesetzlichen Vertreter nur gelten, sofern er nach § 298 selbst Beschwerde eingelegt hat. Diese Auffassung setzt sich jedoch mit dem Zweck der gesetzlichen Vertretung in Widerspruch. Der gesetzliche Vertreter hat u. U., von einem eigenen Rechtsmittel nur

zunächst der Staatsanwaltschaft oder, in den Fällen der §§ 374, 377 I 1, dem Privatkläger mitzuteilen. Jedoch gilt dies nach richtiger Auffassung[41] auch für den Nebenkläger, da § 303, S. 2 allein bei einer mündlichen Verhandlung Anwendung findet. Die Vorschrift kann deshalb im schriftlichen Beschwerdeverfahren[42] nicht entsprechend herangezogen werden. Richtet sich die Entscheidung des Erstgerichts gegen eine dritte Person und macht dieser Dritte von der Beschwerdebefugnis gem. § 304 II Gebrauch[43], so ist stets die Staatsanwaltschaft „Gegner des Beschwerdeführers". Allerdings ist darüber hinaus auch der Beschuldigte zu hören, wenn seine Interessen durch die Beschwerdeentscheidung tangiert werden[44]. Dies gilt etwa, wenn der in Ordnungsstrafe genommene Zeuge gegen die Maßnahme nach § 51 Beschwerde einlegt.

Zu beachten ist, daß sich auch für die Staatsanwaltschaft das Recht zur Anhörung unmittelbar aus § 308 I 1 ergibt. Es ist dies jedoch Ausfluß ihrer verfassungsrechtlich gewährleisteten Beteiligung am Verfahren und nicht die Verwirklichung des Grundrechts aus Art. 103 I GG[45]. Die Staatsanwaltschaft kann sich nicht auf Art. 103 I GG in seiner Funktion als Grundrecht berufen, da es für sie nicht um die Wahrnehmung individueller Interessen geht. Als unabhängiges, an der Rechtsfindung beteiligtes Organ verfolgt sie, anders als der Beschuldigte, nicht einseitige Parteiinteressen. Sie ist daher aus der Grundrechtsfunktion des Art. 103 I GG als Schutzrecht des Einzelnen gegenüber staatlichem Handeln ausgeklammert[46]. Die Staatsanwaltschaft kann sich allerdings insoweit auf Art. 103 I GG berufen, als er eine Verfahrensnorm mit Verfassungsrang beinhaltet. Art. 103 I GG hat nämlich über seine Funktion als Grundrecht hinaus die Aufgabe, einfaches Recht an die Grundgedanken und Wertvorstellungen der Verfassung zu binden[47]. In dieser Hinsicht kann auch die Staatsanwaltschaft das Gehör als Ausfluß ihres Rechts auf Beteiligung am Verfahren beanspruchen[48]. Inso-

---

deshalb abgesehen, weil bereits die Staatsanwaltschaft Beschwerde erhoben hat. Er darf dann aber nicht vom weiteren Verfahren ausgeschlossen sein.

[41] Vgl. *Löwe / Rosenberg / Gollwitzer*, § 308, 9; *Eb. Schmidt*, Nachtrag I, § 308, 2; KMR, § 308, 1 a.

[42] Zur Schriftlichkeit des Beschwerdeverfahrens, siehe oben Anmerkung 11.

[43] Zum Beschwerderecht gem. § 304 II, siehe oben 1. Teil, F III.

[44] Vgl. *Löwe / Rosenberg / Gollwitzer*, § 308, 10; *Eb. Schmidt*, Nachtrag I, § 308, 2; hingegen erwähnen KMR, § 308, 1 a den Beschuldigten nicht.

[45] Vgl. *Löwe / Rosenberg / Gollwitzer*, § 308, 7 Fußnote 4; *Löwe / Rosenberg / Wendisch*, § 33 a, 8; *Kleinknecht*, Einleitung 27; § 308, 1; *Rüping* S. 142 ff., 144.

[46] a. A. *Eb. Schmidt*, Nachtrag I, § 308, 3; *Arndt* NJW 62, 1194; *ders.* DRiZ 59, 172; *Röhl* NJW 64, 275.

[47] Zur damit festgestellten „Doppelfunktionalität" des Art. 103 I GG, vgl. BVerfGE 9, 89 ff., 96; 20, 280 ff., 282; *Maunz / Dürig / Herzog*, Art. 103 GG, 7, 16; *Arndt*, Anmerkung zu OLG Schleswig NJW 63, 455; *Dahs*, Gehör, S. 6.

[48] Die Frage, ob sich die Staatsanwaltschaft auf Art. 103 I GG als Grund-

weit ist § 308 I 1 eine Ausformung der Verfahrensgarantie des Art. 103 I GG[49].

bb) Dem Gegner des Beschwerdeführers muß „die Beschwerde zur Gegenerklärung mitgeteilt“ werden. Ihm ist die Tatsache der Beschwerdeeinlegung sowie eine in der Beschwerdeschrift enthaltene Rechtsmittelbegründung zur Kenntnis zu bringen[50]. Auch eine vom Beschwerdeführer nachgeschobene weitere Begründung seines Rechtsmittels ist dem Gegner mitzuteilen[51]. Dies gilt allerdings nur, soweit die nachgereichte Begründung neue Ausführungen enthält. Erschöpft sie sich hingegen in Wiederholungen, so ist § 308 I 1 durch Mitteilung der Beschwerdeschrift Genüge getan[52]. Die Mitteilung erfolgt zweckmäßigerweise durch Übersendung einer Abschrift der Beschwerdeschrift[53]. Jedoch schreibt das Gesetz eine besondere Form der Mitteilung nicht vor[54]. Die förmliche Zustellung kann aber dann geboten sein, wenn das Beschwerdegericht eine Äußerungsfrist bestimmt und deshalb den Nachweis des rechtzeitigen Zugangs sichern will[55]. Die Mitteilung der Beschwerde zur „Gegenerklärung“ macht in jedem Fall erforderlich, den Gegner auf die Möglichkeit einer Stellungnahme hinzuweisen[56]. Vor allem dem unverteidigten Beschuldigten muß der Zweck der Mit-

---

recht berufen kann, ist umstritten; für die hier vertretene Auffassung sprechen sich aus *Löwe / Rosenberg / Wendisch*, § 33 a, 8; KMR, Einleitung 12 c; *Kleinknecht*, Einleitung 27, 226; § 308, 1; *Henkel*, S. 248; *Maunz / Dürig / Herzog*, Art. 103 GG, 3 a; *Rüping*, S. 142 ff., 144; hingegen sprechen *Eb. Schmidt*, Nachtrag I, § 308, 2; *Arndt* NJW 62, 1194; *Röhl* NJW 64, 275 der Staatsanwaltschaft das Grundrecht auf Gehör zu; die Grundlage des Gehöranspruchs der Staatsanwaltschaft bleibt offen bei *Dahs*, Gehör, S. 55 f.; *Brüggemann*, S. 115; *Lorenz*, S. 232, Anmerkung 33 und *Kaiser* NJW 69, 1097 f.

[49] Es sei darauf hingewiesen, daß die Grundlage des Gehöranspruchs der Staatsanwaltschaft im Beschwerdeverfahren praktisch kaum relevant wird. Sie könnte allenfalls im Rahmen der §§ 33 a, 311 a wesentlich werden, weil das Nachverfahren im Sinne dieser Vorschriften allein das rechtliche Gehör gewährleistet, nicht aber eine von diesem Grundrecht nicht erfaßte Beteiligung der Staatsanwaltschaft am Verfahren sichert. Da aber die Staatsanwaltschaft als „Gegner“ bereits nach § 308 I 1 gehört wird und die Gerichte die sonstigen Fälle als „geeignet“ im Sinne des § 309 I ansehen, stellt sich für sie die Frage der Gehörnachholung nicht. Soweit aus den veröffentlichten Entscheidungen ersichtlich, ist der Staatsanwaltschaft bisher noch in keinem Fall die Anhörung verweigert worden, vgl. auch *Dahs*, Gehör, S. 55 f.

[50] Vgl. BVerfGE 17, 188 ff., 190; 11, 29; *Löwe / Rosenberg / Gollwitzer*, § 308, 11; *Eb. Schmidt*, Nachtrag I, § 308, 3; KMR, § 308, 1 b; *Kleinknecht*, § 308, 2.

[51] Vgl. *Löwe / Rosenberg / Gollwitzer*, a.a.O.; KMR, a.a.O.; *Kleinknecht*, a.a.O.; *Rüping*, S. 172 f.; *Röhl* MDR 55, 522.

[52] Vgl. KMR, § 308, 1 b.

[53] Vgl. nur *Eb. Schmidt*, § 308, 4.

[54] Allerdings erscheint eine mündliche Mitteilung im allgemeinen nicht angebracht.

[55] Vgl. *Löwe / Rosenberg / Gollwitzer*, § 308, 12; *Röhl* MDR 55, 522.

[56] Vgl. OLG Hamm NJW 73, 381; *Löwe / Rosenberg / Wendisch*, § 33, 42; *Röhl*, a.a.O., S. 522.

teilung verdeutlicht werden. Zur Möglichkeit einer angemessenen Äußerung gehört ferner, daß dem Gegner zur Gegenerklärung eine ausreichende Frist gesetzt wird[57]. Aber auch ohne Fristsetzung hat das Beschwerdegericht vor Erlaß seiner Entscheidung eine der Schwierigkeit und Bedeutung der Sache entsprechende Zeit zu warten[58], da es ansonsten gegen Art. 103 I GG verstoßen würde[59].

Die auf die Mitteilung hin ergehende Erklärung des Beschwerdegegners ist nicht an eine besondere Form gebunden[60]. Sie kann daher etwa schriftlich oder zu Protokoll der Geschäftsstelle des Beschwerdegerichts abgegeben werden. Enthält sie neue Tatsachen oder Beweisergebnisse und soll der Beschwerde nicht voll stattgegeben werden, so verlangt § 33 III, hierzu wiederum den Beschwerdeführer zu hören[61].

### *b) Die Ausnahmen von der vorherigen Anhörung gem. § 308 I 2 in Verbindung mit § 33 IV 1*

Der Grundsatz des rechtlichen Gehörs[62] hat im Beschwerdeverfahren angesichts der hier zu entscheidenden Materie erhebliches Gewicht[62a]. Seine zweckentsprechende Verwirklichung ist in der Regel nur gewährleistet, wenn der Betroffene von Erlaß der ihn beeinträchtigenden Entscheidung gehört wird[63]. Dementsprechend fordern die §§ 308 I, 1 33 III im Grundsatz seine frühzeitige Einschaltung in das Verfahren. Jedoch geht es im Strafverfahren vielfach um die Überprüfung eines Verdachtes, so daß die in der vorherigen Anhörung liegende Warnung des Verdächtigen verhindert werden muß[64]. Deshalb gestattet § 33 IV, der über § 308 I 2 auch im Verfahren vor dem Beschwerdegericht Anwendung findet, dann eine Ausnahme von Prinzip der §§ 308 I 1, 33 III, wenn „die vorherige Anhörung den Zweck der Anordnung gefährden

---

[57] Vgl. nur *Kleinknecht*, § 308, 2.

[58] Vgl. BVerfGE 4, 190; *Löwe / Rosenberg / Gollwitzer*, § 308, 13; *Löwe / Rosenberg / Wendisch*, § 33, 42; *Eb. Schmidt*, § 308, 5; *Kleinknecht*, a.a.O.; *Röhl*, a.a.O., S. 522.

[59] Vgl. BVerfG MDR 55, 534: Es verletzt das Recht auf Gehör, wenn das Beschwerdegericht die Rechtsmittelbegründung ohne Erläuterung oder Fristsetzung zustellt und bereits drei Tage später in Sache entscheidet, obwohl der Gegner seine Absicht, eine Gegenerklärung abzugeben, schon vorher zu erkennen gegeben hat.

[60] Vgl. *Löwe / Rosenberg / Gollwitzer*, § 308, 15.

[61] Vgl. BVerfGE 9, 89 ff., 96; 19, 51; 30, 408; *Löwe / Rosenberg / Gollwitzer*, § 308, 5; KMR, § 308, 1 e.

[62] Siehe oben Anmerkung 23.

[62a] Dies zeigt auch die Änderung oder Einfügung der §§ 308, 311 a, 33, 33 a, durch die der Gesetzgeber die Verwirklichung dieses Grundrechts zu gewährleisten sucht; s. dazu o. 2. Teil, D I.

[63] Grundlegend BVerfGE 9, 89 ff.

[64] Vgl. *Amelung*, S. 13.

würde“[65]. Vom vorherigen rechtlichen Gehör kann abgesehen werden, wenn seine Anwendung die gerechtfertigte Durchführung eines notwendigen Strafverfahrens vereiteln würde[66]. Die „Unabweisbarkeit“ des sofortigen Zugriffs ordnet das rechtliche Gehör anderen, mit dem Eingriff verfolgten rechtsstaatlichen Interessen unter[67].

Jedoch muß stets zu befürchten sein, daß der Zweck von Maßnahmen wie der Untersuchungshaft oder der Beschlagnahme durch die vorherige Anhörung tatsächlich gefährdet würde[68]. § 33 IV als Ausnahmevorschrift verlangt, daß die Zweckgefährdung für jeden Einzelfall mit der erforderlichen Konkretheit festgestellt wird[69]. Zwar ist zuzugeben, daß bei Anordnung der Untersuchungshaft, der Beschlagnahme oder der Durchsuchung bereits die Lebenserfahrung ausreichen kann, um eine, u. U. endgültige Zweckeinbuße anzunehmen[70]. Die der Untersuchungshaft innewohnenden Gefährdungselemente lassen regelmäßig die Befürchtung zu, daß der Betroffene bei vorheriger Kenntnis tatsächlich fliehen oder verdunkeln und so den Ermittlungszweck vereiteln werde. Gleiches gilt bei der Durchsuchung oder Beschlagnahme, wo der Erfolg der Anordnung durch Vernichtung oder Beseiteschaffung der gesuchten Gegenstände definitiv unterlaufen werden kann[71]. Allerdings kann die Lebenserfahrung nicht in allen Fällen als alleiniges Kriterium herangezogen werden. So besteht etwa bei der Vorführungsanordnung eines nicht erschienenen Zeugen oder Beschuldigten, §§ 51, 133, keineswegs eine aus der Lebenserfahrung fließende Vermutung, der Betroffene werde bewußt den mit der Anordnung verfolgten Zweck vereiteln[72]. Sein Ausbleiben hat nämlich zumeist profane Gründe; er hat den Termin vergessen oder verwechselt, es liegt eine vermeidbare Terminsunkenntnis oder gar ein echter Entschuldigungsgrund vor. Wenn Eb. Schmidt[73] verallgemeinernd feststellt, der Ausgebliebene „sabotiere“ das Verfahren und leiste einen richterlicherseits nicht hinzunehmenden „Ungehorsam“, so beinhaltet dieser Satz keine aus der

---

[65] BVerfGE 9, 89 ff., die der Regelung des § 33 IV zugrunde liegt, hat in diesen Fällen den Ausschluß der vorherigen Anhörung ausdrücklich für verfassungsgemäß erklärt. Zur damit verbundenen Einschränkung des präventiven Rechtsschutzes, siehe bereits oben, 1 Teil, G IV 1.

[66] Vgl. BVerfG, a.a.O.; *Rüping*, S. 173; *Enzian* JR 75, 277 f.; *Jagusch* NJW 59, 427 f.

[67] BVerfGE 9, 89 ff.

[68] Vgl. *Löwe / Rosenberg / Wendisch*, § 33, 54.

[69] Vgl. *Enzian*, a.a.O., S. 277; KMR, § 33, 4 c fordern deshalb zu Recht, daß die konkreten Umstände in der Entscheidung genannt werden müssen.

[70] Vgl. *Löwe / Rosenberg / Wendisch*, § 33, 52; *Kleinknecht*, § 33, 15; *Enzian*, a.a.O.

[71] Vgl. *Löwe / Rosenberg / Wendisch*, a.a.O.; *Kleinknecht*, a.a.O.

[72] Vgl. *Enzian*, a.a.O., S. 277 f.

[73] JZ 68, 354 ff., 360.

Lebenserfahrung gewonnene, sondern eine ihr gerade widersprechende Erkenntnis[74]. In diesen Fällen sind also, soll die vorherige Anhörung unterbleiben, zusätzliche, die Zweckgefährdung konkretisierende Indizien zu fordern[75].

Sind danach in dem Beschwerdeverfahren die Voraussetzungen des § 33 IV gegeben, so braucht das Beschwerdegericht die allgemeine Regel des § 308 I 1 nicht einzuhalten. Will also etwa das Gericht auf Beschwerde der Staatsanwaltschaft gegen die ablehnende Entscheidung des Erstgerichts hin eine Beschlagnahme anordnen, so kann es dies ohne vorherige Anhörung des Betroffenen — Beschuldigter oder Dritter — tun. Art. 103 I GG gebietet dann allerdings die Nachholung des rechtlichen Gehörs und eine eventuelle Änderung der Entscheidung, weil dieses Grundrecht des Betroffenen anderenfalls vollständig verkümmern würde[76]. Der Mangel des rechtlichen Gehörs ist von so gravierender Bedeutung, daß er selbst bei einer unanfechtbaren Entscheidung geheilt werden muß[77]. Das Gesetz trägt dem in § 311 a Rechnung, auf dessen Inhalt sogleich eingegangen werden wird.

### *c) Das Nachverfahren gem. § 311 a*

aa) Vor Erlaß des Strafprozeßänderungsgesetzes vom 19. 12. 1964 wurde im Falle der Nichtbeachtung des § 308 I 1 die Frage aktuell, ob bei Unterbleibung des rechtlichen Gehörs die weitere Beschwerde entgegen dem Wortlaut des § 310 II zur Behebung dieses schwerwiegenden Mangels zulässig sei[78]. Diese Streitfrage hat sich durch die Einfügung der §§ 33 a, 311 a erledigt[79]. Das Beschwerdegericht ist nun ver-

---

[74] Vgl. *Enzian*, a.a.O. (Die „Gleichsetzung ... geht an der menschlichen und forensischen Wirklichkeit vorbei".).

[75] Vgl. auch *Löwe / Rosenberg / Wendisch*, § 33, 52.

[76] Grundlegend BVerfGE 9, 89 ff.; vgl. auch BVerfGE 18, 404.

[77] Zu beachten ist, daß der Beschwerdegegner hier auch bei fortbestehender Beschwer nicht die Möglichkeit der Beschwerde hat, weil Entscheidungen des Beschwerdegerichts, von der Ausnahme des § 310 I abgesehen, nicht anfechtbar sind. Dem Betroffenen steht zur Behebung seines „Nachteils" allein das vom Gesetz vorgesehene Nachverfahren zur Verfügung.

[78] Diese Frage war in Literatur und Rechtsprechung äußerst umstritten; für die Zulassung der weiteren Beschwerde waren OLG Braunschweig JZ 53, 640; OLG Stuttgart Goltd Arch. 55, 126; NJW 59, 2080; OLG Koblenz JZ 59, 31 mit zustimmender Anmerkung von *Eb. Schmidt; Jagusch* NJW 62, 1645 f.; dagegen waren BGH NJW 57, 713; BayObLG 55, 474; OLG Neustadt NJW 60, 257; OLG Köln MDR 57, 54; OLG Hamm VRS 8, 135; OLG Celle JZ 56, 454; OLG Bremen NJW 63, 1321; OLG Hamburg JR 55, 233; *Röhl* MDR 55, 524; *ders.* NJW 58, 1269; *Peters* JZ 53, 641; *Parsch* NJW 60, 63; *Rahn* NJW 59, 1167; *Wersdörfer* NJW 54, 377; eine ausführliche Darstellung des Streits findet sich bei *Dahs*, Gehör, S. 108 ff.

[79] Vgl. OLG Karlsruhe NJW 72, 653; *Löwe / Rosenberg / Gollwitzer*, § 308, 21; *Löwe / Rosenberg / Wendisch*, § 33 a, 1.

pflichtet, den durch die Entscheidung belasteten Beschwerdegegner nachträglich zu hören und seinen Ausspruch ggf. zu ändern. Hat das Gericht es z. B. wegen § 308 I 2 unterlassen, den Gegner vor Erlaß der Entscheidung zu hören, so kann es diesen Mangel gem. § 311 a auf einfache Weise heilen[80]. Jedoch findet die Nachholung nicht nur im Fall des § 308 I 2 statt; § 311 a greift auch ein, wenn die vorherige Anhörung des Beschwerdegegners unmöglich war oder versehentlich unterblieben ist[81]. Die irrtümliche oder versehentliche Versagung des Gehörs steht unter dem Aspekt des Art. 103 I GG der Ausnahmeregel des § 308 I 2 gleich. Veranlaßt das neue Vorbringen des Gegners das Beschwerdegericht zur Korrektur, so hat es seine Entscheidung aufzuheben oder zu ändern. Nach der hier vertretenen Auffassung muß das Gericht auch befugt sein, bei bereits erledigten Eingriffen deren Rechtswidrigkeit nachträglich festzustellen[82].

Zu beachten ist, daß § 311 a keine Anwendung findet, wenn die Staatsanwaltschaft entgegen § 308 I 1 nicht beteiligt worden ist[83]. § 311 a gewährleistet allein das Recht auf Gehör[84]; dieses Grundrecht steht der Staatsanwaltschaft jedoch nicht zu[85]. Sie kann sich auf Art. 103 I GG allein als objektive Verfahrensnorm mit Verfassungsrang berufen. Ihr daraus fließendes Recht auf Beteiligung am Verfahren wird jedoch durch § 311 a nicht geschützt. Allerdings wird diese Frage praktisch kaum bedeutsam, da die Staatsanwaltschaft von den Gerichten regelmäßig vor Erlaß der Entscheidung gehört wird[86].

bb) Das Verhältnis des § 311 a zu § 33 a.

§ 311 a enthält eine Ergänzung zu § 33 a, der deshalb auch im Beschwerdeverfahren Anwendung findet[87]. Die Nachholung des rechtlichen Gehörs gem. § 33 a findet statt, wenn ein Beteiligter, im Beschwerdeverfahren also der Beschwerdeführer oder der Beschwerdegegner, vor Erlaß der ihm nachteiligen Entscheidung zu neuen Tatsachen oder Beweisergebnissen nicht gehört worden ist. § 311 a ist insoweit enger, als er nur den Beschwerdegegner erfaßt; er erweitert hingegen § 33 a, indem er nicht nur bei neuen Tatsachen oder Beweis-

---

[80] Vgl. *Löwe / Rosenberg / Gollwitzer*, § 311 a, 1; *Rüping*, S. 190.

[81] Vgl. *Löwe / Rosenberg / Gollwitzer*, § 311 a, 1; *Löwe / Rosenberg / Wendisch*, § 33 a, 2, 10; KMR § 311 a, 1; *Kleinknecht*, § 33 a, 4, 5.

[82] Soweit mit dem Eingriff eine Diskriminierung verbunden ist; dazu und zur Feststellungsbefugnis des Gerichts, siehe oben 1. Teil G IV.

[83] Ebenso *Löwe / Rosenberg / Wendisch*, § 33, 8; *Kleinknecht*, § 311 a, 3; § 33 a, 2; vgl. auch *Löwe / Rosenberg / Gollwitzer*, § 311 a, 3.

[84] Vgl. nur *Kleinknecht*, § 311a, 3.

[85] Siehe oben bei Anmerkung 45 bis 49.

[86] Zu § 309 I, siehe unten 2.

[87] Vgl. nur *Kleinknecht*, § 311 a, 1.

mitteln eingreift, sondern auch, wenn das Beschwerdegericht seine Entscheidung auf eine Rechtsauffassung gestützt hat, die von derjenigen des Erstgerichts abweicht[88]. Da §§ 33 a auch den Beschwerdegegner erwähnt, umfaßt er nahezu alle Fälle des § 311 a. Zur Verdeutlichung: § 33 a greift ein, wenn der Beschwerdeführer oder der Beschwerdegegner zu neuen Tatsachen oder Beweisergebnissen nicht gehört worden ist. § 311 a hat nur dann selbständige Bedeutung, wenn ohne Anhörung des Beschwerdegegners unter Zugrundelegung einer neuen Rechtsauffassung entschieden worden ist[89]. Bei ihm unbekannten Tatsachen oder Beweisergebnissen gilt ja bereits § 33 a[90].

cc) Die zusätzlichen Voraussetzungen des Nachverfahrens.

Das Nachverfahren gem. § 311 a setzt voraus, daß die Beschwerdeentscheidung nicht angefochten werden kann[91]. Dies ist wegen § 310 II regelmäßig der Fall. Läßt § 310 I ausnahmsweise die weitere Beschwerde zu[92], so findet die Nachholung des rechtlichen Gehörs im Rahmen dieses Verfahrens statt[93]. Dabei ist die Entscheidungskompetenz des Gerichts der weiteren Beschwerde identisch mit der des Beschwerdegerichts. Es ist also auch eine die Rechtswidrigkeit der Anordnung feststellende Entscheidung zulässig[94].

Weitere Voraussetzung ist, daß der durch die Beschwerdeentscheidung ausgelöste Nachteil für den Gegner noch fortbesteht. Er darf also insbesondere nicht durch prozessuale Überholung entfallen sein[95]. Dies ist jedoch, wie gezeigt[96], ausschließlich bei beeinträchtigten Verfahrensrechten möglich. Diskriminierende Grundrechtseingriffe zeitigen

---

[88] Vgl. *Löwe / Rosenberg / Wendisch,* § 33 a, 1.

[89] Vgl. *Löwe / Rosenberg / Wendisch,* § 33 a, 1.

[90] Vgl. aber *Kleinknecht,* § 311 a, 2, der den Anwendungsbereich des § 311 a wohl weiter faßt. Diesem Streit fehlt allerdings jede praktische Relevanz, da sich die §§ 311 a, 33 a in ihren sonstigen Voraussetzungen — fortbestehender Nachteil, keine andere Anfechtungsmöglichkeit — und in ihren Rechtsfolgen — Nachholung des Gehörs, ggf. ändernde, aufhebende oder feststellende Entscheidung — völlig entsprechen.

[91] Vgl. dazu OLG Frankfurt NJW 72, 1095 f. (zu § 33 a); *Löwe / Rosenberg / Gollwitzer,* § 311 a, 5; *Eb. Schmidt,* Nachtrag I, § 311 a, 3.

[92] Siehe oben, 1. Teil, D.

[93] Vgl. auch BayObLG JR 70, 391 f. mit Anmerkung von *Peters:* Für die Anwendbarkeit der §§ 311 a, 33 a muß die Entscheidung von vornherein und nicht lediglich wegen Ablaufs der Rechtsmittelfrist unanfechtbar sein.

[94] Siehe dazu oben, 1. Teil, G IV. Auch bei der weiteren Beschwerde kann die gerichtliche Feststellungsbefugnis bedeutsam werden. Zum einen steht hier wegen § 310 I stets ein Grundrechtseingriff in Rede; zum anderen wird die Maßnahme wegen der weiteren Instanz und der damit verbundenen Länge des Verfahrens vielfach bereits erledigt sein.

[95] Vgl. OLG Celle JR 73, 339 (zu § 33 a); *Löwe / Rosenberg / Gollwitzer,* § 311 a, 6; *Löwe / Rosenberg / Wendisch,* § 33 a, 15 ff.; KMR, § 33 a, 2 a; *Kleinknecht,* § 33 a, 7.

[96] Siehe oben, 1. Teil, G IV.

hingegen weitergehende Wirkungen, so daß bei ihnen der „Nachteil“ nicht mit der Erledigung des Eingriffs entfällt[97]. Auch bei dem Verfahren gem. § 311 a wird die Richtigkeit der hier vertretenen Auffassung deutlich: Gerade die vom Beschwerdegericht auf Beschwerde der Staatsanwaltschaft hin angeordneten Grundrechtseingriffe gem. § 33 IV 1 sind regelmäßig abgeschlossen, bevor der betroffene Beschwerdegegner von ihnen erfährt, § 308 I 2. Sähe man, wie die h. M., den „Nachteil“ mit Abschluß des Eingriffs als entfallen an, so fehlte dem vorher nicht gehörten Beschwerdegegner auch nachher jeglicher Rechtsschutz, und das trotz durchaus einseitigen Tatsachenvortrags durch die beschwerdeführende Staatsanwaltschaft und dadurch bedingter eingeschränkter Neutralität des anordnenden Beschwerdegerichts[98].

dd) Das Nachverfahren findet auf Antrag oder von Amts wegen statt.

Dem Beschwerdegericht sind auch hier eigene Ermittlungen gestattet, da § 308 II über § 311 a II entsprechend anwendbar ist[99]. Das Gericht kann die Aufklärung des Sachverhalts selbst betreiben oder von einem ersuchten oder beauftragten Richter vornehmen lassen. Zu den dadurch gewonnenen Nova sind aber wieder diejenigen Beteiligten zu hören, die durch die Entscheidung benachteiligt würden[100]. Da § 307 gleichfalls Anwendung findet, kann das Beschwerdegericht auch im Nachverfahren die Vollziehung der angefochtenen Entscheidung aussetzen[101].

Die Entscheidung in dem auf Antrag des nichtgehörten Beschwerdegegners eingeleiteten Nachverfahrens ergeht durch Beschluß. Dieser weist den Antrag als unzulässig zurück, wenn die Voraussetzungen des § 311 a nicht vorliegen[102]. Andernfalls spricht er die Aufrechterhaltung, Änderung oder Aufhebung der Beschwerdeentscheidung aus[103] oder stellt bei vollständiger Durchführung ihre Rechtswidrigkeit fest, soweit mit ihr fortbestehende diskriminierende Wirkungen verbunden sind[104]. Das Beschwerdegericht ist auch von Amts wegen zur Durchführung des Nachverfahrens und zur Korrektur seiner Entscheidung verpflichtet, wenn sich ergibt, daß die Beschwerdeentscheidung fehlerhaft ist und der Nachteil noch besteht. Die Formulierung des § 311 a I 2 („kann“) stellt dieses Vorgehen bei Vorliegen der genannten Voraussetzungen

---

[97] Siehe oben, 1. Teil, G IV.

[98] Zum Ganzen, siehe oben, 1. Teil, G IV.

[99] Siehe dazu oben, bei Anmerkung 2.

[100] Vgl. *Löwe / Rosenberg / Gollwitzer*, § 311 a, 10.

[101] Zur Aussetzung der sofortigen Vollziehung, siehe oben 2. Teil, A III 2.

[102] Vgl. *Löwe / Rosenberg / Gollwitzer*, § 311 a, 12.

[103] Vgl. *Löwe / Rosenberg / Gollwitzer*, a.a.O.; *Löwe / Rosenberg / Wendisch*, § 33 a, 22; KMR, § 33 a, 4.

[104] Siehe oben, bei Anmerkung 97.

nicht in das freie Ermessen des Beschwerdegerichts, sondern bestimmt lediglich die Befugnis des Gerichts zum Erlaß dieser Entscheidung[105].

### 2. Die Anhörung der Staatsanwaltschaft gem. § 309 I

Die Entscheidung über die Beschwerde ergeht gem. § 309 I „in geeigneten Fällen nach Anhörung der Staatsanwaltschaft".

#### *a) Das Verhältnis des § 309 I zu § 308 I 1*

Das Verfahren gem. § 308 I 1 findet Anwendung, wenn die Staatsanwaltschaft nach den dargestellten Grundsätzen[106] „Gegner" des Beschwerdeführers ist. Sie ist dann stets zu hören, wenn die Beschwerde nicht in vollem Umfang zurückgewiesen werden soll[107].

§ 309 I bestimmt im übrigen ihre Anhörung „in geeigneten Fällen". Die Einschaltung der Staatsanwaltschaft wird also vom Gesetzeswortlaut in das Ermessen des Beschwerdegerichts gestellt[108]. Dies bedeutet allerdings eine mit der öffentlich-rechtlichen Pflicht der Staatsanwaltschaft nicht zu vereinbarende Durchbrechung des § 33 II, wonach sie sich stets erklären kann[109]. § 308 I meint nämlich wie § 33 II und im Gegensatz zu § 308 I 1 nicht die Staatsanwaltschaft als „Prozeßpartei", sondern erfaßt sie in ihrer Funktion als Wahrerin des Gesetzes[110]. Die Vorschrift normiert daher auch nicht eine einseitige Bevorzugung der Staatsanwaltschaft gegenüber dem Beschuldigten. Dieser kann, wenn er nicht selber Beschwerdeführer oder Beschwerdegegner ist, am Ausgang des Verfahrens gar kein rechtlich geschütztes Interesse haben. Ist er aber durch die Entscheidung betroffen, so wird sein Recht auf Gehör durch andere Vorschriften, §§ 308 I 1, 33 III, gewährleistet. Wenn dagegen die Staatsanwaltschaft gemäß § 309 I gehört wird, dann hat dies mit ihrer „Parteistellung" nichts zu tun. Es entspricht vielmehr ihrer Verpflichtung, auf die Beachtung der Gesetze hinzuwirken[111]. Entsprechend ihrer Rolle im Verfahren sollte die Staatsanwaltschaft daher, so wie es § 33 II vorsieht, von den Beschwerdegerichten gem. § 309 I auch dort gehört werden, wo sie keine Parteiinteressen vertritt[112].

---

105 Vgl. *Löwe / Rosenberg / Gollwitzer*, § 311 a, 14.

106 Siehe oben bei Anmerkung 37 ff.

107 Vgl. *Löwe / Rosenberg / Gollwitzer*, § 309, 3; *Kleinknecht*, § 309, 1.

108 Vgl. *Löwe / Rosenberg / Gollwitzer*, § 309, 3.

109 Vgl. *Löwe / Rosenberg / Wendisch*, § 33, 33, 38; *Kleinknecht*, § 309, 1; § 33, 7.

110 Vgl. *Löwe / Rosenberg / Wendisch*, § 33, 33; *Kleinknecht*, § 309, 1; § 33, 7.

111 Siehe auch Nr. 127, S. 1 RiStBV.

112 Ebenso *Löwe / Rosenberg / Wendisch*, § 33, 33; *Kleinknecht*, § 309, 1; § 33, 7.

Die regelmäßige Anhörung der Staatsanwaltschaft ist darüber hinaus auch unter Zweckmäßigkeitsgesichtspunkten angebracht: Die Staatsanwaltschaft beim Beschwerdegericht kann die Rechtsmittelerklärungen der erstgerichtlichen Behörde[113] ergänzen und grundsätzlich auch zurücknehmen[114]. In der Praxis machen die Beschwerdegerichte daher von dem ihnen eingeräumten Ermessen auch stets in einer die Prozeßfunktion der Staatsanwaltschaft berücksichtigenden Weise Gebrauch. Sie betrachten alle nicht bereits von § 308 I 1 erfaßten Beschwerdefälle als „geeignet" im Sinne des § 309 I und hören die Staatsanwaltschaft regelmäßig an[115]. Diese begrüßenswerte Praxis wird zumeist schon dadurch gewährleistet, daß die Vorlage der Akten an das Beschwerdegericht über die Staatsanwaltschaft erfolgt[116].

*b) § 309 I erfaßt nicht den Privat- oder Nebenkläger*

§ 309 I normiert ebensowenig wie § 33 II ein Anhörungsrecht des Privat- oder Nebenklägers. Trotz der §§ 385 I, 397 wird dieser nur gehört, wenn er „Gegner des Beschwerdeführers" im Sinne des § 308 I 1 ist[117]. Privat- und Nebenkläger haben nämlich nur dann die Rechte der Staatsanwaltschaft, wenn diese nicht ausschließlich als Träger der Amtsgewalt tätig wird[118]. Gerade dies ist aber, wie gezeigt, bei der Erklärung nach §§ 309 I, 33 II der Fall. Andernfalls würde der Privat- oder Nebenkläger zum Sachverwalter des öffentlichen Interesses bestellt, was erkennbar seiner Funktion widerspräche. Seine Anhörung richtet sich deshalb allein nach § 308 I 1[119].

**3. Die eigenen Ermittlungen des Beschwerdegerichts gem. § 308 II**

Das Beschwerdegericht kann den für die Entscheidung wesentlichen Sachverhalt von Amts wegen in tatsächlicher und rechtlicher Richtung

[113] Bei der Beschwerde gegen eine amtsgerichtliche Entscheidung ist allerdings stets die gleiche staatsanwaltschaftliche Behörde zuständig.

[114] Vgl. *Eb. Schmidt*, § 309, 2; *Kleinknecht*, 5 vor § 141 GVG.

[115] Vgl. *Löwe / Rosenberg / Wendisch*, § 33, 38; § 33 a, 8; *Kleinknecht*, § 309, 1.

[116] Wegen ihrer prinzipiellen Anhörung ist die Frage, welche staatsanwaltliche Behörde im einzelnen von den §§ 308 I 1, 309 I gemeint ist, von nur theoretischer Bedeutung. *Eb. Schmidt*, § 309, 2 und *Kleinknecht*, § 309, 1 ordnen § 308 I 1 die Staatsanwaltschaft des Erstgerichts und § 309 I die Staatsanwaltschaft des Beschwerdegerichts zu. Dem hierarchischen Aufbau der Staatsanwaltsachft und dem Gesetz ist eine solche Differenzierung jedoch fremd. Den §§ 308 I 1, 309 I ist stets Genüge getan, wenn die staatsanwaltliche Behörde als solche eingeschaltet wird. Jedoch sei nochmals auf die praktische Bedeutungslosigkeit dieses Streits hingewiesen, vgl. *Löwe / Rosenberg / Gollwitzer*, § 309, 4.

[117] Siehe oben Anmerkung 41.

[118] Vgl. nur *Kleinknecht*, 1 vor § 395.

[119] Vgl. dazu *Löwe / Rosenberg / Wendisch*, § 33, 33.

aufklären[120]. Dabei ist ihm die Art und der Umfang der möglichen Aufklärungsmittel überlassen; es ist an Anträge der Beteiligten nicht gebunden[121]. Das Gericht wird allerdings stets in eigene Ermittlungen eintreten, wenn erhebliches neues Vorbringen eines Beteiligten im Falle seiner Richtigkeit die tatsächliche Grundlage der angefochtenen Entscheidung in Frage stellen würde[122]. Es kann dann den Beschwerdeführer und den Beschwerdegegner, Zeugen und Sachverständige vernehmen; es kann aber auch die Vernehmung durch einen ersuchten oder beauftragten Richter, die Polizei oder die Staatsanwaltschaft veranlassen[123]. Ebenso kann das Gericht Auskünfte und Gutachten einholen oder formlose schriftliche Mitteilungen verwerten[124]. Zu beachten ist lediglich, daß sich die Ermittlungen nur auf den Beschwerdegegenstand beziehen dürfen[125]. Tatsachen, die der Beschwerdeentscheidung nicht zugrunde liegen, sind der Aufklärung durch das Gericht entzogen[126].

### 4. Die Aussetzung der Vollziehung durch das Beschwerdegericht gem. § 307 II

Auch das Beschwerdegericht ist befugt, den sofortigen Vollzug der angefochtenen Entscheidung zu unterbinden und auf diese Weise etwaige Härten zu vermeiden, § 307 II. Es gelten insoweit die gleichen Grundsätze wie bei der Aussetzung durch das Erstgericht, weshalb auf die dortige Ausführungen verwiesen werden kann[127]. Ein Unterschied ist allein im Hinblick auf die Anfechtbarkeit der aussetzenden Entscheidung festzustellen: Während der diesbezügliche Ausspruch des Erstgerichts gem. § 304 I der Beschwerde unterliegt, ist die Aussetzung durch das Beschwerdegericht nur anfechtbar, wenn ein Fall des § 310 I eingreift[128].

---

[120] Vgl. KG JR 69, 194; *Löwe / Rosenberg / Gollwitzer*, § 308, 17; *Eb. Schmidt*, § 308, 2; KMR, § 308, 5 a; *Treptow* NJW 77, 1037 ff.

[121] Vgl. BayObLGSt 52, 8 f.; 52, 55; *Löwe / Rosenberg / Gollwitzer*, § 308, 18; *Eb. Schmidt*, a.a.O.

[122] Vgl. OLG München JR 74, 204 mit zustimmender Anmerkung von *Gollwitzer*.

[123] Jedoch ist die Staatsanwaltschaft nicht verpflichtet, dem Ersuchen zu entsprechen, da ein Fall des § 36 nicht vorliegt.

[124] Vgl. *Löwe / Rosenberg / Gollwitzer*, a.a.O.; *Kleinknecht*, § 308, 4.

[125] Zum Gegenstand der Beschwerde, siehe oben 1. Teil, D I.

[126] Vgl. KG JR 67, 69; *Löwe / Rosenberg / Gollwitzer*, § 308, 19.

[127] Siehe oben, 2. Teil, A III 2; ein Beispiel findet sich bei *Kaiser* NJW 74, 70 f.

[128] Vgl. *Löwe / Rosenberg / Gollwitzer*, § 307, 11; *Eb. Schmidt*, § 307, 2.

## II. Die Entscheidung

### 1. Die Reihenfolge der Prüfung

a) Bevor das Beschwerdegericht die Zulässigkeit und die Begründetheit der Beschwerde prüft, stellt es zunächst seine eigene örtliche und sachliche Zuständigkeit fest. Gehört danach z. B. das Amts- oder Landgericht, das die angefochtene Entscheidung erlassen hat, nicht zu dem Bezirk des angerufenen Beschwerdegerichts, so darf dieses mangels örtlicher Zuständigkeit keine Entscheidung über die Beschwerde treffen. Gleiches gilt, wenn der judex ad quem seine sachliche Unzuständigkeit bemerkt, wenn etwa dem Landgericht eine Beschwerde gem. § 181 I GVG vorgelegt wird, über die nach § 181 III GVG das Oberlandesgericht zu befinden hat. In diesen Fällen hat das zu Unrecht angegangene Gericht die Akten stets an das zuständige Beschwerdegericht abzugeben. Hat trotz dieser Prüfung ein sachlich oder örtlich unzuständiges Gericht über die Beschwerde entschieden, so kann das Rechtsmittel wiederholt werden[129]. Andernfalls würde dem Betroffenen das Recht genommen, die ihn belastende Entscheidung zweimal durch das jeweils zuständige Gericht prüfen zu lassen[130].

b) Bei der Prüfung der Beschwerde als solcher hat das zuständige Rechtsmittelgericht vorab ihre Zulässigkeit zu untersuchen. Es stellt fest, ob die Beschwerde von einer dazu befugten Person[131] form- und fristgerecht[132] eingelegt worden ist[133]. Im Vordergrund dieser Prüfung wird allerdings vielfach die Frage der prozessualen Zulässigkeit der Beschwerde stehen[134]. Insoweit hat das Gericht vor allem die §§ 304 III, IV, 305[135] zu beachten und die Existenz einer Beschwer[136] zu ermitteln. Bestehen in dieser Hinsicht Mängel, so weist das Gericht die Beschwerde als unzulässig oder u. U. als gegenstandslos zurück[137]. Jedoch

---

[129] Vgl. OLG Hamm NJW 72, 1725 f.; OLG Celle NJW 73, 1710; *Löwe / Rosenberg / Gollwitzer*, § 310, 6 f.; KMR, § 310, 1 b.

[130] Siehe dazu oben, 1. Teil, D I: Die Entscheidung eines unzuständigen Gerichts wird nicht von § 310 erfaßt.

[131] Siehe dazu oben, 1. Teil, F.

[132] Siehe dazu oben, 2. Teil, A.

[133] Vgl. *Kleinknecht*, § 309, 3.

[134] Dies zeigen die veröffentlichten Entscheidungen aus dem Beschwerderecht, bei denen zumeist die Frage zu beurteilen war, ob die Entscheidung mit der Beschwerde anfechtbar ist. Hingegen spielen Form- und Fristerfordernisse eine nur untergeordnete Rolle.

[135] Die Unzulässigkeit der Beschwerde kann sich darüber hinaus auch aus anderen Vorschriften ergeben, vgl. nur die §§ 28 I, 46 II; siehe dazu oben, 1. Teil, G I 1, 2.

[136] Siehe dazu oben, 1. Teil, B II 2.

[137] In bestimmten Fällen der prozessualen Überholung kann sich die Beschwerde als gegenstandslos erweisen, siehe dazu oben, 1. Teil, G IV 3 b, Anm. 185.

sollte ihm ggf. der zusätzliche Hinweis gestattet sein, daß die Beschwerde darüber hinaus auch noch unbegründet ist.

c) Erst wenn die Beschwerde zulässig ist, folgt die Prüfung ihrer Begründetheit. Die Entscheidung wird darauf untersucht, ob sie von dem örtlich und sachlich zuständigen Erstgericht erlassen worden ist. Bezüglich ihres Inhalts klärt das Beschwerdegericht alle für die Entscheidung in der Sache wesentlichen Tatsachen auf[138].

### 2. Der Ausspruch des Beschwerdegerichts

a) Das Gericht weist die Beschwerde als unbegründet zurück, wenn die Voraussetzungen für eine stattgebende Entscheidung nicht vorliegen. Bei begründeter Beschwerde hat das Gericht unter Aufhebung des angefochtenen Ausspruchs grundsätzlich selbst „die in der Sache erforderliche Entscheidung" zu treffen, § 309 II[139]. Dabei kann der Begriff der „Sache" im Sinne des § 309 II im Einzelfall Schwierigkeiten bereiten. Er erfaßt nicht den gesamten, im bisherigen Verfahren behandelten Prozeßstoff, sondern allein die durch die Beschwerde zur Entscheidung gestellte Frage, m. a. W. den Beschwerdegegenstand[140]. Diese Differenzierung kann vor allem beim Streit um eine Vorfrage bedeutsam werden, was sich anhand des folgenden Beispiels verdeutlichen läßt: Hat das Erstgericht es abgelehnt, den Verfall einer Sicherheit gem. § 124 I zu beschließen und hält das Beschwerdegericht das dagegen gerichtete Rechtsmittel der Staatsanwaltschaft für begründet, so spricht es anstelle des Erstgerichts den Verfall der Sicherheit aus; denn dies ist der Streitpunkt, wegen dessen das Beschwerdegericht angerufen worden ist. Hat sich das Erstgericht hingegen zum Erlaß der Entscheidung über den Verfall für unzuständig erklärt, so ist allein die Zuständigkeit die vom Beschwerdegericht zu beurteilende Frage. Hält das Beschwerdegericht den judex a quo für zuständig, so verweist es die Sache zur Entscheidung über den Verfall an das Erstgericht zurück[141]. Keinesfalls darf es selbst darüber befinden, ob die Sicherheit verfallen ist; denn diese Entscheidung hängt gem. § 124 I vom Vorliegen weiterer Voraussetzungen ab, die das Erstgericht noch gar nicht geprüft hat[142].

---

[138] Siehe dazu oben, bei Anmerkung 120.

[139] Vgl. OLG Hamm NJW 69, 1865 f.; OLG Karlsruhe NJW 69, 2028; RGSt 59, 243; *Löwe / Rosenberg / Gollwitzer*, § 309, 5; *Kleinknecht*, § 309, 2; *Gollwitzer*, Anmerkung zu OLG München JR 74, 205 ff., 207.

[140] Vgl. RGSt 19, 332; BGH NJW 64, 2119; *Löwe / Rosenberg / Gollwitzer*, § 309, 6; *Eb. Schmidt*, § 309, 4; vgl. auch OLG Schleswig NJW 76, 1467 f.

[141] Vgl. die Formulierung des BayObLG, *Alsberg* II, Nr. 123, zitiert n. *Eb. Schmidt*, § 309, 4: „Unter Aufhebung des Beschlusses des Landgerichts wird beschlossen: das Landgericht hat über den Antrag der Staatsanwaltschaft Beschluß zu fassen."

[142] Vgl. auch die Beispiele bei *Löwe / Rosenberg / Gollwitzer*, § 309, 6; *Eb. Schmidt*, § 309, 4.

Spräche das Beschwerdegericht hier zugleich auch den Verfall aus, dann würde der vom Gesetz vorgesehene Instanzenzug nicht eingehalten; u. U. würden die Verfahrensbeteiligten eine Instanz verlieren[143]. Das Beschwerdegericht hat sich daher auf die Entscheidung der Vorfrage, nämlich der Zuständigkeit des Erstgerichts, zu beschränken. Dies ist die „in der Sache erforderliche Entscheidung" im Sinne des § 309 II[144].

Soweit nach den dargestellten Grundsätzen eine eigene Sachentscheidung möglich ist, hebt das Beschwerdegericht bei begründetem Rechtsmittel den Beschluß des Erstgerichts auf. Scheitert die Aufhebung an der vollständigen Erledigung der Anordnung, so spricht das Gericht unter den oben genannten Voraussetzungen[145] auf Antrag die Rechtswidrigkeit der Maßnahme aus.

Die neue Entscheidung wirkt grundsätzlich für und gegen alle Beteiligten. Soweit eine weitere Beschwerde nicht in Betracht kommt, ist sie auch für diejenigen verbindlich, die die ursprüngliche Entscheidung nicht angefochten haben[146].

b) Das Beschwerdegericht darf die Sache nur ausnahmsweise an die Vorinstanz zurückverweisen[147]. Das Gebot der Verfahrensbeschleunigung macht es erforderlich, daß das Beschwerdegericht selbst sofort in der Sache entscheidet. So kommt eine Zurückverweisung nicht etwa deshalb in Frage, weil sich das Beschwerdegericht eigene Ermittlungen ersparen will[148]. Das Gesetz geht in den §§ 308, 309 erkennbar davon aus, daß das Beschwerdegericht bei neuem Tatsachenvortrag Ermittlungen anstellt und die in der Sache erforderliche Entscheidung trifft[149].

Geboten ist eine Zurückverweisung allerdings bei beschwerdefähigen Unterlassungen[150] des Erstgerichts. Hier weist das Beschwerdegericht den zuständigen Erstrichter an, die Entscheidung nachzuholen oder den Beschwerdeführer in bestimmter Weise zu bescheiden[151]. Auch bei der

---

[143] Dies wäre wegen § 309 IV der Fall, wenn die Entscheidung vom Oberlandesgericht stammt; bei einer Entscheidung des Landgerichts könnte die Beschwerde hingegen wiederholt werden, da dies keine „auf eine Beschwerde ergangene Entscheidung" im Sinne des § 310 II wäre; siehe dazu oben, 1. Teil, D I.

[144] Vgl. *Löwe / Rosenberg / Gollwitzer*, § 309, 6; *Eb. Schmidt*, § 309, 4.

[145] Siehe oben, 1. Teil, G IV.

[146] Vgl. nur *Löwe / Rosenberg / Gollwitzer*, § 309, 9.

[147] Vgl. *Löwe / Rosenberg / Gollwitzer*, § 309, 12; *Eb. Schmidt*, § 309, 3; *Peters*, S. 550; *Gössel*, § 36 C IV.

[148] Vgl. *Gollwitzer*, Anmerkung zu OLG München JR 74, 205 ff.; 207.

[149] Eine Zurückverweisung scheidet deshalb auch aus, wenn der judex a quo das Abhilfeverfahren nicht ordnungsgemäß durchgeführt hat, vgl. *Gollwitzer*, a.a.O., S. 207.

[150] Siehe dazu oben, 1. Teil, B III 4.

[151] H. M., vgl. nur *Kleinknecht*, § 309, 4.

Entscheidung eines örtlich oder sachlich unzuständigen Erstgerichts wird die Sache an das zuständige Gericht verwiesen[152]. Der Betroffene hat einen Anspruch, durch die zuständige Instanz beschieden zu werden. Das Beschwerdegericht darf daher nicht durch eine eigene Sachentscheidung in die Kompetenz des zuständigen Erstgerichts eingreifen. Darüber hinaus ist eine Zurückverweisung in der Rechtsprechung auch dann zugelassen worden, wenn die Voraussetzungen für eine eigene Sachentscheidung des Beschwerdegerichts nicht gegeben sind und der Mangel der erstgerichtlichen Entscheidung in der Beschwerdeinstanz nicht behoben werden kann[153]. Dies ist etwa der Fall, wenn das erstinstanzliche Verfahren mit einem gravierenden Verfahrensfehler behaftet ist[154] oder noch gar keine Ermittlungen vorgenommen worden sind[155]. In diesen Fällen würde eine Sachentscheidung des Beschwerdegerichts für die Verfahrensbeteiligten den Verlust einer Instanz bedeuten[156, 157].

Abgesehen von den Ausnahmen einer Zurückverweisung hat das Beschwerdegericht jedoch stets die in der Sache erforderliche Anordnung zu treffen. Hat das Erstgericht also etwa zu Unrecht den Erlaß eines Haftbefehls, die Eröffnung des Hauptverfahrens, die Wiederaufnahme des Verfahrens oder die Bestellung eines Pflichtverteidigers abgelehnt, so erläßt das Beschwerdegericht den Haftbefehl, eröffnet das Hauptverfahren oder ordnet die Wiederaufnahme oder die Verteidigerbestellung[158] an. Es tritt insoweit voll an die Stelle des Erstgerichts und bestimmt das, was seiner Ansicht nach der judex a quo hätte beschließen müssen. Allerdings setzt sich das zumeist erforderliche weitere Verfahren[159] vor dem Erstgericht fort[160].

---

152 Vgl. *Löwe / Rosenberg / Gollwitzer*, § 309, 12; KMR, § 309, 2 b; *Kleinknecht*, § 309, 5; *Peters*, S. 550.

153 Vgl. BayObLG NJW 54, 123.

154 Vgl. OLG Saarbrücken NJW 66, 167: Bei der Entscheidung des Erstgerichts hatte ein ausgeschlossener Richter mitgewirkt.

155 *Roxin*, § 55 C III.

156 Vgl. KG GA 73, 126; OLG Hamburg GA 63, 215.

157 Weitere Beispiele für eine zulässige Zurückverweisung enthalten OLG Hamm NJW 77, 209; OLG Karlsruhe NJW 77, 709 ff., 712; OLG Karlsruhe NJW 72, 1585; OLG Hamm NJW 72, 1709; OLG Oldenburg NJW 71, 1098; OLG Karlsruhe NJW 73, 573; OLG Nürnberg MDR 72, 967; KG JR 67, 266; BGH JR 70, 467 mit Anmerkung von *Peters;* vgl. auch *Löwe / Rosenberg / Gollwitzer*, § 309, 10 ff.; KMR, § 309, 2 b; *Kleinknecht*, § 309, 6; *Hanack* JZ 67, 223.

158 Vgl. OLG Karlsruhe NJW 69, 2028: „Dem Angeklagten war daher ... ein Pflichtverteidiger zu bestellen, § 309 II."

159 Dies folgt daraus, daß die der Beschwerde unterliegenden Beschlüsse und Verfügungen regelmäßchg Zwischenentscheidungen sind, die keine instanz- oder verfahrensbeendigende Wirkung haben, siehe dazu oben, 1. Teil, B I.

### 3. Insbesondere: Das Verschlechterungsverbot

Das Verbot der reformatio in peius besagt, daß die Entscheidung in Art und Höhe der Rechtsfolgen nicht zum Nachteil des Angeklagten geändert werden darf, wenn lediglich er, sein gesetzlicher Vertreter oder zu seinen Gunsten die Staatsanwaltschaft ein Rechtsmittel eingelegt haben. Der Sinn dieser Regelung liegt in der Gewährleistung einer risikolosen Anfechtung: Niemand soll sich von dem Gebrauch eines Rechtsmittels durch die Befürchtung abhalten lassen, in der nächsten Instanz womöglich noch härter bestraft zu werden[161]. Die h. M.[162] sieht im Verschlechterungsverbot nicht ein zwingendes Gebot des Rechtsstaatsprinzips verwirklicht, sondern betrachtet es als rechtspolitisches Entgegenkommen des Gesetzgebers, auf das kein unabdingbarer Anspruch besteht und das unter rechtsstaatlichen Gesichtspunkten auch fehlen dürfte.

Das Verbot der Schlechterstellung ist nach der Regelung des Gesetzes nur bei der Berufung, § 331, Revision, § 358 II und Wiederaufnahme des Verfahrens, § 373 II, vorgesehen. Bei der Beschwerde fehlt eine den §§ 331, 358 II, 373 II entsprechende Vorschrift. Daraus folgert die wohl überwiegend vertretene Auffassung[163], daß dem Beschwerdegericht eine reformatio in peius nicht verboten sei. Die eindeutige gesetzliche Regelung, die auch unter dem Aspekt des Art. 20 GG zu billigen sei[164], stünde hier einer entsprechenden Anwendung der §§ 331, 358 II, 373 II entgegen.

Zum Teil wird dieser kategorische Standpunkt allerdings eingeschränkt. Das Verschlechterungsverbot soll im Beschwerdeverfahren ausnahmsweise dann gelten, wenn Beschlüsse zur Beurteilung stehen, die ähnlich einem Urteil das Verfahren durch eine Sachentscheidung abschließen und damit Rechtsfolgen endgültig festlegen[165]. Danach kommen vor allem diejenigen Entscheidungen in Betracht, die, wie die Bildung einer Gesamtstrafe[166], die Strafhöhe betreffen[167], aber auch

---

[160] Selbstverständlich eröffnet das Beschwerdegericht das Hauptverfahren vor dem Erstgericht.

[161] Vgl. BGH NJW 73, 107 f. mit Anmerkung von *Maurach* JR 73, 162; *Kleinknecht*, § 331, 1; *Peters*, S. 547; *Roxin*, § 52 B VI 1; *Bruns*, JZ 54, 730 ff., 733; *Hanack* JZ 73, 661; *Bruns* NJW 59, 1393 ff., 1397.

[162] Vgl. BGHSt 9, 332; BayVerfGH NJW 59, 285; *Löwe / Rosenberg / Gollwitzer*, § 309, 17; *Kleinknecht*, § 309, 1; *Frisch* JA (Strafrecht) 74, 20.

[163] Vgl. OLG Nürnberg NJW 59, 1452; KMR, 6 vor § 304; *Kleinknecht*, 3 vor § 304; *Rosenfeld*, S. 218; *Woesner* NJW 60, 2129 ff., 2132.

[164] Siehe oben bei Anmerkung 162.

[165] Vgl. LG Zweibrücken NJW 54, 934 f.; *Löwe / Rosenberg / Gollwitzer*, 309, 18; *Eb. Schmidt*, § 309, 7; *Gössel*, § 36 B II; *Frisch* MDR 73, 715 f.

[166] Vgl. LG Zweibrücken, a.a.O., S. 934; *Gössel*, § 36 B II.

[167] Vgl. *Löwe / Rosenberg / Gollwitzer*, § 309, 18; *Gössel*, § 36 B II.

solche, die, ohne Strafe zu sein, ein Ordnungs- oder Zwangsmittel festsetzen[168].

Dieser Auffassung ist zuzustimmen. Der Sinn des Verschlechterungsverbots greift bei den genannten Entscheidungen ebenso ein wie bei der Anfechtung eines Urteils. Auch hier muß der Betroffene davor bewahrt werden, die Anfechtung des Beschlusses aus der Besorgnis der Verschlechterung seiner Lage heraus zu unterlassen. Bei anderen der Beschwerde unterliegenden Entscheidungen stellt sich die Frage einer Schlechterstellung hingegen kaum. Bei ihnen geht es zumeist darum, ob eine vom Erstgericht getroffene verfahrensbegleitende Anordnung bestehen bleiben oder aufgehoben werden soll, so daß eine Schlechterstellung des Beschwerdeführers schon nach der Art der Entscheidung nicht in Betracht kommt. Betrifft der Beschluß jedoch die Strafhöhe, so ist die Position des Betroffenen durchaus mit der eines Verurteilten vergleichbar. Das zeigt gerade der Fall der Gesamtstrafenbildung nach §§ 460, 462. Die Gesamtstrafe wird nämlich gem. § 55 StGB regelmäßig im Urteil gebildet. Unterbleibt dies, so gestattet § 460 ausnahmsweise die nachträgliche Gesamtstrafenbildung durch Beschluß. Der Betroffene darf dann aber nicht schlechter stehen, als wenn dem § 55 StGB entsprechend verfahren worden wäre. Da ihm dort die §§ 331, 358 II zugute gekommen wären, muß das Gleiche im Fall des § 460 gelten. Die genannten Vorschriften sind also entsprechend heranzuziehen[169].

Die bei der Veränderung der Strafhöhe bedeutsamen Gesichtspunkte treffen im gleichen Maße bei Beschlüssen zu, die ein Ordnungs- oder Zwangsmittel festsetzen. In Betracht kommen dabei vor allem die Entscheidungen gem. §§ 51 I 2, 70 I 2, 95 II 1, sowie die sitzungspolizeilichen Anordnungen im Sinne der §§ 176 ff. GVG. Auch hier darf die Furcht vor einer Verschlechterung seiner materiellen Position nicht dazu führen, daß der Betroffene von der Beschwerdeeinlegung Abstand nimmt. Zwar handelt es sich bei diesen Maßnahmen nicht um „Rechtsfolgen der Tat" im technischen Sinne der §§ 38 ff. StGB[170]. Aus der Sicht des Betroffenen macht es aber unter dem Aspekt der risikolosen Anfechtung keinen Unterschied, ob er durch ein Urteil mit einer geringen Geldstrafe oder per Beschluß mit einem Ordnungsgeld belastet wird. Hier wie dort bringt die Entscheidung eine Beeinträchtigung seiner materiellen Interessen mit sich, so daß ihn die Gefahr einer Verschlechterung gleichermaßen von dem Gebrauch eines Rechtsmittels abschrecken kann[171]. Dem Beschwerdegericht ist es daher auch hier untersagt, die

[168] Vgl. *Gössel*, § 36 B II; vgl. auch OLG Koblenz NJW 77, 1074.

[169] Vgl. LG Zweibrücken, NJW 54, 934 f.; *Löwe / Rosenberg / Gollwitzer*, § 309, 18.

[170] Vgl. nur KMR, § 51, 5 a; *Kleinknecht*, § 51, 10.

[171] Womit die sonstigen Unterschiede zwischen einer Kriminalstrafe und einem Ordnungsmittel natürlich nicht geleugnet werden sollen.

erstgerichtliche Entscheidung in peius zu reformieren[172]; die §§ 331, 358 II, 373 II finden entsprechende Anwendung[173].

#### 4. Form und Bekanntmachung der Beschwerdeentscheidung

a) Die Entscheidung des Beschwerdegerichts ergeht stets durch Beschluß[174]. Die Form der Verfügung scheidet aus, da über die Beschwerde immer ein Kollegialgericht befindet. Der Beschluß ist unter den Voraussetzungen des § 34 mit Gründen zu versehen[175].

b) Die Entscheidung ist den davon betroffenen Personen bekanntzumachen, § 35. Da über die Beschwerde regelmäßig im schriftlichen Verfahren entschieden wird[176], erfolgt die Bekanntmachung grundsätzlich nach § 35 II. Allein im Fall der §§ 118 II, 124 II 3[177] kann der Beschluß den anwesenden Betroffenen durch Verkündung bekanntgemacht werden, § 35 I.

Wegen der Vielzahl der in Betracht kommenden Beschwerdefälle kann nur im Einzelfall entschieden werden, wer durch den Beschluß im Sinne des § 35 „betroffen" wird. Da aber § 35 keine Beschwer voraussetzt[178], ist der Begriff des „Betroffenseins" hier weiter zu verstehen als bei § 304 II[179]. Auch der durch den Beschluß Begünstigte ist eine „betroffene Person" im Sinne des § 35[180]. Die Entscheidung wird daher dem Beschwerdeführer und seinem Gegner stets bekanntzumachen sein.

---

[172] Ebenso *Gössel*, § 36 B II.

[173] Die Geltung des Verschlechterungsverbots bei Ordnungs- und Zwangsmitteln entspricht im übrigen einer früher weithin vertretenen Auffassung, vgl. *Bennecke/ Beling*, S. 443; *Beling*, S. 340; *Birkmeyer*, S. 695; *Ullmann*, S. 598 f.; *Kleinfeller*, S. 588 ff.; *Ferdinand*, S. 264 ff. Diese Autoren leiten das Verbot aus den „allgemeinen Grundgedanken der Rechtsbehelfe" und aus der Struktur des Rechtsmittelverfahrens ab. Dieses werde, im Gegensatz zum übrigen Strafverfahren, weitgehend von der Dispositionsmaxime beherrscht; denn es hänge vom Willen der Beteiligten ab, ob sie überhaupt ein Rechtsmittel einlegen und wieweit die Anfechtung reichen solle. Bei einer Rechtsmittelbeschränkung dürfe der Richter nicht über den dadurch gesteckten Rahmen hinausgehen. Insoweit sei das Prinzip der materiellen Wahrheitserforschung im Rechtsmittelverfahren durchbrochen. Würde aber das Beschwerdegericht bei einer nur zugunsten des Beschwerdeführers eingelegten Beschwerde die Entscheidung zum Nachteil dieser Partei ändern, so würde es damit dem Beschwerdegegner etwas zuerkennen, was dieser gar nicht beantragt habe. Dieses Ergebnis würde den im Rechtsmittelverfahren geschützten Interessen des Beschwerdeführers zuwiderlaufen. Aus der eigentümlichen Gestaltung des Rechtsmittelverfahrens ergebe sich daher, daß das Verbot der reformatio in peius auch bei der Beschwerde zu gelten habe.

[174] Vgl. nur *Henkel*, S. 370.

[175] Vgl. *Löwe / Rosenberg / Gollwitzer*, § 309, 5.

[176] Siehe oben bei Anmerkung 8.

[177] Siehe oben bei Anmerkung 11.

[178] H. M., vgl. nur OLG Braunschweig JR 53, 641; *Kleinknecht*, § 35, 1.

[179] Zu § 304 II, siehe oben 1. Teil F III.

[180] Vgl. *Kleinknecht*, § 35, 1.

Dritte können etwa bei der Beschlagnahme oder der Haussuchung in Betracht kommen.

### 5. Die Kosten des Beschwerdeverfahrens

Die Entscheidung über die Kosten eines Beschwerdeverfahrens richtet sich nach den §§ 464 ff. Allerdings enthalten diese Vorschriften insoweit keine in sich geschlossene Regelung, als sie nicht alle denkbaren Rechtsmittelentscheidungen berücksichtigen[181]. In diesen Fällen ist im Bereich der Beschwerde nach überwiegender Auffassung[182] die Vorschrift des § 473 entsprechend heranzuziehen. Danach gilt:

a) Die Kosten einer zurückgenommenen oder erfolglos eingelegten Beschwerde treffen den, der die Beschwerde eingelegt hat, § 473 I. Ist die Staatsanwaltschaft Beschwerdeführerin, so sind die Kosten der Staatskasse aufzuerlegen, § 473 II.

b) Soweit der Beschwerdeführer sein Rechtsmittel auf bestimmte Beschwerdepunkte beschränkt hat und insoweit einen vollen Erfolg erzielt, ist er gem. § 473 III von den Kosten des Verfahrens freizustellen.

c) Die Überbürdung der Kosten einer unbeschränkten erfolgreichen Beschwerde findet im Gesetz keine ausdrückliche Regelung. Zu Recht wendet die überwiegende Rechtsprechung[183] in diesem Fall § 473 III entsprechend an[184]. Diese Vorschrift regelt die am ehesten vergleichbare Verfahrenssituation. Wenn danach die auf bestimmte Punkte beschränkte Beschwerde bei vollem Erfolg zur Auferlegung der Kosten auf die Staatskasse führt, so muß der Beschwerdeführer auch bei unbeschränkter erfolgreicher Beschwerde von den Kosten freigestellt werden[185]. Allerdings führt die analoge Anwendung des § 473 III nur dazu, daß der Beschwerdeführer die Kosten nicht zu tragen hat. Keineswegs ist damit festgestellt, daß diese stets der Staatskasse aufzuerlegen sind. Dies hat vielmehr nur dann zu geschehen, wenn die Staatsanwaltschaft Gegnerin des Beschwerdeführers ist. Soweit ein anderer Beteiligter, z. B. der Privat- oder Nebenkläger, als Gegner des Rechtsmittelführers auftritt, hat dieser bei erfolgreicher Beschwerde die Kosten des Verfahrens zu tragen.

---

[181] Vgl. KG NJW 70, 2129; *Göhler,* NJW 70, 454.

[182] Vgl. OLG Hamm NJW 75, 2112 f.; OLG Celle MDR 70, 349; LG Hamburg NJW 73, 719 f.; *Kleinknecht,* § 473, 21; *Hentschel* MDR 76, 369.

[183] Vgl. OLG Hamm, a.a.O., S. 2112; OLG Celle, a.a.O., S. 349; LG Hamburg, a.a.O., S. 719 f.

[184] a. A. OLG Hamburg NJW 74, 325 f. und OLG Hamm MDR 70, 689, die hier § 467 analog heranziehen.

[185] Ebenso *Kleinknecht,* § 473, 21; *Hentschel,* MDR 76, 369.

# Literaturverzeichnis


*Achenbach:* Strafprozessuale Ergänzungsklage und materielle Rechtskraft. ZStW 87 (1975), 74 ff.

*Amelung:* Rechtsschutz gegen strafprozessuale Grundrechtseingriffe. Berlin 1976.

— Anmerkung zu BGH NJW 78, 1013.

*Arndt:* Das rechtliche Gehör. NJW 59, 6 ff.

— Die Gesetzlichkeit des Richters. DRiZ 59, 171 ff.

— Hat die Staatsanwaltschaft kein verfassungskräftiges Recht auf rechtliches Gehör? NJW 62, 1192 ff.

— Anmerkung zu OLG Schleswig. NJW 63, 455.

*Arzt:* Anmerkung zu BGH. JZ 69, 437.

*Bachof:* Die Rechtsprechung des Bundesverwaltungsgerichts. JZ 57, 374.

*Bauer:* Gerichtsschutz als Verfassungsgarantie — Zur Auslegung des Art. 19 IV GG. Berlin 1973.

*Baumbach / Lauterbach / Albers / Hartmann:* Zivilprozeßordnung mit Gerichtsverfassunggesetz und anderen Nebengesetzen. 38. Auflage München 1980.
zit.: Baumbach / Lauterbach / Bearbeiter.

*Baumgärtel:* Treu und Glauben, gute Sitten und Schikaneverbot im Erkenntnisverfahren. ZZP 69 (1956), 89 ff.

— Die Grenzen für eine Zulassung der Gegenvorstellung gegen eine letztinstanzliche Beschwerdeentscheidung. MDR 68, 970 ff.

*Baur:* Der Anspruch auf rechtliches Gehör. AcP 153 (1954), 392 ff.

— Die Bewährungsauflage der Schadenswiedergutmachung und das Zivilrecht. GA 57, 338 ff.

— Anmerkung zu BGH. JZ 65, 186.

*Beling:* Deutsches Reichs-Strafprozeßrecht. Berlin 1928.

*Bennecke:* Lehrbuch des deutschen Reichsstrafprozeßrechts. Breslau 1895.

*Bennecke / Beling:* Lehrbuch des Deutschen Reichs-Strafprozeßrechts. Breslau 1900.

*Bettermann:* Die Beschwer als Rechtsmittelvoraussetzung im deutschen Zivilprozeß. ZZP 82 (1969), 24 ff.

— Die Beschwer als Klagevoraussetzung. Tübingen 1970.

— Der Schutz der Grundrechte in der ordentlichen Gerichtsbarkeit in Bettermann / Nipperdey / Scheuner. (Hrsg.), Die Grundrechte, Bd. 3, 2. Halbband, 2. Auflage Berlin 1972, S. 779 ff.

*Binding:* Grundriß des deutschen Strafprozeßrechts. 5. Auflage Leipzig 1904.

*Birkmeyer:* Deutsches Strafprozeßrecht. Berlin 1898.

*Blomeyer,* Jürgen: Die Erinnerungsbefugnis Dritter in der Mobiliarzwangsvollstreckung. Berlin 1966.

— Die Revisibilität von Verfahrensfehlern im Strafprozeß. JR 71, 142 ff.

*Bode:* Besprechung Göhler, OWiG. NJW 77, 1232.

*Bötticher:* Unzulässigkeit richterlicher Rechtsfindung bei gesetzlich vorbehaltener Regelung der Materie. ZZP 75 (1962), 28 ff.

Bonner Kommentar: Kommentar zum Bonner Grundgesetz, begründet von Dennewitz, fortgeführt von Abraham, u. a. Hamburg 1950 ff.

*Bringewat:* Die Nebenklage — ein wirksames Verfahren zur „privaten Kontrolle" staatsanwaltschaftlicher Strafverfolgung? GA 72, 289 ff.

*Bröll:* Das rechtliche Gehör im Strafprozeß unter besonderer Berücksichtigung der verfassungsrechtlichen Einflüsse. Diss. München 1974.

*Brox:* Die Beschwer als Rechtsmittelvoraussetzung. ZZP 81 (1968), 379 ff.

*Brüggemann:* Die richterliche Begründungspflicht. Berlin 1971.

*Bruns:* Sicherungsmaßregeln und Verschlechterungsverbot. JZ 54, 730 ff.

— Zur rechtsdogmatischen Bedeutung strafrichterlicher Auflagen. NJW 59, 1393 ff.

— Rechtsgrundlage und Zulässigkeitsgrenzen strafrichterlicher Auflagen und Weisungen. GA 59, 193 ff.

— „Funktioneller" und „instrumentaler" Gehalt der Gestaltungsrechte und Gestaltungsklagerechte. ZZP 78 (1965), 264 ff.

*Budach:* Die prozessuale Überholung — Ein Rechtsbegriff im Straf- und im Zivilprozeß? Diss. Kiel 1975.

*Dahs:* Das rechtliche Gehör im Strafverfahren. München 1965.

— Anmerkung zu OLG Hamm. NJW 52, 276.

— Anmerkung zu OLG Stuttgart. NJW 66, 66.

— Ausschließung und Überwachung des Strafverteidigers — Bilanz und Vorschau. NJW 75, 1385 ff.

*Dahs / Dahs:* Die Revision im Strafprozeß. München 1972.

*Dallinger:* Anmerkung zu OLG Bremen. MDR 51, 56.

*Dencker:* Willensfehler bei Rechtsmittelverzicht und Rechtsmittelzurücknahme im Strafprozeß. Bonn 1972.

*Dorbritz:* Der strafprozessuale Gerichtsstand bei Rundfunksendungen (Fernsehsendungen) mit strafbarem Inhalt. NJW 71, 1209 f.

*Dreher / Tröndle:* Strafgesetzbuch und Nebengesetze. 39. Auflage München 1980.

*Drost:* Das Ermessen des Strafrichters als Problem der Strafrechtsreform. NJW 55, 1255 ff.

*Dünnebier:* Ausschließung von Verteidigern und Beschränkung der Verteidigung. NJW 76, 1 ff.

— Nicht mit der Revision anfechtbare Entscheidungen im Strafprozeß. Festschrift für Dreher, 1977, S. 669 ff.

*Dütz:* Verwirkung des Rechts auf Anrufung der Gerichte. NJW 72, 1025 ff.

*Dzendzalowski:* Die körperliche Untersuchung. Lübeck 1971.

*Enzian:* Das richterliche und das staatsanwaltliche Vorführungsrecht. JR, 277 ff.

*Erbs:* Handkommentar zur Strafprozeßordnung. Frankfurt am Main 1950.

*Erdsiek:* Anmerkung zu BayObLG. NJW 61, 1637.

*Eyermann / Fröhler:* Verwaltungsgerichtsordnung. 7. Auflage München 1977.

*Fechner:* Kostenrisiko und Rechtswegsperre — Steht der Rechtsweg offen? JZ 69, 349 ff.

*Feldmann:* Anmerkung zu OLG Düsseldorf. NJW 60, 210.

*Ferdinand:* Das Rechtsmittel der Beschwerde im heutigen deutschen Strafprozeß unter Berücksichtigung des Militärprozesses. Karslruhe 1908.

*Foth:* Reines Prozeßrecht. Diss. Münster 1953.
— Anmerkung zu OLG Hamburg. JR 76, 254 f.

*Frisch:* Drei Grundprobleme des Verschlechterungsverbots. MDR 73, 715 ff.

— Das Verschlechterungsverbot — Grundfragen und neue Entwicklungen. JA (Strafrecht) 74, 19 ff.

*Frotscher:* Ehrenschutz im öffentlichen Recht. JuS 78, 505 ff.

*Fuhrmann:* Das Beanstandungsrecht des § 238 II StPO — Seine Bedeutung und seine Grenzen. GA 63, 65 ff.

— Verwirkung des Rügerechts bei nicht beanstandeten Verfahrensverletzungen des Vorsitzenden (§ 238 II StPO). NJW 63, 1230 ff.

— Reform des Rechtsmittelrechts im Strafprozeß. JR 72, 1 ff.

*Gantzer:* Die Rechtskraft strafprozessualer Beschlüsse und Verfügungen. Diss. München 1967.

*Geerds:* Strafrechtspflege und prozessuale Gerechtigkeit. SchlHA 64, 57 ff.

*Genzel:* Zulässigkeit des Rechtswegs gegen Maßnahmen der Staatsanwaltschaft nach § 81 a StPO. NJW 69, 1562 ff.

*Geppert:* Gedanken zur Rechtskraft und Beseitigung strafprozessualer Beschlüsse. GA 72, 165 ff.

*Gerland:* Der deutsche Strafprozeß. Berlin 1927.

*Geyer:* Lehrbuch des gemeinen deutschen Strafprozeßrechts. Leipzig 1880.

*Göhler:* Anmerkung zu BayObLG. JR 69, 470.

— Zur Auslegung der neuen Kostenvorschriften der Strafprozeßordnung. NJW 70, 454 ff.

— Zur Anfechtung der Kostenentscheidung nach § 464 III 1 StPO. MDR 71, 621 ff.

— Gesetz über Ordnungswidrigkeiten. 5. Auflage München 1977.

*Goerlich:* Wiedereinsetzung und erster Zugang zu Gericht. NJW 76, 1526 ff.

*Gössel:* Strafverfahrensrecht. Stuttgart 1977.

*Goldschmidt:* Der Prozeß als Rechtslage. Aalen 1962 (Neudruck der Ausgabe Berlin 1925).

*Gollwitzer:* Anmerkung zu OLG München. JR 74, 205 ff.

*Groß:* Der erweiterte Verteidigerausschluß nach § 138 a II StPO — eine Fehlentscheidung des Gesetzgebers. NJW 74, 422 ff.

*Grünwald:* Die Teilrechtskraft im Strafverfahren. Göttingen 1964.

*Grunsky:* Zur Bindungswirkung der materiellen Rechtskraft im Strafprozeß. Festschrift für Eduard Kern, 1968, S. 223 ff.

— Grundlagen des Verfahrensrechts. 2. Auflage Bielefeld 1974.

— Anmerkung zu VGH Baden-Württemberg. DVBl. 75, 382 ff.

*Habscheid:* Das Problem der Unabhängigkeit der Schiedsgerichte. NJW 62, 5 ff.

— Freiwillige Gerichtsbarkeit. 6. Auflage München 1977.

*Haffke:* Zum Rechtsschutz bei bevorstehender richterlicher Durchsicht beschlagnahmefreier Papiere. NJW 74, 1983 ff.

*Hahn:* Die gesamten Materialien zur Strafprozeßordnung und dem Einführungsgesetz zu derselben. Band 1, Berlin 1880, Band 3, 2. Abt., Berlin 1881.

*Hamann:* Rechtliches Gehör. Anw. Bl. 58, 141 ff.

*Hamann / Lenz:* Das Grundgesetz für die Bundesrepublik Deutschland. 3. Auflage Berlin / Neuwied 1970.

*Hanack:* Rechtliches Gehör, Vollstreckbarkeit und Verhaftung beim Widerruf der Strafaussetzung zur Bewährung. JZ 66, 43 ff.

— Anmerkung zu OLG Celle. JZ 67, 223.

— Die Rechtsprechung des Bundesgerichtshofs zum Strafverfahrensrecht. JZ 71, 218 ff., JZ 73, 659 ff.

— Anmerkung zu OLG Celle. JR 74, 113.

— Anmerkung zu BGH. JR 74, 295.

*Henkel:* Strafverfahrensrecht. 2. Auflage Stuttgart 1968.

*Henrichs:* Freispruch und Menschenwürde. MDR 56, 196 ff.

*Hentschel:* Die Kosten- und Auflagenentscheidung bei erfolgreichem Rechtsmittel des Verurteilten nach §§ 69, 69 a StGB.

*Herbst:* Öffentlichkeit der Hauptverhandlung, Arztgeheimnis und Schutz der Menschenwürde. NJW 69, 546 ff.

*Hermann:* Besprechung Amelung, Rechtsschutz. ZStW 77, 183 ff.

*Herzberg:* Ne bis in idem — Zur Sperrwirkung des rechtskräftigen Strafurteils. JuS 72, 113 ff.

*Herzog*, Peter: Die Rechtskraft strafgerichtlicher Beschlüsse und ihre Beseitigung. Diss. Freiburg 1971.

*Herzog*, Wilhelm: Dauer der Zuständigkeit der Strafvollstreckungskammer. NJW 76, 1077 ff.

*v .Hippel:* Der deutsche Strafprozeß. Marburg 1941.

*Hofmann:* Sitzungspolizei im Strafprozeß. Diss. Frankfurt 1971.

*Holtz:* Eine gesetzliche Regelung der Ausschließung des Verteidigers? JR 73, 362 ff.

*Jagusch:* Über das rechtliche Gehör im Strafverfahren. NJW 59, 427 ff.

— Weitere Fragen zum rechtlichen Gehör im Strafverfahren. NJW 62, 1645 ff.

*Jakobs:* Verfassungsbeschwerde gegen die Art der Begründung gerichtlicher Entscheidungen. JZ 71, 279 ff.

*Jescheck:* Die Verwirkung von Verfahrensrügen im Strafprozeß. JZ 52, 400 ff.

*Kaiser:* Die Bedeutung der §§ 23 - 30 EGGVG, insbesondere für die Entscheidung der Staatsanwaltschaft. NJW 61, 200 ff.

— Gerichtliche Überprüfung von Entscheidungen der Staatsanwaltschaft im Strafverfahren. NJW 61, 1101 ff.

— Das Postgeheimnis und seine erlaubte Durchbrechung. NJW 69, 18 ff.

— Anmerkung zu OLG Zweibrücken. NJW 74, 70 f.

— Mitwirkung der Staatsanwaltschaft bei Erlaß eines Haftbefehls gem. § 128 StPO. NJW 69, 1097 ff.

*Kallmann:* Anmerkung zu OLG Hamburg. NJW 72, 1478 f.

*Kalsbach:* Die gerichtliche Nachprüfung von Maßnahmen der Staatsanwaltschaft im Strafverfahren. Berlin 1967.

*Keidel / Winkler:* Freiwillige Gerichtsbarkeit. 11. Auflage München 1978.

*Kleinfeller:* Lehrbuch des deutschen Zivilprozeßrechts. 3. Auflage Berlin 1925.

*Kleinknecht:* Anmerkung zu BGH. JZ 60, 672.

— Anmerkung zu BayObLG. JR 65, 350.

— Anmerkung zu OLG Braunschweig. JR 65, 474.

— Strafprozeßordnung. 34. Auflage München 1979.

KMR: Kommentar zur Strafprozeßordnung, herausgegeben von Hermann Müller und Walter Sax. 6. Auflage Darmstadt 1966.

*Kniestedt:* Rechtliches Gehör und Sitzungspolizei. MDR 60, 197 ff.

*Koch:* Verfahrensfehler beim Bewährungsbeschluß und Widerruf der Strafaussetzung zur Bewährung. NJW 77, 419 ff.

*Kohlhaas:* Das Gesetz über die Einführung eines zweiten Rechtszuges in Staatsschutzstrafsachen. NJW 70, 20 ff.

*Kolb:* Das rechtliche Gehör als verfassungsmäßiges Recht; Diss. München 1963.

*Kollhosser:* Zur Stellung und zum Begriff der Verfahrensbeteiligten im Erkenntnisverfahren der freiwilligen Gerichtsbarkeit; München 1970.

*Kollnig:* Zulässigkeit der Beschwerde im Richterablehnungsverfahren?. NJW 67, 2045 ff.

*Krekeler:* Durchsuchung des Verteidigers beim Betreten des Gerichtsgebäudes. NJW 79, 185 ff.

*v. Kries:* Lehrbuch des deutschen Strafprozeßrechts. Freiburg 1892.
zit.: v. Kries, Lehrbuch.

— Die Rechtsmittel des Civilprozesses und des Strafprozesses nach den Bestimmungen der Deutschen Reichsgesetze. Breslau 1880.
zit.: v. Kries, Rechtsmittel.

*Kühne:* Ausschluß der Öffentlichkeit im Strafverfahren. NJW 71, 224 ff.

*Küper:* Unzulässige Revision und formelle Rechtskraft des Strafurteils. GA 69, 364 ff.

— Befreiungsantrag nach § 233 I StPO und strafprozessuales „Versäumnisurteil“. NJW 74, 1927 ff.

*Kunkel-Cichos:* Die „Besorgnis der Befangenheit aller Richter eines erkennenden Gerichts“. NJW 70, 1782 ff.

*Leibholz / Rinck:* Grundgesetz. 5. Auflage Köln 1975.

*Leinius:* Zum Verhältnis von Sitzungspolizei, Hausrecht, Polizeigewalt, Amts- und Vollzugshilfe. NJW 73, 448 f.

*Lent:* Anmerkung zu BGH. JZ 55, 425.

*Lent / Jauernig:* Zivilprozeßrecht. 18. Auflage München 1977.

*Lesser:* Anspruch auf rechtliches Gehör. DRiZ 60, 420 ff.

*v. Löbbecke:* Begriff und Wesen der Beschwer im strafprozessualen Rechtsmittelverfahren. Diss. Mannheim 1972.

*Löwe:* Die Strafprozeßordnung für das Deutsche Reich. 18. Auflage Berlin 1929.

*Löwe / Rosenberg:* Die Strafprozeßordnung und das Gerichtsverfassungsgesetz mit Nebengesetzen. 23. Auflage Berlin 1976 ff.
zit.: Löwe / Rosenberg / Bearbeiter.

*Lorenz:* Der Rechtsschutz des Bürgers und die Rechtsweggarantie. München 1973.

*v. Mangoldt / Klein:* Das Bonner Grundgesetz. 2. Auflage München 1957.

*Martens:* Einführung in die Praxis des Verwaltungsprozesses. JuS 73, 698 ff.

*Maunz:* Deutsches Staatsrecht. 20. Auflage München 1975.

*Maunz / Dürig / Herzog:* Grundgesetz. 4. Auflage München 1974.

*Maurach:* Anmerkung zu BGH. JR 73, 162.

*Meyer:* Zur Anfechtung der Kosten- und Auslagenentscheidung nach § 464 III 1 StPO. JR 71, 96 ff.

— Ist eine Berufung, die in der Hoffnung eingelegt wurde, den nach § 111 a StPO beschlagnahmten Führerschein vom Gericht zurückzuerhalten, unzulässig? MDR 76, 629 ff.

*Meyer-Goßner:* Anmerkung zu BGH. NJW 76, 977.

*Miebach:* Entziehung des Fragerechts im Strafverfahren? DRiZ 77, 140.

*Minhard:* Das Rechtsmittel der Beschwerde im Strafprozeß. Diss. Tübingen 1933.

*Mölders:* Anmerkung zu OLG Düsseldorf. NJW 60, 210.

*Müller:* Muß der Gegner gehört werden, bevor der Beschwerde abgeholfen wird? NJW 60, 21 f.

— Nochmals: Muß der Gegner gehört werden, bevor der Beschwerde abgeholfen wird? NJW 60, 710.

*v. Münch:* Grundgesetz-Kommentar. Band 1 Frankfurt am Main 1974.

*Meinhard:* Polizeiliche Durchsuchungen. DRiZ 49, 204 ff.

*Niese:* Doppelfunktionelle Prozeßhandlungen. Göttingen 1950.

— Die allgemeine Prozeßrechtslehre und der Rechtskrafteintritt bei zurückgenommenen oder unzulässigen Rechtsmitteln. JZ 57, 73 ff.

*Oetker:* Wirksamkeit der Entscheidungen, Präklusion von Beschwerden, Einstellungsbeschluß und Rechtshängigkeit. WürzAbh. 2, 15 ff.

*Ohndorf:* Die Beschwer und die Geltendmachung der Beschwer als Rechtsmittelvoraussetzung im deutschen Zivilprozeßrecht. Berlin 1972.

*Ortlieb:* Der Anspruch auf rechtliches Gehör und seine Bedeutung im Strafverfahren. Diss. Freiburg 1964.

*Parsch:* Anmerkung zu OLG Stuttgart NJW 69, 2080. NJW 60, 63.

*Pentz:* Nochmals: Bewährungsauflage und Grundgesetz. JR 62, 99 ff.

*Peters:* Strafprozeß. 2. Auflage Karlsruhe 1966.

— Fehlerquellen im Strafprozeß. Band 1 Karlsruhe 1970. Band 2 Karlsruhe 1972.

— Ein Beitrag zum Fehlurteil. Festschrift für E. Mezger, 1953, S. 477 ff.

— Anmerkung zu OLG Celle. JR 73, 341 ff.

— Anmerkung zu KG. JR 72, 300 ff.

— Anmerkung zu KG, JR 71, 388.

— Anmerkung zu BGH. JZ 57, 63.

— Anmerkung zu BayObLG. JR 70, 390.

— Anmerkung zu BGH. JR 78, 83 ff.

— Die Parallelität von Prozeß- und Sachentscheidungen — Erfahrungen aus dem Lehrerprozeß. ZStW 68, 374 ff.

— Anmerkung zu OLG Braunschweig. JZ 53, 641.

— Anmerkung zu BGH. JR 69, 232 f.

— Anmerkung zu BVerfG. JZ 58, 435.

— Anmerkung zu BGH. JR 70, 467.

— Anmerkung zu BGH. JR 74, 249.

— Zentralismus im Strafverfahren? JZ 54, 182 ff.

*Pestalozza:* Verfassungsprozessuale Probleme in der öffentlich-rechtlichen Arbeit. München 1976.

*Prelinger:* Bewährungsauflage und Grundgesetz. JR 61, 496 ff.

*Rahn:* Besteht eine Mitteilungspflicht gem. § 308 StPO auch in den Fällen der Außervollzugsetzung einer Entscheidung gem. § 307 II StPO? NJW 69, 1167.

*Redecker / v. Oertzen:* Verwaltungsgerichtsordnung. 6. Auflage Stuttgart 1977.

*Riedel:* Die prozessuale Überholung im Zivilprozeß. Diss. Köln 1973.

*Riess:* Die Durchführung der Hauptverhandlung ohne den Angeklagten. JZ 75, 270 ff.

— Der Hauptinhalt des Ersten Gesetzes zur Reform des Strafverfahrensrechts (1. StVRG). NJW 75, 81 ff.

*Röhl:* Das rechtliche Gehör. NJW 64, 273 ff.

— Die Anhörung des Beschwerdegegners im Strafprozeß. MDR 55, 522 ff.

— Das rechtliche Gehör. NJW 53, 1531 ff.

— Das rechtliche Gehör. NJW 58, 1268 ff.

*Rosenberg / Schwab:* Zivilprozeßrecht. 12. Auflage München 1977.

*Rosenfeld:* Deutsches Strafprozeßrecht. Berlin 1926.

*Roxin:* Strafverfahrensrecht. 15. Auflage 1979.

*Rudolphi:* Die Revisibilität von Verfahrensmängeln im Strafprozeß. MDR 70, 93 ff.

*Rüping:* Der Grundsatz des rechtlichen Gehörs und seine Bedeutung im Strafverfahren. Berlin 1976.

*Rüping / Dornseifer:* Dysfunktionales Verhalten im Prozeß. JZ 77, 417 ff.

*Sarstedt:* Die Revision in Strafsachen. 4. Auflage Essen 1962.

— Auswahl und Leitung des Sachverständigen im Strafprozeß (§§ 73, 78 StPO). NJW 68, 177 ff.

*Sauer:* Grundlagen des Prozeßrechts. Aalen 1970 (Neudruck der 2. Auflage, Stuttgart 1929).

*Schall:* Bedeutung der zivilrechtlichen Verjährungseinrede bei Anordnung der Wiedergutmachungsauflage. NJW 77, 1045 f.

*Schenke:* Vollstreckungsschutz gegen Verwaltungsakte bei nach Bestandskraft entstandenen Einwendungen gegen den zu vollstreckenden Anspruch. VerwArch 61 (1970), 260 ff.

— Rechtsschutz bei strafprozessualen Eingriffen von Staatsanwaltschaft und Polizei. NJW 76, 1816 ff.

*Schick:* Verfassungswidrige, aber „gültige" Steuergesetz? JZ 69, 371 ff.

*Schmid,* W.: Die „Verwirkung" von Verfahrensrügen im Strafprozeß. Frankfurt am Main 1967.

*Schmidt,* Eb.: Lehrkommentar zur Strafprozeßordnung und zum Gerichtsverfassungsgesetz. Teil 1, 2. Auflage, Göttingen 1964, Teil 2, Göttingen 1957 mit Nachtrag I 1967 und Nachtrag II 1970, Teil 3, Göttingen 1960.

— Deutsches Strafprozeßrecht. Ein Kolleg. Göttingen 1967.
zit.: Eb. Schmidt, Kolleg.

— Materielle Rechtskraft — Materielle Gerechtigkeit. JZ 68, 681 ff.

— Anklageerhebung, Eröffnungsbeschluß, Hauptverfahren, Urteil — Betrachtungen zur Strafprozeßreform. NJW 63, 1081 ff.

— Anmerkung zu OLG Bremen. JZ 55, 680.

— Der Vorführungsbefehl des Ermittlungsrichters — Androhung und Vollzug. JZ 68, 354 ff.

— Anmerkung zu OLG Koblenz. JZ 59, 31.

*Schmidt,* Gerh.: Schuldspruch und Rechtskraft. JZ 66, 89 ff.

*Schmidt,* H. W.: Unwirksamkeit des Rechtsmittelverzichts. NJW 65, 1210 ff.

*Schmidt,* Rob.: Die Grenzen der Bindungswirkung eines Rechtsmittelverzichts. JuS 67, 158 ff.

*Schmidt,* Walther: § 462 StPO und das Rechtspflegergesetz. NJW 72, 16 ff.

*Schmidt-Bleibtreu / Klein:* Kommentar zum Grundgesetz für die Bundesrepublik Deutschland. 4. Auflage Neuwied / Berlin 1977.

*Schmidt-Leichner:* Befangenheitsrüge und Instanzenzug im politischen Strafrecht. NJW 77, 1804 ff.

*Schmitt,* Rud.: Können die Beschlüsse aus §§ 346, 349 StPO zurückgenommen werden? JZ 61, 15 ff.

*Schönke:* Zivilprozeßrecht. 9. Auflage 1969.

*Schönke / Schröder:* Strafgesetzbuch, bearbeitet von Lenkner, Cramer, Eser, Stree. 20. Auflage München 1980.

*Schuler:* Das Rechtsmittel der sofortigen Beschwerde im Strafverfahren. Diss. Würzburg 1931.

*Schulze:* Der Einfluß von Willensmängeln auf den Bestand des Rechtsmittelverzichts des Beschuldigten. Diss. Regensburg 1973.

*Schunk / de Clerck:* Die Strafprozeßordnung. Leipzig 1878.

*Schwenk:* Freispruch Unschuldiger wegen Zurechnungsunfähigkeit. NJW 64, 1455 ff.

*Schwinge:* Grundlagen des Revisionsrechts. 2. Auflage Bonn 1960.

*Seibert:* Maßnahmen gegen Sitzungsstörer. NJW 73, 127 f.

— Telefonische Rechtsmitteleinlegung. DRiZ 52, 8 f.

— Beanstandung von Fragen des Vorsitzenden durch den Verteidiger. JR 52, 470 ff.

*Seidel:* Das Recht des Beschuldigten auf rechtliches Gehör im Strafprozeß. Diss. Köln 1963.

*Stein / Jonas:* Kommentar zur Zivilprozeßordnung. 20. Auflage Tübingen ab 1977.

*Stephan:* Rechtsschutzbedürfnis auch im Strafprozeß? NJW 66, 2394 ff.

— Das Rechtsschutzbedürfnis — Eine Gesamtdarstellung unter besonderer Berücksichtigung des Verfassungsprozesses. Berlin 1967.

*Stratenwerth:* Anmerkung zu BGH. JZ 64, 263.

*Stürner:* Anmerkung zu BGH. JZ 72, 663.

*Tietgen:* Rechtsschutz gegen Justizverwaltungsakte. NJW 56, 1129 ff.

*Treptow:* Zur Tätigkeit der Strafvollstreckungskammer in Vollzugssachen. NJW 77, 1037 ff.

*Tröndle:* Zur Frage der Berufung in Strafsachen — Rückschau und Ausblick. GA 67, 161 ff.

*Ule:* Verwaltungsprozeßrecht. 7. Auflage München 1978.

*Ullmann:* Lehrbuch des deutschen Strafprozeßrechts. München 1893.

*Ulrich:* Nochmals: Muß der Gegner gehört werden, bevor der Beschwerde abgeholfen wird? NJW 60, 709 f.

*Ulsenheimer:* Zur Regelung des Verteidigerausschlusses in §§ 138 a - d, 146 n. F. StPO. GA 75, 103 ff.

*Vogel:* Strafverfahrensrecht und Terrorismus — eine Bilanz. NJW 78, 1217 ff.

*Walchshöfer:* Anmerkung zu OLG Frankfurt. NJW 74, 2291.

*Warda:* Dogmatische Grundlagen des richterlichen Ermessens im Strafrecht. Köln, Berlin, Bonn, München 1962.

*Weber:* Der Mißbrauch prozessualer Rechte im Strafverfahren. GA 75, 289 ff.

*Welp:* Die strafprozessuale Überwachung des Post- und Fernmeldeverkehrs. Heidelberg 1974.

— Zwangsbefugnisse für die Staatsanwaltschaft. Tübingen 1976.

— Besprechung Amelung, Rechtsschutz. GA 77, 124 f.

*Wersdörfer:* Anwendung des § 308 I in Haftbefehlsverfahren? NJW 54, 377 f.

*Wieczorek:* Zivilprozeßordnung und Nebengesetze. 2. Auflage Berlin 1975 ff.

*Willms:* Sitzungspolizei und Öffentlichkeit der Verhandlung. JZ 72, 653 f.

*v. Winterfeld:* Das Verfassungsprinzip des rechtlichen Gehörs. NJW 61, 849 ff.

*Witt:* Gedanken und Bedenken zur Regelung der Rechtsmittel, namentlich der Urteilsrüge, im Entwurf einer neuen Strafverfahrensordnung. ZStW 58, 658 ff.

*Woesner:* Die Gegenvorstellung im Strafverfahren. NJW 60, 2129 ff.

*Wolf:* Anmerkung zu BGH. NJW 77, 1063 f.

*Wronker:* Die Beschwerde im Strafverfahren. Diss. Würzburg 1922.

*Zysk:* Die Anfechtbarkeit freistellender Entscheidungen durch den Beschuldigten. Diss. München 1962.

FSC
www.fsc.org
MIX
Papier | Fördert gute Waldnutzung
FSC® C083411

Kolibri 360 GmbH
Ferdinand-Jühlke-Straße 7
99095 Erfurt, Deutschland
produktsicherheit@kolibri360.de

Druck:
CPI Druckdienstleistungen GmbH
im Auftrag der
Kolibri 360 GmbH
Ferdinand-Jühlke-Str. 7
99095 Erfurt